D1731747

Jean Little

Alles Liebe, Deine Anna

Aus dem Amerikanischen von Karl Hepfer

C. Bertelsmann Verlag

Für Anne, mit all meiner Liebe

Originaltitel: From Anna
Originalverlag: Harper & Row, New York
Einband und Illustrationen: Arnhild Johne
Lektorat: Ursula Heckel

Alle deutschen Rechte C. Bertelsmann Verlag GmbH, München 1980/54321
Gesamtherstellung Mohndruck Graphische Betriebe GmbH, Gütersloh
ISBN 3-570-06025-X · Printed in Germany

Die Geschichte beginnt in Deutschland, im Jahr 1933. Es ist ein Jahr, das in Deutschland den Beginn einer zwölfjährigen Gewaltherrschaft markiert. Viele deutsche Bürger mußten erleben, daß ihnen plötzlich ihre von der Verfassung garantierten Grundrechte und Freiheiten entzogen wurden. Und wer sich offen gegen diese Willkür aussprach, riskierte selbst Beruf und Freiheit. Viele Deutsche empfanden die Zukunft als so besorgniserregend, daß sie, wie Annas Vater, gemeinsam mit ihren Familien das Land verließen, um anderswo ein neues Leben zu beginnen.

1. Ein Lied für Herrn Keppler

O bitte, laß es Papa sein, wünschte Anna sehnsüchtig, während sie sich mit der schweren Haustür abmühte. Lieber Gott, mach, daß er's ist.

Sie wollte die Stufen hinunterstürmen. Aber die Stufen waren uneben, und Anna war schon öfter kopfüber die Treppe hinuntergepurzelt. Papa konnte man nicht empfangen, indem man unvermittelt vor seinen Füßen landete, übersät mit einer Menge frischer blauer Flecke. Sobald sie jedoch unten angekommen war, rannte sie los. Jetzt war sie nahe genug, um ihn zu erkennen – sie hatte wirklich recht gehabt.

»Papa, Papa!« rief sie jubelnd. Sie schlang die Arme um ihn und drückte sich an ihn. Im nächsten Augenblick versuchte sie, sich loszumachen. Anna umarmte nie jemanden auf diese Weise, jedenfalls nicht mitten auf der Straße, wo alle Leute zusehen konnten. Aber Papa ließ seine Aktentasche fallen und drückte sie seinerseits ganz fest an sich; ihm war es offenbar egal, wenn alle Welt zusah.

»Hör auf, hör auf! Du erdrückst mich ja!« stöhnte Anna schließlich.

Lachend ließ er sie los. Sie bückte sich sofort voller Eifer und hob seine Aktentasche auf. Mit einem Zipfel ihres Rokkes wischte sie den Staub ab und reichte sie ihm. Sie hielt den Kopf gesenkt, damit er nicht sehen konnte, wie glücklich sie war, glücklich, daß sie ihn heute als erste begrüßt hatte, daß er sie so innig gedrückt hatte, daß das Leben so schön war. Aber Papa erriet ihre Freude. Er bückte sich und nahm sie bei der Hand. Die Arme schwingend, gingen sie zusammen auf das Haus zu.

»Wo sind die anderen?« fragte er.

Annas Gesicht verdunkelte sich. Warum waren ihre vier älteren Geschwister immer so wichtig? Aber die Frage war natürlich berechtigt. Sie konnte sich nicht erinnern, daß sie je zuvor ihrem Vater allein entgegengelaufen war. Stets waren

Gretchen oder Rudi, Frieda oder Fritz oder sogar alle vier dabeigewesen.

»Sie streiten sich gerade darüber, was heute morgen in der Schule passiert ist«, erklärte sie. »Aber ich hab auf dem Fenstersims gesessen und nach dir Ausschau gehalten, bis du endlich gekommen bist.«

Sie ging jetzt langsamer. Sie wollte ihren Vater so gerne noch ein paar Augenblicke länger für sich alleine haben.

»Was ist denn in der Schule passiert?« fragte er. Er ließ ihre Hand los, und beide blieben stehen, während er auf eine Antwort wartete. Ohne zu überlegen, was sie tat, faßte sich Anna ins Haar und zog an einem ihrer mageren Zöpfe. Das war eine ihrer typischen Bewegungen, wenn sie nicht recht weiter wußte.

»Nicht, Anna«, warnte Papa. »Dein Zopf geht auf.«

Die Warnung kam zu spät. Anna sah voller Abscheu auf die zerknitterte Schleife in ihrer Hand. Wie oft hatte Mama schon gesagt, sie solle ihr Haar in Ruhe lassen! Und immer wieder vergaß sie es.

»Vielleicht kann ich es ja wieder in Ordnung bringen«, sagte Papa. »Ich will's mal versuchen.«

Anna kehrte ihm den Rücken zu und hielt ihm über die Schulter die Schleife hin. Unbeholfen bündelte er das offene Haar zu einem Strang. Ihre Mutter hatte recht, es war wirklich nicht einfach. Einzelne Strähnen rutschten ihm immer wieder aus den Händen. Aber schließlich band er, während Anna das untere Ende zusammenhielt, eine etwas schiefe Schleife durch die Mitte. Unzufrieden betrachtete er sein Werk. Er hatte nicht einmal versucht, das Haar wieder zu flechten, es sah schrecklich aus. Anna wußte das genauso gut wie er, aber sie redete sich ein, daß es ihr nichts ausmachte. Selbst wenn Mama ihr das Haar gerade gemacht hatte, sah es nie wirklich ordentlich aus wie bei Gretchen mit ihren glänzenden, kräftigen Zöpfen.

»Die Schule, Papa«, erinnerte sie ihn, während sie sich umdrehte.

Auch Papa vergaß jetzt das Haar. »Was war denn los?«

Anna zögerte einen Augenblick. Eigentlich war es ja Gretchens Geschichte, nicht ihre. Aber Gretchen und die anderen hatten so oft etwas zu erzählen. Es gab nie etwas, was Anna über ihren unangenehmen Schulalltag in Frau Schmidts Klasse berichten konnte. Nun, schließlich war Gretchen selber schuld, daß sie nicht nach Papa Ausschau gehalten hatte!

»Wir waren alle bei der Morgenversammlung«, begann Anna. »Die ganze Schule versammelt sich jeden Morgen, bevor der Unterricht beginnt, und dann singen wir. Wir dürfen selber die Lieder aussuchen. Das heißt, die älteren Schüler. Heute morgen war Gretchen an der Reihe, und sie schlug *Die Gedanken sind frei* vor. Alle können das Lied, bis auf die Kleinen. Ich bin die einzige in meiner Klasse, die es ganz kann.«

Anna unterbrach sich voller Stolz. Sie dachte an den Tag, an dem Papa ihr das Lied beigebracht hatte, sie war damals gerade fünf. Er hatte ihr die Wörter erklärt, bis sie sie verstanden hatte, und dann waren sie singend durch die Wohnung gezogen: *Die Gedanken sind frei.*

»Und was ist nun passiert?« fragte Papa noch einmal.

»Nun, Herr Keppler . . . Du weißt, Papa, das ist der neue Schulleiter, den die Regierung eingesetzt hat, seit Herr Jakobsohn nicht mehr da ist.«

Papa nickte, und seine Miene verdüsterte sich. Er war mit Herrn Jakobsohn befreundet gewesen. Sie hatten zusammen Schach gespielt. Aber vor drei Wochen waren die Jakobsohns nach Amerika gegangen.

»Herr Keppler hat bloß gesagt: ›Wir wollen dieses Lied in unserer Schule nicht mehr singen.‹ Fräulein Braun hatte den Anfang bereits auf dem Klavier vorgespielt, und keiner wußte, was er tun sollte. Gretchen stand immer noch an ihrem Platz und lief rot an und sagte ganz laut ›Warum?‹ Das war sehr mutig von ihr, Papa. Jeder hat nämlich Angst vor Herrn Keppler. Und wenn Rudi behauptet, er hat keine Angst, dann lügt er.«

»Was hat Herr Keppler geantwortet?« fragte Papa. Seine Stimme klang zornig, als wisse er die Antwort bereits.

»Er hat ihr überhaupt nicht geantwortet«, sagte Anna. Sie war noch immer fassungslos, wenn sie an den Zwischenfall

11

dachte. »Das heißt, er hat ihr keinen Grund genannt. Er hat sie nur angesehen und gesagt: ›Setz dich.‹« Der Befehl kam scharf über Annas Lippen, als sie den Direktor nachmachte. »Rudi meint, vielleicht mag Herr Keppler das Lied nicht und das Ganze hat gar nichts zu bedeuten . . .« Sie verstummte unsicher.

»Was habt ihr statt dessen gesungen?« fragte Papa und setzte sich langsam wieder in Bewegung. Im Gehen sah er Anna nicht an, sondern blickte zu Boden.

»Deutschland, Deutschland über alles!«

Sie waren jetzt bei der Treppe angekommen. Ihre Zeit mit Papa war jetzt gleich zu Ende. Anna stand mit hängenden Schultern da.

Ganz plötzlich warf Papa den Kopf zurück, blieb stehen und begann zu singen.

Die Gedanken sind frei.
Wer kann sie erraten?
Sie fliehen vorbei
Wie nächtliche Schatten.
Kein Mensch kann sie wissen,
Kein Jäger erschießen
Mit Pulver und Blei:
Die Gedanken sind frei!

Wie konnte Herr Keppler einen solchen Text nicht mögen? Oder die Melodie? Ihr Klang hallte in der ruhigen Straße. Anna stimmte in die zweite Strophe ein. Sie sang aus voller Brust, wie Papa, als sei jedes einzelne Wort wichtig.

Ich denke, was ich will
Und was mich beglücket,
Doch alles in der Still
Und wie es sich schicket

Und jetzt hörte Anna sie kommen – Rudi, der die Treppe herunterjagte und zwei Stufen auf einmal nahm, Gretchen ein paar Schritte hinter ihm, und dann die Zwillinge, die hinter ihren beiden älteren Geschwistern aus dem Haus getobt kamen. Die Tür wurde aufgerissen. Alle vier starrten ihre Schwester und ihren Vater an. Dann begannen sie auch zu singen:

Mein Wunsch und Begehren
Kann niemand verwehren,
Es bleibet dabei:
Die Gedanken sind frei!
»Papa, hat dir Anna schon erzählt . . .?« sagte Gretchen dazwischen. Aber Papa trat ins Haus und sang weiter. Sie folgten ihm, als sei er der Rattenfänger von Hameln, und sangen jetzt wie mit einer Stimme die dritte Strophe:
Und sperrt man mich ein
Im finsteren Kerker,
Ich spotte der Pein
Und menschlichen Werke,
Denn meine Gedanken,
Sie reißen die Schranken
Und Mauern entzwei:
Die Gedanken sind frei!
Sie blieben unten in der Diele stehen und sangen das Lied zu Ende.

Mama beugte sich oben über das Treppengeländer und schaute zu ihnen herab. »Ernst, hast du den Verstand verloren?« war das erste, was sie sagte. »Die kleine Trudi Grossmann ist krank und war den ganzen Tag im Bett, Minna hat sie gerade zum Einschlafen gebracht. Was denkst du dir überhaupt, so einen Krach zu machen?«

Inzwischen waren sie oben im Treppenhaus angelangt. Papa faßte seine Frau um die Hüften und küßte sie, worauf Mama errötete. Dann lachte er, obgleich es ihm wahrscheinlich leid tat, daß er das Baby gestört hatte. Aber aus der Wohnung im Erdgeschoß war kein Gebrüll zu hören, vielleicht war ja alles in Ordnung.

»Das war ein Lied für Herrn Keppler, Klara«, gab er zur Antwort. »Herr Keppler kann mich bisher noch nicht daran hindern, mit meinen eigenen Kindern zu singen.«

»So ein Unsinn!« sagte Mama und befreite sich aus seiner Umarmung.

»Anna hat es dir also erzählt!« rief Gretchen aufgebracht.

Anna starrte auf ihre Füße. Sie war aber trotzdem zufrieden, daß sie Papa alles erzählt hatte.

»Ja, Anna hat es mir gesagt.« Papas Stimme klang schwer und mit einemmal müde. Der Spaß war vorbei.

»Aber es hat doch nichts zu bedeuten, nicht wahr, Papa?« fragte Rudi. Vorher war er sich seiner Sache so sicher gewesen, und nun klang Zweifel in seiner Stimme.

»Und ich sage dir, es hat etwas zu bedeuten.« Gretchen, die gewöhnlich die Ruhe selbst war, war den Tränen nahe. »Es war nicht nur der Ton, in dem er mich angefahren hat. Du hättest sehen sollen, wie er Fräulein Braun angesehen hat. Ihre Hände fingen an zu zittern. Ich hab's gesehen. Ich dachte, sie sei nicht mehr in der Lage, unsere Nationalhymne zu spielen.«

»Und ich versuch euch allen die ganze Zeit klarzumachen, daß das noch lange nicht das Schlimmste ist, was heute passiert ist«, platzte Fritz heraus. »Das heißt, ich glaube, eigentlich ist es nicht heute passiert – aber Max Hoffmanns Vater ist verschwunden! Einfach weg! Schon seit drei Tagen.«

Er wartete, bis sich alle von dieser Neuigkeit erholt hatten. Für Fritz war sie aufregend, blieb aber irgendwie ohne wirkliche Bedeutung. Er selbst hatte mit Max gar nicht gesprochen, sondern nur von einem anderen Jungen gehört, was vorgefallen war. Anna jedoch hatte sich mit Gerda, der Schwester von Max, unterhalten und erinnerte sich an Gerdas verweintes Gesicht.

»Von welchen Hoffmanns redet ihr überhaupt?« fragte Mama, während sie sich wieder dem Herd zuwandte. »Keiner unserer Bekannten würde seiner Familie so etwas antun. Es ist eine Schande!«

»Aber er ist nicht . . .« begann Anna und vergaß in ihrer Erregung, daß sie die Jüngste war. Sie dachte nur an Gerdas verweinte Augen. »Ich wollte sagen, das stimmt nicht. Gerda hat mir alles erzählt.«

»Ach, Anna Solden, sieh dir bloß dein Haar an!« fuhr Mama dazwischen.

Anna war mit ihren Gedanken immer noch bei Gerda und beachtete den Tadel nicht. Sie mußte ihnen klarmachen, was wirklich geschehen war. Dann würde Papa vielleicht helfen können.

14

»Die Hoffmanns wollten zu Abend essen. Alles stand auf dem Tisch. Sie warteten und warteten, aber Herr Hoffmann kam einfach nicht nach Hause. Und als Frau Hoffmann zur Polizei ging, hat man sie dort kaum angehört, hat Gerda gesagt. Und dann sagten sie ihr, sie solle nach Hause gehen und nicht darüber reden.«

Papa hörte ihr aufmerksam zu. Sein Gesicht spiegelte die Besorgnis, die Anna empfand. Aber Mama lachte nur. »Die Polizei weiß, daß solche Geschichten passieren«, sagte sie. »Ich glaube kaum, daß sie die erste Frau ist, die sich an die Polizei wendet, weil ihr der Mann davongelaufen ist. Im Ernst, was sollte ihm denn zugestoßen sein? Er könnte doch jederzeit zurückkommen, wenn er wollte – es sei denn, er hatte wirklich einen ernsthaften Unfall, einen Herzinfarkt oder so. Hat sie denn in allen Krankenhäusern nachgeforscht?«

»Ich glaube schon«, murmelte Anna. In Wirklichkeit wußte sie fast überhaupt nichts. »Er ist schon seit drei Tagen verschwunden«, fügte sie hinzu.

»Das hab ich doch bereits gesagt«, meldete sich Fritz wieder.

»Dann scheidet ein Unfall aus«, sagte Mama, und damit war das Thema für sie erledigt. Sie stellte die dampfende Schüssel, die sie in den Händen hielt, auf den Tisch.

»Kommt jetzt. Wir wollen Herrn Hoffmann vergessen, solange das Essen warm ist«, mahnte sie ihre Familie. »Wahrscheinlich sitzt er jetzt gerade auch irgendwo über einem schönen Abendessen. Laß die Schleife in Ruhe, Anna. Ich mach dir dein Haar nachher.«

Papa ließ sich auf seinem großen Stuhl nieder. Die anderen begaben sich auf ihre Plätze. Alle Köpfe waren gesenkt, als er das Tischgebet sprach. Sie dachten schon, er sei fertig, als er hinzufügte: »Und Herr im Himmel, erbarme Dich der Hoffmanns heute abend und unseres geplagten Landes ... und aller Kinder dieser Erde. In Jesu Christi Namen. Amen.«

Sie hoben alle die Köpfe und starrten ihn an.

Mama sagte schließlich: »Ernst, was sollen denn diese Reden? Du hast ja recht, es hat viele Arbeitslose in diesem Land gegeben, und außerdem ist alles ganz wahnsinnig teuer gewesen. Aber die schlimmen Zeiten sind jetzt doch vorbei. Das ist allgemein bekannt.«

Anna sah ihren Vater an. Papa wußte Bescheid. Er würde jetzt endlich ihre Befürchtungen zerstreuen. Wie mußte einem zumute sein, wenn man die ganze Zeit am Fenster saß und nach Papa Ausschau hielt und zugleich wußte, daß er nie mehr wiederkommen würde? Der Gedanke hatte sie den ganzen Tag über verfolgt. Papa hob ganz langsam seine Gabel.

»Die schlimmen Zeiten ...« begann er. »Ich glaube, die fangen gerade erst an. Wir sahen bisher nur einen leichten Schatten der Dunkelheit, die uns bedroht.«

»Ernst!« schrie Mama. Sie war erschrocken über seine Worte und den bekümmerten Ausdruck auf seinem Gesicht. Sie verstand kaum mehr als Anna, was eigentlich vor sich ging.

»Laß es gut sein, Klara«, sagte Papa. »Jetzt ist nicht der Augenblick, um darüber zu reden.«

Aber Anna war zutiefst betroffen. Ihr Vater hatte Angst. Er konnte ihr also doch nicht helfen. Und dabei hatte sie noch nicht einmal alles erzählt.

»Frau Hoffmann wollte, daß Gerda Herrn Keppler um Hilfe bittet«, sagte sie jetzt. »Aber Max war dagegen, und Gerda will es auch nicht. Papa, was sollen sie denn machen?«

»Herr Keppler wird ihnen kaum helfen«, sagte Papa mit derselben Besorgnis in der Stimme, die sie vorher auf seinem Gesicht gesehen hatte. Aber dann lächelte er. Es war ein Lächeln voller Liebe, aber ohne jede Hoffnung. »Ich werde zu Frau Hoffmann gehen und mit ihr reden. Ich will mal sehen, ob ich ihr irgendwie helfen kann«, versprach er.

Seine Stimme verriet noch immer Angst. Anna hätte nicht sagen können, warum sie das wußte. Vielleicht, weil sie selbst auch so oft Angst hatte. Wenn sie ihn nur trösten könnte!

Sie nahm einen Bissen, während sie nachdachte. Dann kam ihr ein Gedanke. Sie war sich nicht sicher, ob es ein guter Gedanke war. Papa aß jetzt auch. Sie faßte ruhig nach seiner Hand und berührte sie, so daß er sie ansehen mußte. Sie wollte nicht, daß die anderen sie hörten. Sie hätten sie bloß ausgelacht. Rudi sagte ihr oft genug, sie sei plemplem.

Aber Mamas Krautwickel waren viel zu gut, als daß eines ihrer Geschwister zu lange mit dem Essen gewartet hätte, ganz egal, wie schlimm die Dinge in der Welt standen. Niemand schenkte ihr Beachtung, außer ihrem Vater.

»Die Gedanken sind frei, Papa«, sagte Anna leise.

Papa hob den Kopf. Er lächelte, und diesmal war es ein richtiges Lächeln. Dann umschloß er ihre kleine Hand und drückte sie warm und innig. »Und so soll es für dich immer bleiben, mein Kleines, was ich dafür auch tun muß«, versprach er ihr.

Anna verstand nicht, was er meinte. Was sollte er denn tun müssen? Meinte er sein Gespräch mit Frau Hoffmann? Oder noch etwas anderes? Sie fand keine Antwort, aber sie wußte, daß sie das Richtige gesagt hatte. Nicht Rudi oder Gretchen oder Fritz oder Frieda, sondern sie, Anna! Überglücklich schob sie sich einen Bissen in den Mund.

2. Schlimme Zeiten

»Gehst du heute abend zu Frau Hoffmann, Papa?« fragte Anna.

»Nein, nicht heute abend«, sagte Papa. Er sah besorgt aus. »Morgen abend, Liebling. Vielleicht ist bis dahin alles wieder in Ordnung.«

Anna wußte, daß er das nur sagte, weil sie ein Kind war. Papa glaubte selbst nicht daran, daß alles wieder in Ordnung sein würde. Wie sehnlich wünschte Anna, daß es so wäre!

Am nächsten Morgen erschien Gerda in der Schule, aber sie sprach mit niemandem. Anna hielt sich in ihrer Nähe auf, wann immer sich die Gelegenheit dazu bot, ohne aufdringlich zu erscheinen. Mehr als einmal hätte sie fast zu ihr gesagt: »Mach dir keine Sorgen, Gerda. Mein Vater kommt heute abend zu euch rüber. Er wird alles wieder in Ordnung bringen. Er wird rausbekommen, wo dein Vater ist.«

17

Aber dann dachte sie an den Ausdruck in Papas Gesicht, der besagte, daß er mehr wußte, als er zugeben wollte. Sie wollte bei Gerda keine falschen Hoffnungen wecken.

Gerda schien gar nicht zu bemerken, daß Anna sich in ihrer Nähe aufhielt. Ihr Gesicht blieb den ganzen Tag verschlossen und abwesend.

»Paß auf, Gerda«, sagte Frau Schmidt scharf.

Nach einem Augenblick des Schweigens sagte Gerda mechanisch: »Ja, Frau Schmidt.«

An diesem Abend ging Papa gleich nach dem Abendessen zu Hoffmanns.

»Vielleicht ist es gefährlich, Ernst«, meinte Mama, als er ging.

»Vielleicht kann ich den Leuten helfen«, antwortete er im Hinausgehen.

Er kam sehr früh – viel zu früh – wieder. Als er die Tür öffnete, wirbelte Anna herum, weil sie in seinem Gesicht zu lesen hoffte, daß Herr Hoffmann inzwischen wieder gesund und munter zurückgekehrt war.

»Sie haben Frankfurt verlassen«, sagte er statt dessen. »Wäre ich bloß eher zu ihnen gegangen ... Aber wahrscheinlich hätte das auch nichts mehr genützt.«

Am nächsten Tag in der Schule saß Anna Solden ganz ruhig an ihrem Platz, während sich ihre Mitschüler in wilden Spekulationen über die Hoffmanns ergingen.

»Herr Hoffmann hat das ganze Geld mitgenommen.«

»Sie sind zu ihrer Tante nach Rotterdam gefahren.«

»Ich hab gehört, sie sind nach Berlin gegangen.«

»Ihr spinnt beide. Johann Mitter hat mir höchstpersönlich erzählt, daß sie nach England gegangen sind.«

Schließlich brachen sie alle in ein gedämpftes Gelächter aus. Jedermann wußte, daß Johann alles Mögliche zusammenspann.

»Er lügt wie immer«, sagte Else Kronen höhnisch. »Mein älterer Bruder hat mit den Nachbarn von Hoffmanns gesprochen. Frau Hoffmann hat ihnen einen Brief für ihren Mann dagelassen, falls er zurückkommt und nach ihnen fragt. Sie hat den Nachbarn nicht einmal gesagt, wo sie hingehen. Ihr erinnert euch, daß Gerda von einem Bauernhof in Österreich erzählt hat, wo sie immer ihre Sommerferien verbrachten ...«

Ich halte den Mund, Gerda, dachte Anna. Ich bin immer noch deine Freundin.

Sie saß ganz still auf ihrem Platz und wartete auf die Morgenfeier. Es war ein so wunderbares Gefühl, daß Gerda ausgerechnet sie zu ihrer Vertrauten gemacht hatte. Natürlich war da am Anfang niemand anderes gewesen, und Gerda hatte vielleicht gedacht, bei Anna seien ihre Geheimnisse sicher, weil sonst keiner in der Klasse mit ihr sprach. Jedenfalls nicht oft. Sie war zu »blöde«.

Es hatte vor langer Zeit, eigentlich am allerersten Schultag, angefangen, an dem Tag, an dem Anna zum erstenmal mit dem Alphabet in Berührung gekommen war. Für sie sahen viele der Buchstaben gleich aus. Wenn sich die Buchstaben auf dem Papier nicht bewegt hätten, wäre es vielleicht einfacher gewesen, sie zu unterscheiden; aber sobald Anna sie länger betrachtete, fingen sie an, vor ihren Augen zu tanzen. Sie hoffte, einer ihrer Mitschüler würde etwas sagen, aber außer ihr schien es niemanden sonst zu stören, und Anna selbst war viel zu schüchtern, um den Mund aufzumachen. Sie hielt sich das Buch daher immer näher vor die Augen und versuchte, die Buchstaben zum Stillhalten zu zwingen.

Dann hatte sie Frau Schmidt nach vorne geholt und abgefragt. Die Lehrerin benutzte einen Zeigestock, mit dem sie die Buchstaben an der Tafel aufspießte.

»Was ist das, Anna?« fragte sie.

Anna wußte es nicht. Sie konnte nicht einmal erkennen, was an der Tafel stand. Stumm vor Scham stand sie da und brachte keinen Laut heraus.

»Bist du nicht Anna Solden?« fragte die Lehrerin.

Anna nickte, noch immer sprachlos.

»Die Schwester von Rudolf, von Gretchen und den Zwillingen?«

Anna nickte wieder. Ihre Wangen glühten.

»Steh gerade, Kind, und antworte gefälligst, wie es sich gehört. Das heißt ›Ja, Frau Schmidt‹.«

Anna versuchte, irgendwie noch gerader zu stehen.

»Ja, Frau Schmidt«, flüsterte sie.

Die Lehrerin schnalzte ungeduldig mit der Zunge.

»Noch mal. Und laut«, herrschte sie sie an.

Sie wartete. Anna zitterte am ganzen Leib. Sie dachte, sie würde gleich vor der ganzen Klasse ohnmächtig umfallen. Aber sie fiel nicht um.

»Ja, Frau Schmidt«, wiederholte sie und hoffte inständig, daß es diesmal richtig war.

»Noch einmal«, befahl die Lehrerin.

»Ja, Frau Schmidt«, sagte Anna.

»Nun wollen wir mal sehen, ob du diesen Buchstaben kennst«, sagte Frau Schmidt.

Anna kannte den Buchstaben nicht. Sie riet verzweifelt, doch alle ihre Versuche waren verkehrt.

»Ach, geh und setz dich hin«, sagte die Lehrerin schließlich. Sie beobachtete Anna, wie sie sich linkisch wieder auf ihren Platz begab. Dann fügte sie spöttisch hinzu: »Dein Vater ist doch, soweit ich weiß, Englischlehrer an einer unserer Nobelschulen. Vielleicht kann er dir ja ein bißchen was beibringen.«

Die Klasse lachte. Vielleicht wagte keiner, nicht zu lachen, aber dieser Gedanke war Anna nie gekommen. Sie hatte noch heute das Gelächter der Klasse im Ohr.

Das war jetzt über ein Jahr her. Anna hatte noch immer nicht lesen gelernt. Papa versuchte, ihr zu helfen, aber er lehrte Englisch an einer Oberschule für Jungen. Er konnte nicht feststellen, warum Annas Verhältnis zum Alphabet so gestört war. Aber wenn sie auch noch immer nicht lesen konnte, eines hatte sie inzwischen gelernt: geradezustehen. Sie zitterte auch nicht mehr. Sie stand kerzengerade, antwortete deutlich und haßte Frau Schmidt aus ganzem Herzen.

Und genauso herzlich haßte sie das Lesen. Es störte sie nicht, daß sie es nicht konnte. Sie wollte es gar nicht können. Wozu auch? Papa las ihr alles vor, und Papa liebte sie, ob sie nun lesen konnte oder nicht. Sie würde niemals lesen, und sie würde sich nie mit Kindern anfreunden, die über sie lachten.

Und doch schmerzte sie es zutiefst, daß ihr Gerda nicht einmal Lebewohl gesagt hatte. In ihrer Angst und Verlassenheit hatte sie Gerdas Freundschaft so sehr gebraucht. Und nicht ein einziges Mal hatte sie sich an dem grausamen Klatsch über Herrn Hoffmanns Verschwinden beteiligt.

»Er ist mit einer Schauspielerin durchgebrannt, behauptet Johann Mitter«, war eine der Geschichten.

Dagegen verwahrte sich Anna offen. »Nein, das ist er nicht«, sagte sie.

Die anderen bombardierten sie mit Fragen und nahmen sie ausnahmsweise einmal zur Kenntnis.

»Woher willst du das wissen?«

»Wo ist er dann?«

»Wer hat dir das erzählt?«

Anna erwiderte ihre Blicke trotzig, sagte aber nichts. Sie besaß keinerlei Beweise. Sie wußte einfach, daß sie recht hatte. Gerdas Vater würde so etwas nie tun.

»Ach, die hat ja keine Ahnung«, sagte Olga Müller abfällig und fügte dann hinzu: »Wie üblich.«

Daraufhin wandten sie sich voller Abscheu von ihr ab.

Aber Anna war überzeugt, daß sie recht hatte. Es mußte etwas ganz Schlimmes sein, das Herrn Hoffmann daran gehindert hatte, nach Hause zu kommen. Sicher hatte es mit den »schlimmen Zeiten« zu tun, von denen Papa gesprochen hatte.

»Anna, du kannst es dir doch wohl nicht leisten, dazusitzen und zu träumen«, sagte Frau Schmidt giftig. »Jedenfalls nicht, wenn du nicht sitzenbleiben willst.«

»Ja, Frau Schmidt«, sagte sie mechanisch.

Sie schlug ihr Buch auf, das sie nicht lesen konnte, und fügte sich ergeben in ihren Schulalltag.

Eine Woche später wachte sie mitten in der Nacht auf und hörte Mamas laute Stimme.

»Deutschland verlassen, Ernst! Wie könnten wir das?«

Papas Stimme murmelte eine Antwort. Noch immer schlaftrunken schüttelte Anna den Kopf und hörte angestrengt zu.

»Aber das hier ist unsere Heimat!« Mama war aufgebrachter, als Anna sie je erlebt hatte. »Unser ganzes Leben lang haben wir hier gelebt, Ernst! Drei Häuserblocks weiter bin ich geboren. Hier haben wir unsere Bekannten und Freunde. Und was ist mit deiner Schwester?«

Jetzt sprach Papa wieder, und obwohl sich Anna große Mühe gab, verstand sie nur hier und da ein Wort oder auch mal einen Satz.

».. . müssen den Mut haben ... denk an die Hoffmanns ... begreifst du denn nicht ...«

Er sagte auch etwas von Juni. Anna erinnerte sich, wie empört er damals über ein neues Gesetz gewesen war. Es ging dabei um Juden, die nicht mit der neuen Regierung zusammenarbeiteten ... Ach, sie hatte vergessen, was es war, aber sie sah ihren Vater noch, wie er mit zornblitzenden Augen im Zimmer auf und ab gegangen war. Sie hätte nie gedacht, daß er in solchen Zorn geraten könnte.

Mama redete noch immer auf Papa ein.

»Aber wohin sollten wir denn gehen? Ernst, bedenke doch! Wo sollen die Kinder zur Schule gehen? Dein Liebling Anna kommt ja jetzt schon nicht mit.«

Das lauschende Kind lächelte in der Dunkelheit. Sie kam nicht mit? Und wennschon! Sogar Mama wußte also, daß sie Papas Liebling war.

»Was wird aus ihr werden, wenn sie aus ihrer gewohnten Umgebung herausgerissen wird? Und Rudi soll im nächsten Jahr Schulsprecher werden. Im übrigen haben wir nicht genug Geld.«

Schließlich kam Papas Stimme, und diesmal drang sie laut und deutlich durch die Wand. »Ich weiß das alles so gut wie du, Klara. Aber ich weiß auch noch einiges mehr. Begreifst du denn nicht, daß ich längst arbeitslos wäre, wenn ich nicht an einer Privatschule unterrichtete? Wie lange wird das neue Regime die Lehrer an Privatschulen noch in Ruhe lassen? Vergiß nicht, daß Tanias Mann Jude ist.«

»Aber was geht uns der Mann deiner Schwester an?« Hinter Mamas Ärger war ihre Ratlosigkeit zu spüren.

»Oh, Klara, denk doch nach. Denk an die Hoffmanns. Was aus ihm geworden ist, wage ich nicht einmal zu vermuten.

Denk an Nathan Jakobsohn. Denk an die Wechslers. Ich hab heute gerade gehört, daß Aaron Singer entlassen worden ist.«

»Ernst, das kann nicht sein. Dr. Singer hat die Firma zu dem gemacht, was sie heute ist.«

»Jedermann weiß das. Und trotzdem ist er entlassen worden. Ohne Angabe von Gründen. Er will versuchen, aus Deutschland herauszukommen. Ich bin sicher, daß es bald viel schwieriger sein wird, das Land zu verlassen. Bedroht sind nicht nur Juden, Klara. Jeder, der nicht mitmacht, der den Mund ein bißchen zu weit aufmacht . . .«

Es folgte ein gespanntes Schweigen. Anna preßte die Faust an den Mund.

»Aber dein Bruder Karl ist dein einziger Verwandter, der nicht in Deutschland lebt – und er ist in Kanada!« jammerte Mama.

Papa gähnte plötzlich, und zwar so gewaltig, daß Anna seine Kiefer knacken hörte.

»Jetzt aber Schluß. Ich bin todmüde, Klara. Aber wir müssen über die Sache nachdenken. Wenn irgend etwas passiert, müssen wir vorbereitet sein. Ich wünsche zu Gott, daß ich die Lage falsch einschätze!«

»Ich bin sicher, daß du zu schwarz siehst«, sagte Mama.

Anna hörte, wie sie sich umdrehte. Das Bett quietschte. Dann fügte Papa hinzu, und zwar so leise, daß Anna es beinahe nicht gehört hätte: »Ich habe Anna ein Versprechen gegeben, das ich halten muß.«

»Was hast du Anna versprochen? Daß wir alle die Heimat verlassen würden?«

»Nein, natürlich nicht«, sagte Papa müde.

Anna horchte jetzt mit dem Ohr an der Wand, so daß sie alles hören konnte, obgleich seine Stimme ganz leise geworden war.

»Ich habe ihr versprochen, daß sie in einer Welt aufwachsen würde, wo die Gedanken frei sind«, sagte er.

Hatte er ihr das versprochen? Ach ja, das Lied, das Herr Keppler nicht singen lassen wollte. Aber Mama schimpfte schon wieder los.

»Wir sollen alle auswandern wegen deiner Anna! Dabei ist Anna diejenige, die es am nötigsten hätte, hierzubleiben. Sie fängt gerade an zu lernen. Frau Schmidt sagt, sie sei eigensinnig ... Aber davon abgesehen wäre es ausgerechnet für sie am schädlichsten, wenn sie irgendwo anders ganz von vorne anfangen müßte.«

Anna durchfuhr ein Schaudern. In diesem Punkt hatte Mama recht. Frau Schmidt war zwar ein Scheusal, aber jemand Fremdes ...!

O bitte, Papa, bat sie stumm, laß uns hierbleiben.

Dann geschah etwas Unerwartetes: Klara Solden begann zu lachen, mit ihrem selbstzufriedenen, spöttischen Lachen, das sie alle an ihr kannten.

»Ernst, du hast vergessen, wie unwichtig wir sind«, sagte sie und tat alles, was sie bisher gesagt hatten, als lächerlich ab. »Ja, was könnte uns denn passieren? Vielleicht war Hoffmanns Frau eine Xanthippe. Vielleicht war Dr. Singer zu eigenmächtig, oder er wird langsam zu alt für den Betrieb. Aber wir, wer sind wir denn schon? Oh, meine Füße sind kalt. Leg deine mal hier rüber!«

»Klara, Klara«, protestierte Papa, aber in seiner Stimme schwang Belustigung mit, »du bist unmöglich.«

Ihre Stimmen wurden zu einem Gemurmel. Anna schlüpfte wieder in ihr Bett. Sie wußte nicht recht, ob sie froh sein sollte oder nicht. Schließlich sank sie wieder in Schlaf.

Sie wachte noch einmal auf in dieser Nacht. Aus dem Schlafzimmer ihrer Eltern war kein Laut zu hören. Einen Augenblick lang packte sie wieder panische Angst. Bei dem Gedanken an Mamas kalte Füße mußte sie jedoch lächeln und rollte sich wohlig unter ihrer eigenen warmen Decke zusammen. Mama wird nicht zulassen, daß Papa etwas Schreckliches tut, dachte sie.

Das Frühstück am nächsten Morgen verlief wie gewohnt. Anna war erleichtert und zugleich irgendwie ein bißchen enttäuscht.

Beim Abendessen geschah es dann, anders zwar, als Anna es erwartet hatte, aber dennoch schrecklich genug. Papa verkündete nämlich: »Die Familie lernt ab sofort Englisch.«

Seine Frau und die Kinder starrten ihn entsetzt an. Er lächelte nur, aber etwas sagte ihnen, daß er nicht spaßte.
»Wir beginnen sofort«, fuhr er fort und bestätigte damit ihre schlimmsten Befürchtungen. »Von jetzt an wird jeden Abend am Tisch nur noch Englisch gesprochen. Von euch Kindern hat bis auf Anna jeder in der Schule ein bißchen Englisch gelernt, ihr habt also bereits einige Vorkenntnisse«, sagte er zur Ermutigung.

»*Ich* kann kein Englisch«, sagte Mama mit versteinertem Gesicht. »Du wirst es lernen, Klara«, sagte Papa ruhig. »Wir fangen jetzt gleich an. Hört gut zu. Rudi, will you pass me the salt, please?«

Die englischen Wörter waren für Anna völlig unverständlich, aber Rudi schaute Pfeffer, Salz und Senf an. Seine Hand bewegte sich langsam. Sie wartete zögernd in der Luft. Dann senkte sie sich unsicher. Das Glück stand ihm bei. Er reichte seinem Vater das Salz.

»Thank you, son«, sagte Papa und griff danach.

Rudis Gesicht hellte sich auf. Er blickte in die Runde, um sich zu vergewissern, daß die anderen auch bemerkt hatten, wie schlau er war. Alle zeigten sich gebührend beeindruckt.

Aber Papa hatte erst begonnen.

»How was school today, Gretchen?« wollte er wissen.

Bei jeder anderen Gelegenheit wäre es ein Vergnügen gewesen zu beobachten, wie Gretchen verlegen herumstotterte.

»How . . . how . . . I know not«, stotterte sie.

»It was good, Papa«, schmetterte Rudi in vorzüglichem Englisch.

Aber Gretchen hatte sich wieder gefaßt. Sie warf ihrem Bruder einen feindseligen Blick zu. »School was fine, Papa«, sagte sie.

War das eine richtig und das andere falsch? Anna hatte keine Ahnung. Es wäre zu schön gewesen, wenn Rudi einen Fehler gemacht hätte! Aber was, wenn Anna als nächste an der Reihe war?

Das ist hunderttausendmal schlimmer als dieses Alphabet, dachte Anna voller Abscheu. Sie versuchte, sich auf ihrem Stuhl kleiner zu machen, damit Papa sie nicht sähe.

Für ihn war es natürlich leicht. Er liebte Englisch. Er war in einer Stadt namens Cambridge auf der Universität gewesen. Anna hatte Bilder gesehen von dem Fluß, von mächtigen, sich über das Wasser neigenden Bäumen, und von jungen Männern, die in den Fotoapparat strahlten. Papa besaß eine Menge englischer Bücher, die er in seiner Freizeit las. Er bekam sogar englische Zeitschriften mit der Post und unterrichtete den ganzen Tag über Englisch an einer Privatschule in Frankfurt.

Rudi und Gretchen fanden sich überraschend schnell mit dem Englischen zurecht. Aber natürlich war das nicht nur eine Frage ihrer Intelligenz, wie Rudi behauptete. Immerhin hatte er bereits vier und Gretchen drei Jahre Englisch in der Schule gehabt.

Die Zwillinge hatten gerade das erste Jahr hinter sich und machten wahnsinnig viele Fehler. Mama und Anna waren die einzigen, die von der Sprache überhaupt keine Ahnung hatten.

Anfangs sprachen sie miteinander noch deutsch, was Papa stillschweigend duldete. In jenen Tagen war Anna ihrer Mutter so nahe, wie sie es seit ihrer frühen Kindheit nicht mehr gewesen war. Damals, so erinnerte sie sich, hatte Mama sie gedrückt und geknudelt, sie hatte ihr sogar Lieder vorgesungen. Es gab Bilder, die sie auf Mamas Schoß zeigten, und Mama schaute sie mit einem wunderschönen Lächeln an. Anna liebte diese Fotos. Aber es war eine Zeit gekommen, wo sie für ihre Mutter kaum noch etwas anderes als eine Enttäuschung gewesen war. Es hatte angefangen, als sie noch nicht in die Schule ging. Anna konnte nicht rennen, ohne über die kleinste Unebenheit im Pflaster zu stolpern. Sie konnte nicht hüpfen. Anna konnte keinen Ball fangen, wenn er ihr nicht auf dem Boden zugerollt wurde.

Aber sie konnte Gedichte auswendig lernen. Papa mochte es, wenn sie Gedichte aufsagte. Mama hatte jedoch für Gedichte keine Zeit. Sie wollte eine Tochter haben, die zumindest ordentlich Staub wischen konnte. »Das nennst du Staub gewischt, Anna!« rief sie jedesmal, wenn Anna dachte, sie sei fertig. Anna gab sich die allergrößte Mühe, den Staub zu entdecken, und obgleich sie nichts sehen konnte, senkte sie beschämt den Kopf.

Aber nun war alles anders. Die beiden saßen da und hörten Frieda zu, die sich mit der Aussprache von »thank you« abmühte.

»Tank you, Papa«, hörte es sich jedesmal an.

»Schieb die Zunge zwischen die Zähne, Frieda, so. Sieh mich an. Th . . . th . . .« machte ihr Papa vor.

Sogar Rudi hatte mit dem »th« Schwierigkeiten.

Mittendrin flüsterte Anna ihrer Mutter zu, sie wolle noch etwas Milch. Das tat sie natürlich auf deutsch, und Mama antwortete ihr »Ja, ja, Liebling« und reichte ihr die Milch über den Tisch. Papa sah stirnrunzelnd zu, aber Anna schlürfte ihre Milch und genoß ihre Sonderrolle. Das Mißbehagen ihres Vaters störte sie kaum, obgleich sie ihn so sehr liebhatte.

»Mein einziges deutsches Kind«, sagte Mama liebevoll an jenen Abenden. Und Anna sonnte sich in Mamas Lächeln, solange es währte. Sie wußte, bald würde Mama wieder anfangen, ihr das Stricken beibringen zu wollen. Oder das Nähen! Und das war noch schlimmer. Gretchen und Frieda waren so flink. Aber Anna begriff einfach nicht, was Mama meinte. Sie konnte beispielsweise nicht verstehen, wie Mama es fertigbrachte, den Faden durch die Nadel zu ziehen. Wenn Anna die dünne Nadel in ihrer Hand ansah, konnte sie kein Loch entdecken, durch welches sie den Faden bugsieren sollte. Oft war sie schon drauf und dran gewesen, ihrer Mutter zu erklären, daß ihre Nadel kein Öhr hatte. Aber jedesmal hatte Mama, ohne lange zu warten, selbst eingefädelt und dabei ihr jüngstes Kind mit solcher Verzweiflung angesehen, daß Anna gar nicht mehr wußte, was sie sagen sollte.

Mamas Nadel hatte immer ein Öhr.

Und wenn sie ihre Näharbeit näher vor die Augen hielt . . .

»Nein, Kind, nein«, sagte dann Mama, »das strengt die Augen viel zu sehr an. Du mußt es so machen. Halte deine Arbeit im Schoß.«

Und wieder klang die Stimme ihrer Mutter so sicher. Anna

mühte sich ab – und verpfuschte alles. Bald hatten sich alle daran gewöhnt, aber sie unterließen es nie, ihr gute Ratschläge zu geben und ihr zu helfen.

»Laß mich das machen, Anna«, seufzte Gretchen zum Beispiel und nahm ihr den Topflappen aus der Hand. »Wie kannst du bloß solche riesigen und dazu noch schiefen Stiche machen?«

Und: »Gib her, Anna. Ich mach das. Ich kann dich wirklich nicht verstehen. Als ich sieben war, hab ich für meine Brüder bereits Socken gestrickt.«

Anna wurde verstockt. Sie preßte die Lippen aufeinander und gab sich Mühe, daß ihre Hände nicht zitterten. Es war wie in der Schule mit diesem Alphabet. Aber ihr war es gleich. Sie war Papas Liebling. Jeder in der Familie wußte das, ebenso wie sie alle wußten, daß Mama Rudi bevorzugte, auch wenn sie es bestritt.

Im Augenblick jedoch war Anna, wenigstens für kurze Zeit, Mamas einziges deutsches Kind. Mama runzelte nach wie vor oft genug die Stirn und schüttelte den Kopf über sie, aber sie sang auch ihre deutschen Lieder mit ihr, und beide taten, als gäbe es einfach keine »schlimmen Zeiten«.

Anna bemühte sich, nicht an Gerda zu denken, sich nicht zu fragen, wo sie jetzt war und ob ihr Vater seine Familie je wiedergefunden hatte.

Auch wurde sie nachts nicht mehr durch einen Streit ihrer Eltern geweckt.

Es kam ein richtiger strenger Winter und darauf ein lieblicher Frühling. Sie hielt es für selbstverständlich, daß der Sturm vorüber war und daß Papa am Ende auch wieder von seinen Englischstunden in der Familie ablassen würde.

Dann kam eines Morgens – es war Anfang Juni 1934 – ein Brief aus Kanada. Er war nicht von Onkel Karl, sondern von seinem Anwalt.

Und so geschah es, daß über Nacht Annas vertraute Welt völlig durcheinander geriet.

3. »Awkward Anna«

An jenem Morgen begegnete sie ihrem Vater auf dem Weg zum Frühstück in der Diele.

»Fehlt dir etwas, Kleines?« fragte er, als er ihre finstere Miene sah.

Es fehlte ihr nichts anderes als sonst auch: Anna kam sich häßlich vor, wenn Mama damit fertig war, ihr das Haar auszukämmen und es zu zwei festen mickerigen Zöpfen zu flechten. Dabei mußte sie vor Mutters Spiegel stillsitzen und hatte reichlich Gelegenheit, sich selbst zu betrachten.

Alle anderen in der Familie waren so schön. Rudi und Gretchen waren groß und blond wie Papa. Sie hatten glänzendes Haar, das sich folgsam legte, wenn es gekämmt wurde. Ihre Augen waren hellblau, die Backen rosa, nicht besonders auffällig, aber Annas Augen und Haare hatten überhaupt keine Farbe. Fritz und Frieda waren Spiegelbilder Mamas mit ihren schwarzen Locken, ihren funkelnden braunen Augen und ihren lebhaften, verschmitzten Gesichtern.

Anna hingegen hatte strähniges, stumpfes Haar und blaugraue Augen. Zwar waren Nase und Ohren fein geformt, aber es fehlte ihnen alles Besondere. Und ihr Mund war . . .

»Eigensinnig« nannte Mama ihn oder »schmollend«, »unglücklich« Papa.

Häßlich, dachte Anna mißvergnügt und glitt, als Mama mit ihren Zöpfen fertig war, vom Stuhl. Sie marschierte hinaus in die Diele, wo sie Papa in die Arme lief.

Anna erzählte ihm nicht, was ihr fehlte, denn jetzt, wo er sie fragte, stimmte es bereits nicht mehr; niemand konnte sich in Papas Gegenwart häßlich vorkommen. Er streckte die Hand aus, zog eine Blume aus der Vase, die in der Diele stand, und steckte sie seiner Tochter ins Haar. Wasser tropfte vom Stengel in ihren Nacken, aber sie lachte nur. Papa konnte manchmal furchtbar albern sein. Lächelnd nahm sie die Blume und steckte sie schnell wieder in die Vase zurück. Sie hoffte bloß, daß Mama nichts gemerkt hatte.

»Nun, wie kommst du inzwischen mit Frau Schmidt zurecht?« fragte Papa.

Das Lächeln verschwand aus Annas Gesicht.

»Es geht«, murmelte sie.

Anna wußte, daß er sich damit nicht abspeisen ließ. Er hatte am Elternsprechtag mit Frau Schmidt gesprochen. Aber bald würde es Ferien geben.

»Meine liebe Anna, würdest du mir einen ganz besonderen Gefallen tun?« fragte ihr Vater plötzlich.

Anna sah ihn an. »Hat es irgend etwas mit Frau Schmidt zu tun?«

Er schüttelte mit einem Augenzwinkern den Kopf. Anna wollte ihm nicht recht glauben. Selbst die nettesten Erwachsenen legten einen gelegentlich herein.

»Nicht das allergeringste, ich schwör dir's!« Papa legte die Hand aufs Herz und blickte feierlich zum Himmel.

»Was ist es dann?« fragte Anna, immer noch auf der Hut.

»Erst dein Versprechen, dann erzähl ich es dir«, sagte er. »O Anna, traust du deinem eigenen Papa nicht?«

Anna traute ihm nicht, aber sie liebte ihn mehr als irgend jemanden auf der Welt und konnte ihm daher nicht widerstehen.

»Gut, du hast mein Versprechen«, knurrte sie gegen ihren Willen. »Und nun sag mir, was es ist.«

»Ich möchte, daß du Englisch lernst«, sagte Papa.

Anna wurde steif. Sie fühlte sich hintergangen. Aber er lächelte wieder, als hätten seine Worte gar nichts Schreckliches.

»Ich glaube nicht, daß es so schwierig ist, wie du glaubst«, sagte er sanft. »Denk dran, du bist das Mädchen, das alle Strophen von *Die Gedanken sind frei* an einem einzigen Nachmittag gelernt hat.«

»Aber das war auf deutsch«, protestierte Anna. Sie wußte, daß sie ihr Versprechen bereits gegeben hatte, hoffte aber dennoch, er habe ihr ein Schlupfloch gelassen, durch das sie noch entkommen konnte.

»Damals warst du gerade fünf Jahre alt. Jetzt bist du viel, viel älter und viel, viel klüger ... und ich hab den Verdacht, aber vielleicht täusche ich mich da auch, daß du schon viel mehr Englisch kannst, als du zugibst.«

Wie hatte er das erraten? Anna fühlte, wie ihr die verräterische Röte ins Gesicht stieg. Sie senkte den Kopf, um nicht seinem belustigten Blick begegnen zu müssen. Es stimmte haargenau. Sie hatte seit langem begonnen, einige dieser fremden Wörter in ihrem Gedächtnis zu speichern, obgleich sie nie gewagt hätte, sie laut auszusprechen. Aber wenn sie wollte, könnte sie ihn ganz schön in Staunen versetzen!

»Ernst! Anna! Ihr kommt noch zu spät zur Schule«, rief Mama. »Und hier ist ein Brief aus Kanada, Ernst, der wichtig aussieht.«

Sie setzten sich an den Frühstückstisch. Der Brief lag auf Papas Platz. Papa machte ihn auf und las ihn. Dann ballte er die Fäuste und zerknitterte dabei den Briefbogen.

»Was steht denn drin?« fragte Mama und trat neben ihn.

Papa mußte einen Augenblick warten. Anna sah, wie er schluckte.

»Mein Bruder Karl ist tot«, sagte er schließlich. »Er ist an einem Herzschlag gestorben. Er hat mir seinen ganzen Besitz hinterlassen.«

Inmitten des Stimmengewirrs, das sich daraufhin erhob, sagte Gretchen: »O Papa, wie schrecklich!« Sie erinnerte sich an Onkel Karl und seinen Besuch in Deutschland, als sie noch ein kleines Mädchen war. Onkel Karl hatte damals bei ihnen gewohnt.

»Papa, sind wir jetzt reich?« Die Frage kam von Rudi.

»Reich«, echote Fritz begehrlich, aber er hielt sofort den Mund. Etwas in Papas Gesicht sagte ihm, daß es nicht ratsam war, weiterzusprechen.

»Papa, Papa«, sagte Frieda und trat Fritz mit dem Fuß.

Und dann sagte Papa das Unfaßliche. Er fragte keinen. Er sagte es lediglich als Feststellung, trocken, sachlich und ohne Umschweife.

»Nein, Rudi, wir sind jetzt nicht reich. Karl war nur ein kleiner Krämer mit einem kleinen Geschäft, und Deutschland ist nicht das einzige Land, das unter der Wirtschaftskrise gelitten hat. Aber das ist unsere Chance. Wir gehen nach Kanada.«

»Kanada!«

Aus jeder Stimme klang dasselbe Gefühl, das Anna vor Monaten bei Mama gespürt hatte. Kanada war nicht ein Land, in das man ging, Kanada gehörte in die Erkundestunde.

»Mr. Menzies rät uns, im September zu kommen«, fuhr Papa fort, als habe er das Entsetzen seiner Familie nicht bemerkt.

»Wer ist Mr. Menzies? Wieso weiß er, was wir tun sollen?« Mamas Stimme war schneidend und schrill.

»Er ist Karls Rechtsanwalt. Ich hatte vor einiger Zeit an Karl geschrieben und ihn gefragt, wie die Chancen für uns in Kanada stünden. Er hat sich damals erboten, uns bei sich aufzunehmen, aber ich wollte unabhängig sein. Er meinte, als Englischlehrer würde ich keine Arbeit finden. Jetzt werde ich halt Krämer. Ich wollte von Karl keine Almosen, aber wie es scheint, kann ich sie jetzt getrost annehmen.«

Papa erhob sich mit dem Brief in der Hand und verließ das Zimmer. Tränen rollten ihm über die Wangen. Anna sah es. Sie konnte sich nicht von der Stelle rühren. Ihr Kopf war leer. Mama jedoch stand auf und folgte ihm. Im letzten Augenblick fiel ihr Blick auf die Uhr. Sie holte tief Luft und blieb stehen, um die Kinder zur Eile anzutreiben, weigerte sich aber, auf ihre Fragen zu antworten.

»Geht jetzt, geht!« kreischte sie schließlich. »Als ob nicht alles schon schlimm genug wäre mit diesem abwegigen Plan eures Vaters!«

Plötzlich entdeckte sie Anna, die sich noch nicht von ihrem Stuhl gerührt hatte. Sie sah sie an – und es war nicht der freundliche Blick, mit dem sie Anna als »ihr einziges deutsches Kind« angesehen hatte. Anna erschrak. Sie verstand nicht, was vor sich ging, bis ihre Mutter lostobte: »Warum ist Deutschland für euch nicht gut genug? Ein Land, in dem die Gedanken frei sind! Bah! Ach, das ist einfach zuviel für mich. Es kann doch nicht sein Ernst sein!«

Sie drehte sich um und lief aus dem Zimmer, ohne ihren Kindern »auf Wiedersehen« zu sagen. Als Anna ging und die Haustür hinter sich schloß, konnte sie Mama durch die Wände hindurch hören.

32

»Ernst, Ernst, ich gehe nicht. Ich sag dir, ich gehe nicht!«

Und dann, nach einer kleinen Pause, hörte sie Papa nicht ganz so laut, aber mit unnachgiebiger Stimme sagen: »Wir gehen alle, Klara. Ob du das verstehst oder nicht, ob du gern mitkommst oder nicht, wir gehen. Du kannst sofort mit den Vorbereitungen beginnen.«

An diesem Tag bemerkte Anna Frau Schmidts Hohn in der Schule nicht. Es war ihr auch egal, was bei der Morgenfeier gesungen wurde. In der Aula ging sie ganz dicht an Herrn Keppler vorbei, ohne ihn auch nur zu sehen.

Die Familie wanderte nach Kanada aus. Und sie hatte versprochen, in Zukunft Englisch zu lernen. Ob in Kanada wohl alle Leute Englisch sprachen?

Fragen über Fragen, auf die sie keine Antwort wußte, kreisten in ihrem Kopf, bis ihr schwindelig und schlecht wurde. Und dann endlich war die Schule vorbei, und sie durfte nach Hause gehen.

Aber zu Hause ging es noch genauso ungemütlich zu, und zu Hause gab es kein Entkommen. Wenn Papa sagte, sie würden gehen, dann meinte er es. Rudi versuchte, mit ihm von Mann zu Mann zu argumentieren. Papa hörte ihm zu.

»Verstehst du, Papa, deshalb können wir nicht gehen«, schloß Rudi.

»Wir gehen, Rudi«, antwortete sein Vater und fuhr in seinen Vorbereitungen fort.

Gretchen weinte, weil sie von ihrer Freundin Maria getrennt wurde. »Ich habe nie eine bessere Freundin als Maria gehabt, Papa«, schluchzte sie, Gretchen, die immer so erwachsen und gesetzt tat!

Papa zog sie zu sich auf die Knie, obwohl sie eigentlich schon viel zu groß dafür war. Sie lehnte ihren Kopf an seine Schulter. Sein Hemdkragen war naß und unansehnlich geworden von ihren Tränen.

»Du findest bestimmt eine neue Freundin, Gretel«, sagte Papa.

Gretchen sprang auf von seinem Schoß und rannte in ihr Zimmer, um sich auf ihrem Bett auszuheulen.

Papa kaufte die Fahrkarten für den Dampfer. Sie hätten eigentlich alle voller Erwartung sein müssen. Aber nur Fritz und Frieda empfanden die bevorstehende Reise als ein Abenteuer. Sie begannen, vor ihren Mitschülern damit anzugeben.

Aber Papa unterband auch dies, sobald er davon erfuhr. »Ich will nicht, daß ihr überall herumerzählt, daß wir von hier weggehen«, ermahnte er die ganze Familie.

»Wenn du uns nur erklären würdest, was du vorhast«, erwiderte Rudi, »dann wüßten wir, was wir sagen sollen. Die Leute stellen nämlich Fragen. Selbst Herr Keppler fragte mich heute morgen; er hatte Gott sei Dank keine Zeit, um auf meine Antwort zu warten. Aber er wird mich wieder fragen.«

»O der arme Rudi«, flüsterte Frieda.

Rudi warf den Kopf herum. »Ich hab keine Angst vor ihm«, behauptete er.

»Das solltest du aber«, sagte Papa leise. Aber ehe sie fragen konnten, was er damit meinte, setzte er der Diskussion ein Ende, indem er ihnen Anweisungen erteilte über ihr zukünftiges Verhalten.

»Ihr könnt den Leuten erzählen, daß euer Onkel gestorben ist und daß er uns in Kanada ein Geschäft hinterlassen hat. Sagt, daß ich dort nach dem Rechten sehen muß und daß wir beschlossen haben, zusammen nach Kanada zu gehen. Mehr braucht ihr nicht zu erzählen. Ich möchte nicht, daß ihr mehr als unbedingt nötig darüber redet. Wenn Herr Keppler dich noch einmal fragt, sei vorsichtig und vergiß nicht – was ich euch jetzt sage, ist wichtig –: es ist gefährlich, zuviel zu erzählen.«

Papa versuchte sogar, seine Schwester Tania und ihren Mann zum Mitkommen zu bewegen. Beide waren der Meinung, die Soldens sollten gehen, aber sie selbst wollten hierbleiben.

»Wir haben keine Kinder, an die wir denken müssen, Ernst«, sagte Onkel Tobias. »Deutschland ist unsere Heimat, meine so sehr wie die eure. Ich würde mein Land jetzt nicht im Stich lassen.«

»Vielleicht bleibt dir bald gar keine Wahl, Tobias«, sagte Papa zutiefst besorgt.

»Das wissen wir«, sagte Tante Tania ruhig. »Aber wenn alle vernünftigen Leute fliehen, wer bleibt denn dann noch hier, um die Wahrheit zu sagen?«

Darauf wußte Papa keine Antwort. In diesem Augenblick begriff Anna, daß Papa in Wirklichkeit auch nicht weggehen wollte und daß er es nur tat, um sein Versprechen einzulösen und weil er sie alle so sehr liebte – Rudi, Gretchen, die Zwillinge und Mama, die sich doch seinem Willen immer noch widersetzte.

Armer Papa!

Englisch. Wenn sie nun ihm zuliebe Englisch sprach? Vielleicht munterte ihn das ja ein bißchen auf. Schon seit Tagen wollte sie es versuchen, aber die Angst vor dem Gelächter ihrer Geschwister hielt sie immer wieder davon ab. Trotzdem, sie wollte es versuchen. Gleich heute abend.

Das Abendessen war fast fertig. Rudi saß schon an dem großen runden Tisch und blätterte in einem Deutsch-Englischen Wörterbuch. Er brachte ihnen neue Vokabeln bei, während sie den Tisch deckten. Sie gingen alle geduldig um ihn herum. Sie hatten sich inzwischen daran gewöhnt, daß er immer irgendwelche Ausreden fand, um sich hinzusetzen, wenn es etwas zu tun gab. Mama blieb verschlossen und schweigsam, während er las, aber die anderen wußten inzwischen, daß sie diese neue Sprache wirklich brauchen würden, und hörten daher nicht ungern zu.

»Awful« war das letzte Wort gewesen. Anna versuchte es sich einzuprägen, indem sie es vor sich hin sagte.

Rudi las weiter in derselben Spalte.

»›Awkward‹. So ein komisches Wort«, kommentierte er. »Es bedeutet ›unbeholfen, tolpatschig‹.«

Irgendwie – Anna wußte nicht, wie – entschloß sich die Wurstplatte, die sie auf den Tisch stellen wollte, gerade in diesem Augenblick, ihr aus der Hand zu rutschen und direkt vor Rudis Füßen in Scherben zu springen.

Er brüllte los, als habe sie eine Kanonenkugel auf ihn abgefeuert. Dann sah er, daß es nur Anna war, und genierte sich. Um seine Verlegenheit zu überspielen, fiel er über Anna her.

»Awkward«, sagte er laut. »Das läßt sich leicht behalten. Wir brauchen bloß an dich zu denken. Awkward Anna!«

Anna kniete auf dem Boden und suchte die Scherben zusammen. Sie schaute nicht hoch. Wenn niemand etwas darauf sagte, würde er es vielleicht dabei bewenden lassen. Aber Frieda, die es diesmal nicht getroffen hatte, war nicht so vorsichtig.

»Gerade letzte Woche hast du selber eine Tasse kaputtgemacht, Rudi«, schrie sie. »Wie kannst du bloß so gemein sein! Wehe du wagst es, ihr diesen Namen anzuhängen!«

Rudi wagte allerhand. Er mochte nicht an seine eigenen Fehler erinnert werden. Und kein elfjähriges Mädchen würde ihn ungestraft herumkommandieren können.

»Aber bedenke doch, liebe Frieda, wie uns das beim Englischlernen helfen würde«, sagte er mit einer samtweichen Stimme.

Anna bekam eine Gänsehaut.

Rudi sagte dann nichts mehr, sondern vergrub seine Nase wieder in dem Wörterbuch. Als das Essen schließlich fertig war, hatte er auch für seine übrigen drei Geschwister irgendwelche Namen gefunden.

»Fearful Frieda«, die ängstliche Frieda, war der erste. Frieda schüttelte nur voller Verachtung den Kopf. Dann war »Fierce Fritz« an der Reihe. Fritz grinste, nachdem er nachgesehen und festgestellt hatte, daß »fierce« soviel wie wild hieß. Seiner ältesten Schwester bot er »Glorious Gretchen«, das tolle Gretchen, an. (Diese Kombination hatte er jedoch in aller Eile gebastelt, weil Mama inzwischen zum Händewaschen und Essen mahnte.) Gretchen lachte bloß.

Später wühlte sie selber auch ein bißchen im Wörterbuch und rächte sich am nächsten Morgen beim Frühstück. »Möchtest du noch ein bißchen Kakao, Rude Rudi?« fragte sie.

Rüpel Rudi als Spitznamen? Rudi grinste, und damit waren die Spitznamen vergessen – außer Annas. Sie wußte selbst sehr wohl, warum der Name an ihr hängenblieb. Fritz formulierte es, als sie ein paar Tage später über einen Hocker stolperte und der Länge nach hinfiel.

»Da liegt sie wieder, Awkward Anna«, war sein Kommentar. Aber dann schämte er sich. »Es ist ja bloß, weil es so gut auf sie paßt«, sagte er entschuldigend zu Papa.

Bald war Anna für sie alle Awkward Anna. Sie benutzten den Spitznamen und schüttelten dabei den Kopf. Manchmal hörte es sich sogar fast zärtlich an. Aber sie benutzten ihn eben. Rudi am meisten; er ahnte, wie sehr er Anna damit traf. Anna und Rudi vertrugen sich nicht besonders gut. Das war schon so gewesen, als Anna noch ein Wickelkind war.

Anna war die Lust vergangen, Papa mit ihren Englischkenntnissen zu überraschen, obwohl er ihren Spitznamen nie benutzte. Englisch war für sie inzwischen mit diesem schrecklichen Wort verbunden, das sie überallhin verfolgte.

Awkward. Awkward.

Wie sie es haßte! Und dabei überzeugt war, daß es auf sie zutraf! Gegen ihren Willen fuhr sie fort, im Laufe der Wochen immer neue englische Wörter zu behalten. Zum Erstaunen aller gab Mama plötzlich ihren Widerstand auf und fing an, mit den anderen zusammen Englisch zu sprechen. Annas Weigerung, auch mitzumachen, hatte damit für Mama nichts Beruhigendes mehr, im Gegenteil, jetzt ärgerte sie sich darüber. »Es wird Zeit, daß du aufhörst, so bockig zu sein, Anna«, sagte sie. »Ich bin alt und fange an zu lernen. Und wenn etwas notwendig ist, dann müssen wir es eben tun.« Ihre Augen füllten sich mit Tränen, während sie sprach.

Anna wandte sich ab. Mama würde sie nie verstehen. So brauchte sie auch kein schlechtes Gewissen zu haben, daß sie Mama zum Weinen brachte. Mama weinte zur Zeit ohnehin jeden Tag. Sie weinte beim Packen.

»Du kannst nicht alles mitnehmen, Klara«, sagte Papa zu ihr und meinte, sie solle ihre Suppenterrine Tante Tania überlassen.

Anna fand es albern, wegen einer Suppenterrine zu weinen. Das Ding war noch häßlicher als sie selber mit den albernen kleinen Amouretten an den Griffen, den geschwungenen Füßen und dieser plumpen Unförmigkeit.

»Ich hab sie schon seit meiner Brautzeit«, weinte Mama, und Tante Tania weinte mit ihr.

38

Bei der Standuhr, die jede Viertelstunde schlug, mußte Papa dann nachgeben. Sie hatte Mamas Mutter gehört. Papa wußte, wann er geschlagen war. Und diesmal war Anna froh darüber. Sie liebte den melodiösen Klang der Uhr. Die Uhr schlagen zu hören, wenn man noch im Bett lag, gehörte zu den ersten Erinnerungen ihres Lebens.

Dann kam der letzte Schultag.

»Nun, Anna, du verläßt uns ja heute«, sagte Frau Schmidt. Es klang nicht, als ob es ihr leid täte. »Ich hoffe, du arbeitest schön für deine neue Lehrerin.«

Ihre Stimme sagte, daß sie das bezweifelte. Anna sagte bloß: »Ja, Frau Schmidt.«

Aber als sie mit ihren Sachen unterm Arm durch das Gebäude ging, hörte sie hinter sich ihren Namen rufen.

»Anna«, sagte Fräulein Braun, die sie inzwischen eingeholt hatte, »du wolltest doch sicher nicht gehen, ohne dich zu verabschieden.«

Anna sah sie überrascht an. Fräulein Braun unterrichtete Musik, und Anna mochte Musik. Aber sie hätte nie gedacht, daß die Musiklehrerin sie überhaupt bemerkt hatte.

»Du wirst uns fehlen«, sagte Fräulein Braun sanft. »Du hast eine sehr hübsche Stimme, Anna, und du singst, als würdest du auch meinen, was du singst.«

»Ich ... vielen Dank«, stotterte Anna. »Auf Wiedersehen, Fräulein Braun.«

Einen Augenblick lang tat es ihr leid, daß sie die Schule nun verließ.

Schließlich war es soweit. Am nächsten Tag ging die Reise los, fort von zu Hause, in ein Land, wo alle Leute nur Englisch sprachen. In Bremerhaven würden sie das Schiff nach Kanada besteigen.

Sie hatten alles gepackt. Zu ihrer letzten Mahlzeit in Frankfurt setzten sie sich auf Kisten.

»Das Haus wirkt so verlassen«, sagte Frieda mit großen Augen.

Papa fing plötzlich an zu lachen. Es war, als habe er die ganze letzte Zeit Angst gehabt zu lachen, doch jetzt schien diese Angst mit einemmal von ihm abzufallen. Er konnte vor sich sehen, wohin er sie brachte: in ein schönes, freies, sicheres Land.

»Wir wollen nicht traurig sein«, ermunterte er sie. »Wir haben ja uns. Wir können von vorne anfangen, wir Soldens, wir brauchen nur ein bißchen Mut. Wie heißt das mutigste Lied, das ihr kennt?«

Diesmal antwortete nicht Anna, sondern Gretchen.

»Die Gedanken sind frei, Papa«, rief sie.

Anna fühlte sich viel mutiger, als ihre Stimmen freudig erklangen und die Schatten und die Leere des Zimmers verscheuchten.

Plötzlich hielt Anna inne. Niemand außer ihr hatte bemerkt, daß Mama weinte. Ihre Wangen waren feucht von Tränen. Während die anderen voller Begeisterung die zweite und die dritte Strophe sangen, fühlte sich Anna plötzlich wieder einsam und verlassen. Dann sah sie, wie ihr Vater seiner Frau zulächelte.

Als sie wieder hinsah, rollten Mama die Tränen noch immer über das Gesicht, aber nun sang sie tapfer mit.

4. Papa hat nicht recht

Am ersten Tag auf See waren alle außer Anna seekrank. Papa sah bleich aus und wollte nichts essen, aber er hielt sich auf den Beinen und brachte es sogar fertig, mit seinem jüngsten Kind in den großen Speisesalon zum Abendessen zu gehen. Aber die anderen, auch Rudi, lagen stöhnend in ihren Kojen.

Anna konnte das nicht verstehen. Sie fühlte sich absolut wohl. Mehr als das: großartig! Sie fand es herrlich, durch das schaukelnde Schiff zu gehen, ohne dabei das Gleichgewicht zu verlieren. An Land stolperte sie und fiel dauernd hin, aber hier an Bord schwebte sie geradezu im Rhythmus des rollenden Schiffes durch die Gänge. Sie brauchte sich nicht ein einziges Mal irgendwo festzuhalten, um nicht den Halt zu verlieren. Auf ihren eigenen zwei Beinen stand sie sicherer als alle anderen, selbst als Papa. Wenn die anderen doch bloß nicht so seekrank wären, damit sie sie sehen könnten!

Ihr gefiel auch das gewaltige Stampfen der Maschinen, das sich überall im Schiff anders anhörte. Vielleicht war sie eine andere, eine neue Anna geworden. Im Speisesaal saß sie aufrecht wie eine Königin da und bestellte sich ihr Essen nach einer Speisekarte, die sie nicht lesen konnte. Sie kam sich dabei groß und bedeutend vor – trotz der dummen Speisekarte.

»Iß doch etwas mit mir, Papa«, bettelte sie.

Papa lächelte, als er sie so glücklich und zufrieden sah, schüttelte aber den Kopf. Schon der bloße Gedanke an etwas zu essen machte ihn krank. Anna aß hastig, denn sie vermutete richtig, daß auch er sie im Stich lassen würde, wenn er ihr allzulange bei ihrem Rinderbraten zusehen mußte. Es war zu dumm. Nun saßen sie hier ganz alleine zusammen, und doch war ihr alle Freude verdorben. Jetzt hatte Papa sogar tatsächlich die Augen geschlossen.

Plötzlich kam ihr die Erleuchtung. Sie hatte bisher noch immer kein Wort Englisch gesprochen, obwohl Kanada mit jedem Tag näher kam und sie das Problem nicht viel länger vor sich herschieben konnte. Warum sollte sie es nicht jetzt versuchen? Der Augenblick war günstig wie nie, sie war ganz allein mit Papa, und Papa wäre entzückt und würde nicht lachen, wenn sie einen Fehler machte.

Sie dachte angestrengt nach. Sie könnte zum Beispiel fragen, wann sie in Kanada ankämen.

Nein. Er wußte ja, daß sie die Antwort bereits kannte. Es mußte etwas anderes, etwas Kluges sein . . .

»Bist du fertig, Anna?« fragte ihr Vater, als er sah, daß sie in die Luft starrte, ohne weiter zu essen. Er schob seinen Stuhl zurück. »Ich glaube, ich sollte nach deiner Mutter sehen.«

Anna wußte genau, wie es Mama ging. Sie lag, zu einem Knäuel zusammengerollt, in ihrer Koje und wollte niemanden sehen. Wenn Mama zu Hause Kopfschmerzen hatte, kümmerte sich gewöhnlich Gretchen um sie, indem sie ihr Wasser zu trinken brachte, ihre Kopfkissen ausschüttelte und die Jalousien herunterließ. Aber jetzt war Gretchen selber krank. Anna, die sich plötzlich ganz wichtig vorgekommen war, hatte schüchtern und mit piepsiger Stimme gefragt: »Mama, möchtest du ein Glas Wasser?«

Mama hatte sich nicht einmal umgedreht. »Nein, nein, laß mich in Ruhe«, hatte sie gestöhnt. Und dann hatte sie noch gesagt: »Sprich englisch, Anna.«

Papa hatte sich bereits erhoben und wartete auf sie. »Anna, hast du mich gehört?« fragte er, als sie keine Anstalten machte zu kommen.

Wie eine Blütenknospe sich beim Herannahen der Dunkelheit wieder fest verschließt, so starb in seiner Tochter die eben aufkeimende hoffnungsfrohe Erregung. Anna stieß ihren Stuhl zurück und stand auf.

»Ich bin fertig«, sagte sie kurz auf deutsch.

»Seekrank zu sein ist ganz schlimm für sie alle«, erklärte ihr Vater, als er sich einen Weg durch das Labyrinth der Tische suchte. Er sagte es auf englisch. Papa sprach jetzt kaum mehr deutsch.

Er muß wissen, daß ich es verstehe, dachte Anna, als sie ihm durch den Gang folgte.

Und doch hatte er sie nur das eine Mal, Wochen war es her, gebeten zu versuchen, englisch zu sprechen. Und sie hatte es ihm versprochen. Sie konnte sich nicht daran erinnern, jemals Papa etwas versprochen und dann ihr Wort gebrochen zu haben. Warum sagte er nichts, um sie an das Versprechen zu erinnern? Er hätte auch mit ihr schimpfen können. Er weiß, daß ich es nicht vergessen habe, aber er ahnt, daß ich Angst habe.

Einmal einen Anfang zu machen und die Worte laut auszusprechen, das war es, was Anna einfach nicht über sich brachte. Sie hatte es versucht, aber jedesmal blieben sie ihr in der Kehle stecken. Sie war überzeugt: Wenn sie den Mund aufmachte, würde ihr Englisch völlig verquer herauskommen und sich absolut lächerlich anhören. Mama machte die ganze Zeit fürchterliche Fehler. Die Familie versuchte, nicht über sie zu lachen, aber manchmal konnten sie einfach nicht anders. Rudi würde keine Gnade walten lassen, wenn Anna an der Reihe wäre.

So bildete sie im Kopf englische Sätze und flüsterte sie sogar manchmal verstohlen, wenn sie allein war, aber wenn jemand um sie war, sprach sie nach wie vor nur deutsch.

Am nächsten Morgen schien die Sonne, die See war ruhig, und den Soldens ging es besser. Nach dem Frühstück machten sich die fünf Kinder daran, das Schiff zu erforschen. Papa runzelte die Stirn, als er sie losziehen sah. Ihm gefiel nicht, wie Anna hinterhertrottete, als gehöre sie nicht so recht dazu.

Er machte es sich im Liegestuhl bequem und schlug sein Buch auf. Mama, die neben ihm lag, war gerade dabei, in der warmen Sonne einzuschlafen.

Sie hat es endlich eingesehen, dachte er erleichtert. Das wird die Dinge für Anna leichter machen.

»Hast du was, Ernst?« fragte Klara Solden schläfrig.

»Nein«, sagte er. Dann fügte er, ohne es recht zu wollen, hinzu: »Es ist nur wegen Anna. Die anderen schienen sie nicht recht dabeihaben zu wollen.«

Klara Solden war plötzlich wieder hellwach.

»Warum sollten sie auch?« sagte sie herausfordernd. »Sie ist zur Zeit so empfindlich. Sie macht nicht die leiseste Anstrengung, sich ein bißchen anzupassen und auf die anderen einzustellen ... Sie kann mich doch nicht hören, oder?« Ihr Gesicht sah plötzlich besorgt aus, als sie sich halb erhob und, auf den Ellbogen gestützt, umsah.

»Nein, nein, sie sind fort«, beruhigte sie ihr Mann.

Er lächelte, als sie sich zurücklegte und die Augen wieder schloß. Aber schon einen Augenblick später legte er sein Buch aus der Hand und erhob sich.

»Was ist?« fragte seine Frau, als er sich entfernte.

»Ich will nur mal sehen, was sie vorhaben«, rief er zurück und beschleunigte seine Schritte. »Besonders bei Fritz weiß man das ja nie.«

Anna war, während sie den anderen folgte, trotz allem nicht unglücklich. Noch nicht. Dafür war der Tag einfach zu schön. Die strahlende Bläue und Weite des Himmels erweckten in ihr die Lust zu singen. Und alles war noch so ganz neu.

43

Es gab noch eine Chance, nicht mehr länger Awkward Anna zu sein.

Dann entdeckten die Zwillinge ein eisernes Geländer. Im Nu wetteiferten die vier Kinder miteinander wie Zirkusakrobaten. Erst hängten sie sich mit den Händen, dann mit den Knien an das Geländer. Die Bauchwelle machte ihnen keine Schwierigkeiten. Sie ließen die Füße baumeln und hangelten sich Hand vor Hand über die ganze Länge des Geländers. Fritz kletterte eine Stange hoch und schlang sich dann wie ein Knoten darum.

»Mach's nach, Rudi!« schmetterte er von seiner Höhe herab.

Anna stand da und sah ihnen zu. Sie war zu sehr von Bewunderung für ihre Brüder und Schwestern erfüllt, um Bedauern über ihre eigene Unfähigkeit zu empfinden. Diese wagemutigen, flinken Kinder waren ihre Geschwister!

Papa stand unmittelbar hinter ihr, als er sie ansprach; sie erschrak so sehr, daß sie beinahe das Gleichgewicht verloren hätte.

»Warum spielst du denn nicht mit, Anna?« fragte er.

Anna sah hilflos zu ihm auf. Sie hatte keine Erklärung. Was sollte sie sagen? Daß sie zu dumm war? Daß sie hinfallen würde? Daß sie gar nicht wußte, wie man an der Stange turnte?

Er wartete auf eine Antwort. Der strahlende Morgen verdüsterte sich.

Gretchen, erhitzt vom »Schweinebaumeln«, kam angelaufen, um zu sehen, was Papa wollte, und ersparte ihr so die Antwort.

»Warum laßt ihr Anna nicht auch mitspielen?« fragte Papa, bevor Gretchen irgend etwas sagen konnte.

Die Frage war nicht fair. Gretchen sah ihre gedrungene kleine Schwester an. Warum machte Anna nicht ihren Mund auf und erzählte Papa, daß sie nicht spielen *wollte?* Nicht daß sie sie diesmal aufgefordert hätten, aber das hatten sie untereinander auch nicht getan.

Anna sagte nichts. Sie hatte den Kopf etwas zur Seite gedreht.

»Niemand hindert sie daran, Papa«, sagte Gretchen. »Ehrlich, ich glaub nicht, daß sie mitspielen will. Solche Spiele sind einfach nichts für sie. Irgendwie ist sie dafür zu groß ... oder vielleicht auch zu klein.«

Gretchens Worte kamen zögernd. Anna war nicht ganz so groß wie Frieda, aber irgendwie kam sie einem trotzdem zu groß vor. Sie alle hatten sie schon unzählige Male hinfallen sehen. Sie schlug schwerfällig hin und stand oft so unbeholfen auf, daß sie gleich wieder stolperte und hinfiel.

Da Gretchen hilflos verstummte, mischte sich Fritz für eine Sekunde ins Gespräch, von dem er genug aufgeschnappt hatte, um nun fix seine Meinung beizusteuern.

»Wenn Anna üben würde wie ich und Frieda, dann könnte sie hier auch mitmachen. Sie ist selbst schuld, daß sie Awkward Anna ist.«

Und weg war er wieder, noch ehe Papa etwas sagen konnte. Gretchen hätte sich auch gerne verdrückt, das wußte Anna, aber sie blieb stehen und wartete.

»Du solltest wirklich daran denken, daß Anna die Kleinste ist, und ihr helfen, Gretel«, sagte Papa.

»Wir *haben* es ja versucht!« stieß sie hervor. »Papa, sie will nicht bei uns mitmachen! Wirklich nicht!«

Jetzt endlich bemerkte Papa, wie vollkommen stumm Anna dastand. Wie konnte er sie nur so stehenlassen! Er wandte sich von Gretchen ab und fragte zärtlich: »Anna, hättest du Lust, mit deinem Papa einen Spaziergang zu machen?«

Anna wollte kein Mitleid, nicht einmal das von Papa.

»Ich hab jetzt keine Zeit, ich hab was anderes vor«, log sie und sah dabei weder ihren Vater noch ihre Schwester an. Aufrecht und mit hoch erhobenem Kopf ging sie davon. Ein Rettungsboot war ganz in der Nähe. Schnell verschwand sie dahinter. Als sie außer Sichtweite war, blieb sie ratlos und von ihrem Schmerz überwältigt stehen.

Dann merkte sie, daß sie noch immer in Hörweite war.

»O Papa«, hörte sie Gretchen bekümmert fragen, »wieso kommt man sich Anna gegenüber so schäbig vor, obgleich man weiß, daß man es gar nicht gewesen ist?«

Angespannt wartete Anna auf neue Kränkungen.

»Ich weiß, es ist nicht immer leicht«, sagte Papa langsam und fügte dann sinnend hinzu: »Aber Gretchen, in Anna steckt etwas Besonderes. Eines Tages wirst du erkennen, daß ich recht habe. In ihr ist so viel Liebe versteckt.«

»Ja, Papa«, sagte Gretchen mit gepreßter Stimme.

Aber Anna hatte ihre große Schwester vergessen. Auf der anderen Seite des Rettungsbootes stand sie vor einer neuen Welt, die ihr Papas Worte eröffnet hatten.

In ihr steckte etwas Besonderes!

Den Rest hatte sie nicht genau verstanden, aber diese Worte, dessen war sie sich sicher, hatte Papa Gretchen gegenüber gebraucht.

Er hatte nicht gesagt: Anna ist anders. Sie haßte es, anders zu sein. Er hatte gesagt: etwas Besonderes. Es bedeutete wunderbar, oder nicht? Es bedeutete besser als andere.

Langsam wanderte Anna über das Deck und bewegte in sich das Zauberwort. Es glänzte. Es klang in ihr. Es machte den Tag wieder schön.

Aber war es auch wahr?

Sie blieb stehen und dachte angestrengt nach.

Sie sah nicht »besonders« aus, das wußte sie. Sie war zu groß und nicht ein bißchen hübsch.

Und dann gab es so viele Dinge, die sie nicht konnte: nähen oder stricken oder zu Mamas Zufriedenheit Staub wischen, Spiele spielen, lesen – nicht einmal einfache Bücher.

Sie konnte beim Singen die Melodie halten. Sie hatte sogar eine hübsche Stimme. Das hatte ihr Fräulein Braun gesagt. Aber die anderen sangen genauso gut wie sie.

Und doch hatte Papa »etwas Besonderes« gesagt.

Plötzlich sah sie direkt vor sich ein Geländer wie das, an dem ihre älteren Geschwister vorher gespielt hatten. Sie hätte es nie probieren können, wenn sie alle zugesehen hätten; aber jetzt, nach Papas Worten, die noch in ihr hallten, und mit dem Gefühl, an Bord des Schiffes in einer völlig neuen Welt zu leben und obendrein ohne jemanden, der zusah und lachte, vielleicht würde sie es jetzt schaffen. Dann konnte sie zu ihnen zurückgehen und es ihnen vormachen. Sie würde überhaupt nichts sagen. Sie würde sich bloß an die Stange hängen

und eine Welle machen, als hätte sie das schon immer ge-
konnt.

Vielleicht.

Anna Solden ging auf das eiserne Geländer zu. Sie packte
es mit festem Griff. Ihre Hände waren bereits feucht vor Aufregung. Sie strampelte mit den Beinen und versuchte, sich
zwischen den Händen über die Stange zu schwingen, wie sie
es bei ihren Geschwistern gesehen hatte. Sie brachte einen
Fuß in die Höhe – und begann auch bereits abzurutschen.

»Ich kann es. Ich kann's, ich kann's«, murmelte sie voller
Verbissenheit. Aber irgend etwas an ihrem Griff war verkehrt.
Es mußte bei der Sache einen Kniff geben. Sie konnte sich
nicht mehr festhalten und schlug mit den Knien und den Ellbogen auf dem harten Deck auf.

Einen Augenblick lag sie da und überlegte, ob sie es noch
einmal versuchen sollte. Aber sie wußte ja nicht, was sie das
erstemal falsch gemacht hatte.

Sie stand schnell auf und strich sich ihr Kleid glatt.

Dann begann sie zu rennen, einfach irgendwohin. Sie lief
gegen einen Pfeiler und stieß sich das Schienbein an einem
Stapel Liegestühle, aber sie blieb nicht stehen. Schließlich ge-
langte sie an eine Stelle des Decks, wo kein Mensch zu sehen
war, keine Geschwister und auch sonst keiner der Passagiere.
Keuchend lehnte sie sich an die Wand.

Die Sonne schien noch immer. Auch der Himmel war noch
immer weit und blau. Doch in Anna war jede Freude erstor-
ben.

»Papa is wrong«, rief sie einer vorbeifliegenden Möwe zu.
»Was Papa gesagt hat, stimmt nicht.«

Ihre Stimme war voller Verzweiflung, aber die Möwe blieb
ungerührt, und sonst war niemand in ihrer Nähe, um sie zu
hören – obwohl Anna gerade ihre ersten englischen Wörter
laut gesprochen hatte, ohne es selbst zu merken.

5. Anna findet einen Freund

»Mr. Menzies schrieb, er würde uns abholen«, sagte Papa.

Die Soldens waren gerade aus dem Zug gestiegen und sahen sich müde auf dem Bahnsteig um. Überall waren nur fremde Gesichter. Niemand kam auf sie zu und gab sich als Mr. Menzies, Onkel Karls Anwalt, zu erkennen.

»Menzies«, murmelte Mama. »Das ist kein deutscher Name.«

»Klara, wir sind jetzt in Kanada«, sagte Papa. Die Schärfe in seiner Stimme ließ die erschöpften Kinder aufhorchen. Papa wurde eigentlich nie scharf.

»Er muß hier irgendwo sein«, fuhr er nach einem Augenblick gespannten Schweigens fort.

Die Familie stand zusammengedrängt in der Nähe der Sperre im Wartezimmer des Union-Bahnhofs von Toronto. Sie hatten das Schiff in Halifax verlassen und den Rest der Strecke mit der Bahn zurückgelegt. Für Betten im Schlafwagen war nicht mehr genug Geld dagewesen. Anna hatte sechsunddreißig Stunden lang im Zug gesessen und sich an Papa gelehnt. Jetzt konnte sie sich kaum auf den Beinen halten. Wenn sie sich bloß irgendwo hinlegen könnte!

»Er muß jeden Augenblick hier sein«, fing Papa wieder an, während er die Gesichter der Menschen in ihrer Umgebung eindringlich musterte.

Anna hatte ihre schweren Lider einen Augenblick lang geschlossen. Jetzt riß sie die Augen weit auf vor Staunen. Papa hatte ja deutsch gesprochen!

Er mußte wirklich sehr beunruhigt sein.

Anna überlegte nicht lange, ob sie recht hatte mit ihrer Vermutung. Sie tat das einzig Richtige: sie kam ihm auf ihre Art zu Hilfe, indem sie sich an ihn drängte wie eine störrische kleine Bergziege, und ließ ihn auf diese Weise wissen, daß sie bei ihm war.

»Paß auf, Anna«, schalt Mama. »Wenn du nicht mehr stehen kannst, dann setz dich auf den großen Koffer.«

Aber Papa blickte in das besorgte Gesicht seiner Tochter und lächelte.

»Er ist groß und hat rotes Haar«, erklärte er ihr ruhig.

Anna drehte sich um, aber sie sah kaum mehr als einen Wald von Beinen zwischen Hügeln von Gepäckstücken. Plötzlich stand Mr. Menzies vor ihnen.

»Ernst Solden?«

»Ja, ja. Sie müssen Mr. Menzies sein.«

Die beiden Männer schüttelten sich die Hand. Mr. Menzies war groß, aber sein Haar war eher grau als rot.

»Meine Frau Klara«, begann Papa sie vorzustellen. »Mein Ältester, Rudolf ... Gretchen ... Fritz und Elfrieda, unsere Zwillinge ... und das hier ist Anna.«

Anna blinzelte mit den Augen, als sie Rudis und Friedas richtige Namen hörte. Mr. Menzies lächelte höflich.

»Ihr beiden seht ganz und gar eurem Vater gleich«, sagte er zu den ältesten. »Und die Zwillinge kommen nach Ihnen, Mrs. Solden.«

Der Anwalt sah den jüngsten Soldensproß an und räusperte sich.

Jetzt fällt ihm nichts ein, dachte Anna voller Verachtung.

»Anna hat das große Glück, nur wie sie selbst auszusehen«, sagte Papa schnell.

»Natürlich«, murmelte der hochgewachsene Mann und wandte sich wieder an Papa. »Haben Sie im Zug gegessen?«

Das Gespräch der Erwachsenen setzte sich über Annas Kopf hinweg fort. Es war für sie uninteressant. Dieser Kanadier war wie die meisten anderen Erwachsenen, die ihr bisher im Leben begegnet waren. Er mochte sie nicht. Nun gut, sie mochte ihn auch nicht.

Sie setzte sich automatisch in Bewegung, als die anderen den Bahnhof verließen und auf ein Restaurant auf der anderen Seite der Straße zusteuerten. Dort stopfte sie ein Sandwich in sich hinein – so etwas hatte sie noch nie zuvor gegessen – und trank dazu ein großes Glas Milch.

»Wollen Sie nicht wenigstens bis morgen im Hotel wohnen?« fragte Mr. Menzies.

»Sind die Mieter noch im Haus?« fragte Papa.

Mieter in ihrem neuen Haus? Anna war beinahe wieder hellwach, denn das interessierte sie.

»Nein, Mr. Soldens Mieter sind letzte Woche ausgezogen – und es ist mir tatsächlich gelungen, ihnen einige Möbelstücke abzukaufen, wie Sie gehofft hatten. Sie waren ganz froh über das Geld. Es ist nichts Besonderes . . .«

Die Stimme des Anwaltes klang besorgt. Ernst Solden lachte.

»Das ist schon recht. Alles, was wir brauchen, ist ein Bett für jeden. Ob gut, ob schlecht, ob mittelmäßig, ist uns einerlei, nicht wahr, Klara?«

Mama murmelte zustimmend, aber es klang nicht so sicher und unbesorgt wie bei Papa.

»Sind die beiden großen Kisten mit der Bettwäsche und dem Geschirr schon angekommen?« fragte sie.

»Ja, ich habe sie zum Haus bringen lassen. Wenn nur meine Frau nicht krank gewesen wäre!« sagte Mr. Menzies, noch immer besorgt. »Sie hätte sicher dafür gesorgt, daß das Haus geputzt wird. Die Leute, die Karl zur Miete hatte, waren nämlich Ausländer. Sie . . .«

Er unterbrach sich plötzlich und wurde rot. Aber Papa lachte nur.

»Ausländer, sagten Sie?« wiederholte er. »Schon gut, Mr. Menzies. In Deutschland reden wir genauso. Wenn das Haus leer ist und das Bettzeug bereits da ist, dann haben wir alles, was wir brauchen. Wir können das Haus selber putzen.«

»Das Essen schmeckt komisch, nicht?« flüsterte Frieda ihrer kleinen Schwester zu, und Anna hörte auf, dem Gespräch der Erwachsenen zu folgen.

Sie nickte und zog beim nächsten Bissen eine Grimasse, obgleich sie bisher eigentlich nichts gemerkt hatte.

»Du spinnst«, sagte Fritz zu seiner Zwillingsschwester. »Komm, gib's mir.«

Das Essen gehörte zu den wenigen Dingen, bei denen sich die Zwillinge unterschieden. Fritz schlang alles hinunter, was man ihm vorsetzte. Frieda mäkelte dauernd und aß nur wenig. Aber beide waren gleich spindeldürr. Anna, die weniger als Fritz, aber mehr als Frieda aß, war stämmig und hatte kräftige Knochen.

»Wie ein kleiner Ochse«, sagte Mama manchmal im Spaß.

»Franz Schumacher sagte, er würde uns hier abholen«, erklärte Mr. Menzies gerade ihren Eltern. »Er war ein guter Freund von Karl.«

Mama strahlte. Schumacher war ein guter deutscher Name. Ebenso wie Franz.

»Wir brauchen zwei Autos, um Sie mit Ihrem Gepäck nach Hause zu fahren. Er hat sich verspätet. Vermutlich ist er im letzten Augenblick von einem seiner Patienten aufgehalten worden.«

Die Wörter begannen in Annas Kopf zu verschwimmen. Sie ließ ihr Sandwich halb aufgegessen liegen. Als Dr. Schumacher abgehetzt das Restaurant betrat, war sie auf ihrem Stuhl fest eingeschlafen. Diesmal entging ihr das Vorstellungszeremoniell. Sie wachte erst auf, als eine tiefe Stimme ganz in ihrer Nähe sagte: »Ich trage die Kleine hier.«

Mama protestierte. »Sie ist viel zu schwer zum Tragen. Wecken Sie sie auf. Anna . . . Anna!«

Ich kann nicht, dachte Anna todmüde und hielt die Augen geschlossen.

Zwei kräftige Arme hoben sie vom Stuhl.

»Sie ist überhaupt nicht schwer«, knurrte Dr. Schumacher und schob sie in eine bessere Lage zum Tragen. Anna öffnete die Augen für den Bruchteil einer Sekunde. Es war gerade lange genug, um das große, freundliche Gesicht zu sehen. Was hatte er gesagt? Hatte sie sich auch nicht verhört?

Wenn der Arzt wußte, daß sie wach war, dann verriet er es nicht. »Sie ist wirklich federleicht!« sagte er zu Mama.

Anna lag absolut ruhig in seinen Armen. Sie hielt die Augen fest geschlossen. Kein Lächeln lag auf ihrem Gesicht.

Von diesem Augenblick an jedoch liebte sie Franz Schumacher heiß und innig.

6. Ein halbes Haus

Franz Schumacher begann zu keuchen, bevor er sein Auto erreicht hatte, aber er setzte Anna nicht ab.

Fritz und Frieda, die hinter Franz Schumacher gingen, stießen sich gegenseitig an. »Sie schläft nicht richtig«, flüsterte Frieda.

»Das sieht doch jeder«, pflichtete Fritz ihr bei. Achselzukkend fuhr er fort: »Aber wie soll man sich bei Anna auskennen?«

Frieda nickte und ging dann etwas schneller, um den Anschluß nicht zu verlieren.

»Ich nehme Mr. Solden mit den Jungen und den beiden großen Taschen mit«, schlug Mr. Menzies vor, als Dr. Schumacher mit Anna im Arm stehenblieb und einen hilflosen Blick auf sein Auto richtete.

»Die Tür ist abgeschlossen«, erklärte er.

Mama machte keine Umstände. Sie packte Anna am Arm, der frei herunterhing, und zog kräftig daran.

»Jetzt ist es aber genug, Anna!« sagte sie kurz angebunden auf deutsch. »Du schläfst überhaupt nicht. Herunter mit dir. Du kannst auf deinen eigenen Füßen stehen.«

Anna schlug die Augen auf, und zwar so langsam, wie sie es unter den Umständen für ratsam hielt. Sie gähnte ausgiebig und blieb bis zum letzten Augenblick schlaff in den Armen des Doktors und ließ sich von ihm auf den Bürgersteig stellen. Dr. Schumacher lächelte ihr zu, als er sie losließ, aber Anna spürte die Mißbilligung, die ihre Familie dabei empfand.

»Jeder wäre nach einer so langen Reise todmüde«, kam ihr der Doktor zu Hilfe. Seine Stimme klang vollkommen ernst, doch seine Augen zwinkerten verständnisinnig.

Er weiß, daß ich nicht geschlafen hab, dachte Anna überwältigt, und nimmt es mir nicht übel!

Dr. Schumacher wandte sich jetzt dem Auto zu und begann, die Türen aufzuschließen. »Hier hinein, Anna«, sagte er. »Ich fürchte, du wirst dich ziemlich klein machen müssen, damit alle Platz haben.«

Anna machte sich so klein sie konnte, und trotzdem hatten noch nicht alle Platz. Mama zog sie zu sich heran.

»Komm her. Du mußt dich eben auf meinen Schoß setzen«, sagte sie.

Anna gehorchte, und diesmal wußte sie, daß sie zu schwer war. Sie versuchte sich leichter zu machen und setzte sich ganz vorne auf die Knie ihrer Mutter. Das Auto fuhr mit einem Ruck an, und Anna wurde nach hinten geschleudert, so daß ihrer Mutter fast die Luft wegblieb. Anna machte sich auf einiges gefaßt; doch als Mama wieder sprechen konnte, hatte sich ihr Zorn bereits wieder gelegt. Sie biß die Zähne zusammen und versuchte, sich so hinzusetzen, daß Anna sie mit ihrem Gewicht nicht völlig erdrückte.

Sie fuhren durch endlose Straßen. In den Häusern, an denen sie vorbeifuhren, gingen eben die Lichter an, aber man sah sie nur gedämpft durch die vorgezogenen Gardinen. Die Straßen waren grau und leer in der Abenddämmerung. Anna schaute hinaus in die Dunkelheit, sah aber nichts, was sie tröstete, kein einziges erleuchtetes Schild mit den Worten »Willkommen in Kanada!« Ihr war plötzlich ganz elend zumute, und sie spürte ein verdächtiges Würgen im Hals.

»Die Stadt sieht verlassen aus«, murmelte Mama.

Gretchen antwortete nicht. Sie saß in der Mitte, eingezwängt zwischen Mama und Anna auf der einen und dem Gepäck auf der anderen Seite. Vielleicht dachte sie auch gerade an die engen Straßen von Frankfurt, wo die Soldens jedermann gekannt hatten und selbst auch überall bekannt waren. Sogar die dicke Frau Meyer, die sich ewig über den Lärm beschwerte, wenn sie draußen auf der Straße spielten, erschien einem jetzt, wo man sie nie mehr wiedersehen würde, als eine freundliche, nette Bekannte.

Einen Augenblick lang hing Anna ihren Gedanken nach und stellte sich ihre ehemaligen Nachbarn vor – Trudi, das Baby von unten, das zum Zeitpunkt ihrer Abreise noch nicht richtig laufen konnte; Maria Schliemann, Gretchens »Busenfreundin«; Herrn Gunderson . . .

Aber mit einem Ruck war sie dann plötzlich wieder in der Gegenwart. Hatte Mama tatsächlich etwas von verlassen gesagt? Frieda unterhielt sich mit Dr. Schumacher. Das alte Auto dröhnte und schepperte. Vielleicht hatte sie sich nur eingebildet, daß Mama etwas gesagt hatte.

Sie drehte sich so gut es ging nach ihrer Mutter um und versuchte, in ihrem Gesicht zu lesen. Wenn sich Mama verlassen vorkam, dann wußte Anna nicht mehr weiter.

Das Gesicht ihrer Mutter war in Dunkelheit gehüllt.

Anna wünschte, Gretchen würde etwas zu Mama sagen.

Der Wagen hielt an einer Kreuzung direkt unter einer Straßenlaterne. Klara Solden hob den Kopf und sah Anna und Gretchen mit einem strahlenden Lächeln an.

»Wir sind bald da, Kinder, sehr bald«, sagte sie in ihrem abgehackten Englisch. »Es ist nicht mehr weit bis zu unserem neuen Heim.«

Als ob wir das nicht selber wüßten! dachte Anna voller Verachtung und drehte ihrer Mutter wieder den Rücken zu.

Mamas laute, allzu fröhliche Stimme ließ die Dämmerung noch einsamer erscheinen.

»Ihr müßt ja beide ganz wahnsinnig gespannt sein«, fuhr Mama im gleichen Ton fort. »Es ist eine wunderbare Gelegenheit für dich, Gretchen ... und auch für dich, Anna ... ein fremdes Land zu erleben, während ihr noch so jung seid.«

Es klang nicht so, als glaubte Mama auch nur ein einziges Wort von dem, was sie sagte. Anna starrte auf die immer dunkler werdende Straße hinaus. Es war nicht an ihr, Mama zu antworten, selbst wenn sie gewußt hätte, was sie jetzt sagen mußte. Gretchen würde das schon tun. Gretchen, Mamas Liebling, würde die passenden Worte finden, um ihre Mutter zu trösten. Anna wartete.

Aber Gretchen blieb stumm.

Vergiß deine Maria, tobte Anna innerlich. Sag etwas. Tröste Mama.

Gretchen hustete, ein kurzes, trockenes Husten.

Schließlich reagierte sie – viel zu spät, dachte Anna – auf Mamas aufmunternde Worte.

»Ja, Mama, natürlich sind wir sehr gespannt«, sagte sie. »Sicher wird alles ganz prima.«

Diesmal war Gretchens Stimme unnatürlich laut und voll gezwungener Fröhlichkeit, wie vorher Mamas. Das Getue der beiden machte Anna rasend. Wieso konnten sie nicht natürlich sein wie sonst auch? Wieso mußten sie bloß so tapfer sein?

Frieda erzählte Dr. Schumacher gerade, wie sie und Fritz mit sieben Jahren einen Preis im Singen bekommen hatten. Sie unterbrach sich und drehte sich nach ihrer älteren Schwester um.

»Was hast du eben gesagt, Gretchen?« fragte sie.

»Ich hab mit Mama geredet.« Ihre Stimme war jetzt tonlos.

»Hat Mama etwas gesagt?« fragte Frieda, der nichts entgehen durfte, weiter.

»Schon gut, Frieda. Es war nichts Wichtiges«, sagte ihre Mutter. Dann faßte sie hinüber zu Gretchen und drückte ihr die Hände, die sie verkrampft im Schoß liegen hatte.

»Ich danke dir, meine Tochter«, sagte sie sanft. »Ich weiß, daß du dir Mühe gibst. Du bist doch mein allerliebstes Kind.«

Das hatte gerade noch gefehlt. Es war schon lange her, daß Mama einen von ihnen ihr »allerliebstes Kind« genannt hatte, und Anna war ihr dafür, ohne recht zu wissen warum, dankbar gewesen. Es gehörte zur Familientradition, die weiter zurückreichte, als Anna sich erinnern konnte. Mama versicherte ihnen dauernd, daß sie alle gleich lieb hatte. Alle fünf Kinder waren »Goldschätze«, und natürlich hatte sie keinen besonderen Liebling. Und dann geschah es doch hin und wieder, daß eines der Kinder etwas Besonderes tat und dafür Mamas »allerliebstes Kind« war.

Jedes der Kinder mochte das – jedes außer Anna.

Sie wußte – und die anderen wußten es auch –, daß sie nie wirklich Mamas »allerliebstes Kind« gewesen war. Mama nannte sie wohl hie und da auch so, und zwar immer dann, wenn Anna einen von Mamas Aufträgen erledigte, wenn sie zum Beispiel den Tisch deckte oder für ihre Mutter einholen ging. Anna versuchte natürlich, sich nichts anmerken zu lassen. Sie sagte sich immer wieder, daß es ihr gar nichts ausmachte. Dennoch, sie hatte es als angenehm empfunden, als

Mama damit aufhörte. Seit Papa verkündet hatte, daß die Familie nach Kanada auswandern würde, schien Mama besondere Augenblicke nicht mehr zu bemerken.

Und was ist denn diesmal so großartig an der blöden alten Gretel? fragte sich Anna voll stummer Aufsässigkeit. Sie ist doch bloß aus lauter Berechnung lieb!

Mama und Gretchen unterhielten sich jetzt ganz leise auf deutsch miteinander, aber Anna weigerte sich zuzuhören. Sie wollte nicht mit anhören, wie sich Gretchen erwachsen aufführte. Ja, erwachsen, dachte Anna.

Aber das war natürlich lächerlich. Gretchen war gerade dreizehn. Nicht im entferntesten erwachsen.

»Da wären wir«, sagte Dr. Schumacher und parkte den Wagen.

Neugierig stiegen sie aus.

»Da«, sagte der Doktor und zeigte mit dem Finger auf ein Haus.

»Das ganze Haus?« fragte Mama ungläubig.

Sie hatten seit Jahren kein eigenes Haus mehr gehabt. Und damals – Gretchen war gerade geboren – wohnten sie in einem sehr kleinen Häuschen.

Aber Frieda hatte etwas genauer hingesehen. »Es ist ein halbes Haus«, sagte sie. »In der anderen Hälfte wohnen Leute.«

»Ja, Sie leben mit Ihren Nachbarn Wand an Wand«, bestätigte der Doktor. »Aber genaugenommen ist es trotzdem ein Haus für sich.«

Mama tat plötzlich einen tiefen Seufzer, der sich beinahe wie ein Schluchzen anhörte. Diesmal hatte Gretchen die passenden Worte parat. »Es sieht sicher viel wohnlicher aus, wenn die Fenster erleuchtet sind, Mama«, sagte sie.

»Ich weiß«, erwiderte Klara Solden und gab sich Mühe, überzeugt zu wirken. Dann hielt auch das zweite Auto vor dem Haus, und Papa war wieder da. Als sich Mama ihm zuwandte, blickte er in ein lächelndes Gesicht.

»Unser neues Heim, Ernst«, sagte sie.

Jetzt war es an Papa, sich über die hohe schmale Scheibe von einem Haus, das nun ihnen gehörte, zu wundern.

»Wozu brauchte Karl ein Haus dieser Größe?« überlegte er laut.

»Oh, er hat gar nicht in dem Haus gewohnt. Er hatte es vermietet. Er selbst hat zur Untermiete bei einer Familie neben seinem Geschäft gewohnt. Ich weiß nicht, wieso er dieses Haus gekauft hat. Aber ich fürchte, es ist ziemlich verwahrlost«, erklärte Mr. Menzies.

Papa nickte nachdenklich. »Ja, natürlich, jetzt erinnere ich mich. Karl hatte vor Jahren die Absicht zu heiraten. Ein Mädchen namens Gerda Hertz ... aber sie wollte nicht warten. Na, wollen wir hineingehen?«

Das Haus war *sehr* verdreckt. Es war dunkel und roch stikkig und muffig. Ihre Schuhe knirschten, als sie sich in die Diele drängten. Anna brauchte jetzt selbst Trost und schmiegte sich an Papa. Er stellte seinen großen Koffer ab und legte ihr die Hand auf den Kopf. Nur für einen Augenblick. Das genügte. Anna entfernte sich schnell wieder aus Papas Nähe, bevor die anderen etwas merkten.

Mr. Menzies ging von Zimmer zu Zimmer und knipste das Licht an, die Soldens folgten ihm. Es war kein Haus zum Selbsterkunden.

Sie hielten sich bereits seit mehreren Minuten im ersten Stock auf, bevor einem von ihnen auffiel, daß ein Schlafzimmer fehlte. Im Erdgeschoß war ein Zimmer mit einem riesigen Doppelbett. Das war natürlich Mamas und Papas Schlafzimmer. Im ersten Stock zur Straße hin lag ein ganz kleines Zimmer; es war so klein, weil ein Teil des Raumes für das angrenzende Badezimmer abging. In diesem Zimmer stand ebenfalls ein Doppelbett, für etwas anderes war kaum mehr Platz. Zwischen Bett und Wand war eine Kommode eingezwängt, deren Schubladen sich nur halb öffnen ließen. Keiner erhob Anspruch auf dieses Zimmer.

Rudi beanspruchte allerdings das einzige weitere Schlafzimmer, sobald sie es betreten hatten.

»Hier schlafen Fritz und ich«, sagte er.

Er warf die Bündel und Taschen, die er noch immer trug, auf das besser aussehende der beiden durchgelegenen Einzelbetten.

»Aber Rudi«, begann Gretchen.

Sie unterbrach sich mitten im Satz. Rudi war der älteste.

»Schon gut. Komm, Frieda«, sagte sie mit einem Seufzer und sah angewidert in die Richtung des ersten Zimmers.

»Aber Papa«, sagte Frieda in diesem Augenblick. »Sieh mal. Hier ist ja gar kein Platz für Anna.«

7. Annas Platz

Es tat ihr leid, kaum daß sie es gesagt hatte.

»Nicht daß ich nicht das Zimmer mit dir teilen wollte, Anna«, beeilte sie sich zu versichern, und in ihren braunen Augen lag die Hoffnung, ihre Schwester würde sie verstehen. »Aber es ist nur noch ein Bett da – und ich hab auf dem Schiff die ganze Zeit mit dir in einem Bett geschlafen.«

Sie grinste und versuchte, Anna ebenfalls zum Lachen zu bewegen. »Ich könnte dir die blauen Flecke zeigen«, sagte sie.

Anna konnte nichts erwidern. Was gab es da auch zu sagen? Sie wußte, daß sie einen recht unruhigen Schlaf hatte. Auf dem Schiff hatte Frieda sie häufig wachgeknufft und ihr befohlen, aufzuhören, in der engen Koje, in der sie zusammen schliefen, wie wild um sich zu schlagen.

Aber für Anna mußte es hier natürlich einen Platz zum Schlafen geben, das war klar.

»Ich habe etwas gefunden«, rief Dr. Schumacher. Seine Stimme hallte unheimlich in der Dunkelheit des Treppenhauses. Erleichtert gingen sie zu ihm hinaus und sahen nach. Anna ging ganz langsam mit hoch erhobenem Kopf und bewegte sich, als hätte sie einen Stock verschluckt.

Es war nicht eigentlich ein Zimmer. Es war ein Stück des Treppenhauses, ein kleiner ungenutzter Zwischenraum zwischen den anderen beiden Schlafzimmern, der nach vorne offen war.

»Ein Alkoven«, sagte Mr. Menzies.

Anna schluckte. Der Raum war dunkel und hatte kein Fen-

58

ster. Ein schmales Klappbett stand jedoch an der Wand. Jemand hatte die Nische also schon vorher als Schlafraum benutzt.

»Anna ist zu klein, um ganz alleine hier draußen zu schlafen«, sagte Mama, Besorgnis in der Stimme.

»Bei Frieda und *mir* kann sie nicht schlafen, wenn du das meinst«, stieß Gretchen hervor. Sie hatte es satt, die tapfere, selbstlose große Schwester zu spielen. Ihre Worte kamen scharf und unbarmherzig. »Du weißt, wie sie ist, Mama. Manchmal stöhnt sie sogar im Schlaf.«

In Anna stieg der Zorn hoch und kam ihr zu Hilfe. Etwas wie Mitleid in Dr. Schumachers Gesicht trug nur dazu bei, die Flamme zu schüren.

»Ich *will* hier schlafen. Ich *will* für mich sein«, erklärte sie außer sich. »Ich kann es nicht ausstehen, mit jemandem zusammen zu schlafen – und schon gar nicht mit denen da!«

Jetzt war Klara Solden so weit, in Zorn zu geraten.

»Schön«, sagte sie spitz. Aus ihrer Stimme war alle Wärme verschwunden. »Das hier wird also Annas Zimmer sein. Und niemand wird sie hier stören. Denkt dran. Wir werden das Zimmer nur betreten, wenn wir dazu aufgefordert werden.«

Die anderen murmelten ein betretenes Ja. Die beiden älteren Kinder waren plötzlich ungemein in die Betrachtung ihrer Füße vertieft. Papa räusperte sich.

»Papa«, warnte ihn Anna zwischen den Zähnen, bevor er etwas sagen konnte.

Er hielt inne, warf ihr einen Blick zu und räusperte sich noch einmal.

»Was ist, Ernst?« fragte Mama ungnädig.

»Nichts«, sagte Papa. »Wir besorgen dir eine passende Kommode für all deine Sachen, Anna.«

»Ja«, antwortete Anna mit dumpfer, tonloser Stimme, als sei ihr alles egal.

Papa wurde plötzlich energisch.

»Alle Kinder in die Wanne, Klara. Ich suche inzwischen die Kiste mit der Bettwäsche. Die Kinder schlafen ja im Stehen.«

»Ich brauche etwas, um diese Wanne zu säubern«, sagte

Mama in demselben zupackenden Ton, der die mutige Absicht bekundete, das Unmögliche zu versuchen. »Gretel, du kannst mir dabei helfen. Dieses Haus hat eine gründliche Säuberung nötig.«

»Wir wollen uns morgen in aller Ruhe hier einrichten«, rief ihr Papa nach. »Bei Tageslicht sieht es hier sicher besser aus ... Wie steht es mit etwas zum Frühstück?« Er wandte sich noch einmal an Mr. Menzies.

Mr. Menzies sah ihn hilflos an. »Meine Frau ...« begann er und verstummte.

Dr. Schumacher hatte einen Vorschlag.

»Im Laden ist genug zu essen«, sagte er. »Hast du den Schlüssel, John? Wir könnten gleich mal rüberfahren.«

Mr. Menzies holte den Schlüssel aus der Tasche, und die drei Männer wandten sich zum Gehen.

»Wenn Sie sich hier eingerichtet und ein bißchen erholt haben«, sagte der Doktor, »dann schicken Sie doch die Kinder zu mir in die Praxis, damit ich sie untersuchen kann. Das brauchen sie für die Schule.«

»Schule!« echote Fritz voller Abscheu.

»Ja, Schule«, sagte Dr. Schumacher. »Sie fängt Dienstag in einer Woche wieder an.«

Fritz stöhnte.

Die Männer gingen hinunter, und Dr. Schumacher erklärte unterwegs, wo seine Praxis war.

»Komm mit, Fritz«, befahl Rudi. Die beiden Jungen verschwanden in ihrem neuen Zimmer. Frieda rannte ihnen nach.

Anna stand allein im Treppenhaus. Undeutlich drangen die Stimmen der Männer von unten an ihr Ohr. Sie hörte, wie Rudi den Zwillingen erklärte, wie er »sein« Zimmer einrichten würde; im Bad lief das Wasser ein.

Gretchen kam durchs Treppenhaus zurück. Sie sollte für Mama Handtücher aus einem der Koffer wühlen.

Beinahe wäre sie über Anna gestolpert, die noch immer allein in dem Alkoven, der in Zukunft ihr Schlafzimmer sein sollte, stand. Gretchen blieb stehen. Sie sah ihre kleine Schwester an. Wie sie da so verlassen stand, schien sie geradezu nach Hilfe zu schreien. Aber Gretchen kannte Anna. Es war nicht so leicht mit ihr. Sich ihr zu nähern war fast so schwierig wie bei einem Igel. Es war zwecklos, sie zu fragen, was sie hatte. Sie würde es ihr nie sagen.

Im übrigen, dachte Gretchen, stimmte hier so vieles nicht. Ich finde das Haus auch abscheulich. Wir hätten nie hierherkommen sollen!

»Gretchen, kommst du?« rief Mama.

»Ja, Mama. Sofort«, rief Gretchen zurück.

Sie machte zwei Schritte auf die Treppe zu. Hinter ihr stand Anna und regte sich nicht. Sie gab keinen Laut von sich. Gegen ihren Willen und obgleich sie wußte, daß es zwecklos war, drehte sich Gretchen noch einmal um.

»Anna«, begann sie, »so schlimm ist es hier doch nicht...«

»Mama hat dich gerufen«, unterbrach sie Anna. »Du gehst besser. Und überhaupt bist du in meinem Zimmer; ich hab dich nicht hereingebeten.«

»Du... bist... *unmöglich!*« Gretchen schleuderte die Worte ihrer kleinen Schwester entgegen, drehte sich auf dem Absatz um und rannte die Treppe hinunter. »Papa!« hörte Anna sie rufen. »Mama braucht Handtücher.«

Sie war wieder allein. Sie gab sich einen Ruck und setzte sich vorsichtig auf den äußersten Rand des wackligen Klappbetts. Sie saß ganz ruhig und hielt die Arme fest um ihren Leib geschlungen.

Schule – Dienstag in einer Woche!

Sie hätte es natürlich wissen müssen. Sie hätte es voraussehen müssen. Doch irgendwie hatte sie in dem Trubel des Packens und in den Wochen ihrer Reise nie soweit vorausgedacht. Nicht ein einziges Mal hatte sie sich vorgestellt, daß sie tatsächlich in einem fremden Land in die Schule gehen würde.

Die Schule war zu Hause in Frankfurt schon schrecklich genug für sie gewesen. Anna saß in der Dunkelheit und dachte an Frau Schmidt. Und nun ging das ganze Elend wieder los, bloß daß es noch hundertmal schlimmer sein würde. Jetzt kam das Englische noch dazu.

Als Mama über den Flur gerannt kam, um nach ihr zu sehen, hatte sich Anna noch nicht von der Stelle gerührt.

»Anna Elisabeth Solden, geh von deinem Bett herunter und mach dich zum Baden fertig. Was ist los mit dir?« Mama packte sie und zog sie hoch. »Bis du gebadet hast, hab ich dein Bett bezogen. Komm, ich helf dir.«

Anna machte sich los. »Das kann ich alleine«, sagte sie.

Mama ließ die Hände sinken. Sie seufzte. Dann runzelte sie die Stirn. Anna bewegte sich jetzt – aber wie langsam!

»Sprich englisch!« herrschte ihre Mutter sie plötzlich an. Vielleicht dachte sie auch bereits an den Schulbeginn. Vielleicht machte sie sich auch Sorgen um Anna, ihr einziges deutsches Kind.

»Ich will nicht«, sagte Anna voller Aufsässigkeit auf deutsch.

Dann kehrte sie ihrer Mutter den Rücken zu und zog sich das Kleid über den Kopf. Was Mama jetzt auch sagte, sie würde es nicht hören.

8. Dr. Schumachers Entdeckung

Dr. Schumachers Wartezimmer war ärmlich und überfüllt. Als die Soldens kamen, mußten die beiden Jungen mit ihrem Vater an der Wand stehen, weil nicht genug Stühle da waren.

»Schön«, sagte Dr. Schumacher lächelnd. »Wer ist der erste?«

Rudi trat vor. Mama erhob sich, um ihn zu begleiten. Er warf ihr einen finsteren Blick zu.

»Ich bin kein Wickelkind mehr«, murmelte er. Er hörte sich wie Anna an.

»Laß ihn allein hineingehen, Klara«, sagte Papa. »Geh schon, Rudi.« Er ließ die beiden Jungen an der Wand stehen und setzte sich, mit Anna auf dem Schoß, neben seine Frau auf die Bank.

»Das wird schon gutgehen«, sagte er. »Warte nur. Du wirst es gleich sehen.«

Mama war nicht überzeugt. Sie war gewöhnt, mit ihren Kindern nur zum Arzt zu gehen, wenn sie wirklich krank waren. Bei Gretchen mußten die Mandeln herausgenommen werden, als sie drei war. Fritz hatte immer schlimme Ohrenschmerzen gehabt. Und Rudi hatte sich den Arm gebrochen, als er von einem Baum fiel, auf den er geklettert war, obgleich man es ihm ausdrücklich verboten hatte. Aber für die meisten Krankheiten brauchte Mama keinen Arzt, der ihr sagte, was zu tun war. Sie hatte ihre eigenen Mittel gegen Halsschmerzen, aufgeschürfte Knie, Bauchschmerzen und sogar gegen die Masern. Die ganze Familie hatte sich vor der Abreise impfen lassen; das war allerdings so schnell gegangen, daß es ihr gar nicht so recht zum Bewußtsein gekommen war. Angenommen, dieser Arzt, den sie überhaupt nicht kannte, entdeckte bei einem ihrer Kinder eine ganz schreckliche Krankheit?

»Ich traue diesen ausländischen Ärzten nicht«, murmelte Mama in Papas Richtung.

»Klara, hier sind wir die Ausländer!« erinnerte er sie. Er sprach leise, aber ohne zu flüstern. »Im übrigen ist Franz Schumacher Deutscher wie du und ich.«

Mama schüttelte den Kopf – aber da stand auch schon Rudi mit einem breiten Grinsen über dem ganzen Gesicht in der Tür.

»Schon einer, der kerngesund ist«, sagte Dr. Schumacher. »Du bist die nächste, Gretchen – so heißt du doch?«

Diesmal blieb Mama ruhig auf ihrem Platz sitzen, aber sie folgte Gretchen mit den Augen, bis sich die Tür hinter ihr schloß.

»Meinst du nicht auch, daß sie blaß aussieht?« fragte Mama.

Ernst Solden brach in schallendes Gelächter aus, das das ganze Wartezimmer erschütterte. »Gretchen blaß! Du weißt genauso gut wie ich, daß sie die rosigsten Apfelbacken der Welt hat.«

Anna kuschelte sich noch enger an ihn und lachte ebenfalls. Die Vorstellung, daß Gretchen blaß sein könnte, war wirklich komisch.

»Auf dem Schiff war sie ganz grün«, mischte sie sich ein.

»Na, Anna, das ist nicht sehr taktvoll«, sagte ihr Vater.
»Bloß weil du als einzige nicht seekrank warst . . .«
Mama machte streng »pst«.
Papa kicherte wieder und drückte Anna an sich.
Gretchen kam heraus, ihre Wangen rosig und frisch. Dann
war Frieda an der Reihe. Sie kam alsbald wieder. Bei Fritz
dauerte es ein paar Minuten länger.
»Vielleicht ist mit Fritz nicht alles in Ordnung . . .« begann
Mama, und ihre Augen weiteten sich bereits vor Besorgnis.
»Er hat mich meinen eigenen Herzschlag hören lassen«, er-
zählte Fritz stolz, als er ins Wartezimmer zurückgestürmt
kam.
»Eine gesunde Familie, ihr Soldens«, sagte Dr. Schumacher mit dröhnender Stimme und streckte seine breite Hand
nach Anna aus. Sie rutschte vom Schoß ihres Vaters herunter
und schob ihre Hand in die des Arztes. Papa lächelte. Da gab
es also noch jemanden, der Sympathie für seine Anna entdeckt hatte.
Als sie hinter der Tür verschwanden, tat Mama einen tiefen
Seufzer der Erleichterung.
»Hab ich es dir nicht gleich gesagt?« spöttelte ihr Mann.
Sie nickte. Jetzt war nur noch Anna dran – und Anna war in
ihrem ganzen Leben nie ernsthaft krank gewesen.

»Lies doch bitte einmal die Buchstaben auf dieser Tafel«,
sagte Dr. Schumacher zu dem jüngsten Soldensproß.
Anna erstarrte. Lesen! Sie konnte nicht . . .
Sie schaute auf die Stelle, auf die er zeigte. Ach, da war ja
nur ein Buchstabe. Das war leicht! Sie kannte ja die Buchsta-
ben inzwischen.
»E«, sagte sie.
»Und die Zeile darunter?« fragte Dr. Schumacher.
Anna runzelte die Stirn. Richtig, da standen ja auch noch
Buchstaben. Sie konnte sie sehen, wenn sie die Augen zu-
sammenkniff. Sie sahen aus wie kleine, zappelnde, graue Kä-
fer.
»Sie sind zu klein zum Lesen«, sagte sie.
Zehn Minuten später, nachdem er sich vergewissert hatte,

daß sein Befund richtig war, trat der Arzt mit dem kleinen Mädchen ins Wartezimmer hinaus.

»Haben Sie gewußt, daß das Kind nichts sieht?« fragte er streng.

Ernst und Klara Soldens sprachlose Gesichter gaben ihm die Antwort. Er milderte seinen Ton, als er sie so kleinlaut da-sitzen sah, obwohl er, wenn er an Anna dachte, doch sehr aufgebracht war.

»Jedenfalls sieht sie nicht viel«, verbesserte er sich.

»Natürlich sieht sie!« rief Klara Solden und wandte sich diesem ausländischen Doktor zu, dem sie von Anfang an mißtraut hatte. »Was soll das heißen ›sie sieht nichts‹? Seien Sie nicht lächerlich!«

Der Blick des Arztes wanderte von Klara Solden zu ihrem Mann. »Sie hat wirklich sehr schlechte Augen«, sagte er. »Sie sollte eine Brille tragen. Wahrscheinlich hätte sie schon vor zwei oder drei Jahren eine haben sollen. Aber ehe wir etwas unternehmen, möchte ich sie erst von einem Augenarzt untersuchen lassen.«

Die anderen blieben in Dr. Schumachers Wartezimmer zurück, während Anna von Mama einen Stock höher zu Dr. Milton gebracht wurde. Mama rümpfte bei diesem Namen voller Verachtung die Nase, aber sie war zu eingeschüchtert, um auch noch einen lauten Kommentar hinzuzufügen.

Die Prozedur, die nun folgte, erschien Anna wie ein Alptraum. Wieder mußte sie Buchstaben auf einer Tafel lesen, die weit, weit weg war. Und wieder konnte sie nur das große E erkennen. Der neue Arzt schaute ihr mit einer kleinen hellen Lampe in die Augen. Er ließ sie durch eine Reihe von Linsen sehen. Plötzlich erschienen weitere Buchstaben vor ihr.

»F . . . P«, las Anna leise. »T . . . O . . . ich glaube . . . Z.«

»Und jetzt die hier«, sagte Dr. Milton und zeigte auf die nächste Buchstabenreihe. Aber sie waren zu klein.

Dr. Milton schnalzte mit der Zunge. Er begann auf englisch auf Mama einzureden. Mama warf die Arme in die Höhe und antwortete ihm genauso schnell auf deutsch. Dr. Milton ging daraufhin mit den beiden hinunter in Dr. Schumachers Sprechzimmer, wo sich die beiden Ärzte eine Zeitlang unter-

66

hielten. Die Soldens warteten voller Unruhe. Anna sah mürrisch drein; sie versuchte sich einzureden, daß sie gar nicht anwesend war. Aber es half nichts. .

Dr. Schumacher führte sie in einen anderen Raum. Sie mußte sich auf einen Stuhl setzen, und dann wurde ihr ein Brillengestell anprobiert.

»Was für ein nettes kleines Mädchen«, sagte der Augenarzt herzlich.

Anna sah ihn finster an.

»Selbst mit einer Brille wird sie nicht völlig normal sehen können«, erklärte Franz Schumacher, als sie wieder in seinem Sprechzimmer waren. Die Erwachsenen setzten sich auf die vorhandenen Stühle. Anna stand neben Papa, aber sie sah ihn nicht an. Statt dessen schabte sie mit der Spitze ihres Schuhs auf dem abgetretenen Teppich hin und her. Vielleicht gelang es ihr, ein Loch hineinzubohren. Das würde Dr. Schumacher eine Lehre sein.

»Sie kann nicht auf die normale Schule gehen, sie muß in eine Klasse für Sehbehinderte«, fuhr er fort. »Der Unterricht dort ist speziell auf Kinder mit Sehschäden abgestimmt.«

»Sie soll nicht mit den anderen zur Schule gehen?« jammerte Mama und hoffte, daß sie ihn nicht richtig verstanden hatte.

Dr. Schumacher wechselte ins Deutsche. Er sprach ruhig und besänftigend.

»Es ist eine schöne Schule. Es wird ihr dort gefallen. Ja, Anna, es wird dir dort sehr gut gefallen«, endete er.

Von Anfang an hatte es ihm dieses widerborstige kleine Mädchen angetan. Er ahnte, wie sehr sie gelitten haben mußte, seit sie zur Schule ging, und er wollte in diesem Augenblick nichts sehnlicher, als ihr etwas Gutes zu tun.

All das klang in seiner Stimme mit, als er sich direkt an sie wandte. Er versuchte nicht nur, sie wegen der Sonderschule zu beruhigen; er sagte ihr zugleich, ohne es laut auszusprechen, daß er, Franz Schumacher, sie, die kleine Anna, ins Herz geschlossen hatte.

Anna schabte weiter mit ihrem Schuh auf der abgewetzten Stelle seines Teppichs herum. Sie schaute nicht hoch und gab keine Antwort. Für sie war er inzwischen ein Teil jenes bösen Traumes geworden, der sie tagtäglich verfolgte. Sie hörte kaum, was er sagte. Und was sie hörte, konnte sie nicht glauben. Wie sollte ihr die Schule je gefallen?

In den darauffolgenden Tagen waren die Soldens damit beschäftigt, sich in ihrem neuen Haus einzurichten. Mama und Gretchen schrubbten und bohnerten, lüfteten und wischten Staub. Papa machte Inventur im Laden, um festzustellen, was vorhanden war und was er neu bestellen mußte. Seit Karl Soldens Tod war der Laden von einem Angestellten weitergeführt worden, aber Papa hatte die Absicht, von nun an selbst nach dem Rechten zu sehen.

»Ich glaube, er sorgt sich um das Geschäft«, sagte Rudi zu den anderen.

Auch Anna hatte dieses Gefühl. Ihr Vater schien keine freie Minute und kein Lächeln mehr für sie übrig zu haben. Sie lief hinter ihm her und versuchte, ihm zu helfen. Sie waren beide überrascht, als sich herausstellte, daß sie ihm wirklich eine Hilfe sein konnte. Sie zählte die Pfirsichdosen und stellte fest, wieviel Dosen Ingwerkekse vorhanden waren. Sie war gut im Zählen. Wenn Papa nachzählte, stellte sich immer heraus, daß sie richtig gezählt hatte. Eines Tages half auch Frieda mit; sie machte Fehler.

»Du bist zu fix, Tochter«, sagte Papa zu Frieda.

Anna hörte mit großen Augen zu. War es möglich, daß Langsamkeit auch ein Vorzug sein konnte?

Drei Tage vor Schulbeginn war Annas Brille dann fertig. Auf ihrer kleinen Knollennase sahen die Gläser wie zwei runde Monde aus. Sie hätte sie am liebsten heruntergerissen und in die entfernteste Ecke gefeuert. Statt dessen begann sie, argwöhnisch die Welt um sich herum zu betrachten.

Für einen Augenblick bekam Annas kleines, unauffälliges Gesicht einen völlig neuen Ausdruck, einen Ausdruck intensiven Staunens und Überraschtseins. Sie sah plötzlich eine Welt, von der sie nie geahnt hatte, daß es sie überhaupt gab.

»O Anna, du siehst aus wie eine Eule«, sagte Frieda und lachte, ohne sich etwas dabei zu denken.

Das Staunen wich schlagartig aus Annas Gesicht. Sie wandte sich von ihrer Familie ab und stampfte gekränkt die Treppe hinauf zu ihrem Alkoven, wohin ihr niemand ohne ihre Erlaubnis folgen konnte. Papa folgte ihr allerdings ein paar Minuten später doch.

»Gefällt sie dir, Anna?« fragte er ruhig.

Sie hätte ihm beinahe die Wahrheit gesagt. Sie hätte fast gesagt: »Ich wußte gar nicht, daß du Runzeln um die Augen hast, Papa. Und ich wußte nur, daß deine Augen blau sind, aber nicht, daß sie so hell sind.«

Dann dachte sie jedoch wieder an Frieda und wie sie gelacht hatte. Wie sie es haßte, wenn man sie auslachte!

»*Muß* ich sie dauernd aufsetzen, Papa?« stieß sie hervor.

Papa nickte. Sie tat ihm sehr leid.

»Du mußt sie die ganze Zeit tragen, da ist nichts zu machen«, sagte er mit Entschiedenheit.

Anna wurde rot. Papa so an der Nase herumzuführen war nicht in Ordnung. Aber sie war auch nicht bereit, ihm zu erzählen, was ihr mit der Brille kurz vorher widerfahren war. Sogar bei Papa bestand die Möglichkeit, daß er sie nicht verstand. Sie konnte es ja kaum selber fassen.

»Na, dann eben«, sagte sie gedehnt.

Papa wollte sie trösten und legte ihr die Hand sanft auf den Kopf. Aber Anna wand sich zur Seite, und so ließ er von ihr ab.

»Ich muß noch einmal in den Laden. Möchtest du mitkommen?« fragte er.

Anna nickte. Dann sagte sie mit gedämpfter Stimme: »Ich komm gleich nach. Du kannst schon runtergehen.«

Ernst Solden wollte gehen. Dann drehte er sich noch einmal um, bückte sich plötzlich und gab ihr einen Kuß.

»Du wirst dich bald daran gewöhnt haben, Liebling«, tröstete er sie. »Du wirst sehen.«

Anna merkte, wie sie über und über rot wurde. Sie war froh, daß das Licht in ihrem Alkoven so trüb war.

Als Papa gegangen war, hob sie ihre rechte Hand und hielt sie sich vor die Augen, um sie genau zu betrachten. Sie bewegte ihre Finger und zählte sie. Obgleich das Licht schlecht war, konnte sie alle fünf gut erkennen. Sie untersuchte ihre Fingernägel. Sie leuchteten matt und hatten im Ansatz kleine Halbmonde. Dann beugte sie sich vor und betrachtete ihre rote Wolldecke. Sie war über und über mit kleinen Härchen bedeckt. Sie konnte jedes einzelne erkennen; es waren Hunderte und aber Hunderte.

Alles um sie herum, was sie betrachtete, sah neu, sah anders, sah wunderbar aus.

Jetzt, wo es niemand sehen konnte, lächelte Anna.

9. Der Anfang

»Anna, beeil dich«, rief Mama.

Anna zog den anderen Strumpf hoch und hakte ihn an den Haltern fest, die an einem Leibchen, das sie über dem Hemd trug, befestigt waren. Sie langte nach dem baumwollenen Unterrock, den ihr Mama zurechtgelegt hatte. Schon jetzt war ihr viel zu heiß. Sie fühlte sich in ihren Kleidern zum Ersticken. Die erste Schicht war die Unterwäsche, die ihr bis zu den Knien reichte, dann kam das Leibchen mit den Strumpfhaltern, dann diese fürchterlich juckenden gerippten Strümpfe, und jetzt der Unterrock!

Mama schob den Vorhang beiseite, der vor dem Alkoven hing. »Beeil dich«, drängte sie noch einmal.

Anna zog ihre weiße Bluse an und knöpfte sie zu. Sie klaffte zwischen den Knöpfen.

Mama seufzte. »Du wächst so schnell«, sagte sie.

Anna seufzte ebenfalls. Sie würde ja aufhören zu wachsen, wenn sie nur wüßte wie. Sie kam sich ohnehin schon viel zu groß vor. Ihr Herz schlug allerdings höher, als sie die Hand nach ihrem neuen Russenkittel ausstreckte.

»Jeder von euch bekommt zum Schulanfang etwas Neues«, hatte Papa entschieden.

In früheren Jahren bekamen sie zum Schuljahrsbeginn alles neu; inzwischen gewöhnten sie sich allmählich daran, daß sich ihre Verhältnisse geändert hatten.

Gretchen hatte sich eine gelbe Bluse ausgesucht, die ihr blondes Haar wie Gold leuchten ließ. Die Jungen entschieden sich für Kordhosen. Als sie damit nach Hause kamen, führten sie sie voller Stolz vor und freuten sich, daß sie so schön krachten. Ausnahmsweise war Rudi einmal genauso albern wie Fritz. Frieda und Anna bekamen Russenkittel.

»Ich kann ihn nicht ausstehen«, hatte Frieda getobt. »Er sieht langweilig und fürchterlich aus. Wie eine Uniform.«

»Er sieht hübsch an dir aus«, hatte Mama beharrt und die bunten, teureren Kleider geflissentlich übersehen. »Er hat genügend Saum zum Auslassen und ist aus wunderbarem Serge. Er wird ewig halten.«

Frieda stöhnte auf, als habe ihr Mama ein Messer ins Fleisch gebohrt, als sie das hörte.

Anna jedoch mochte ihren Russenkittel. Sie mochte es, wenn sie mit den Fingern über die scharfen Biesen fuhr. Ihr gefiel auch die Schlichtheit des Kleidungsstücks. Es sah tatsächlich wie eine Uniform aus. Anna hatte sich schon immer insgeheim eine Uniform gewünscht.

»Setz dich gerade hin«, sagte Mama jetzt, »damit ich dir deine Haare machen kann.«

Als sie fertig war, schickte sie Anna zu ihrem Vater, damit er sie begutachten konnte.

Anna rannte bis zur Treppe vor. Dann ging sie gemessenen Schrittes die Treppe hinunter, denn sie kam sich außerordentlich fesch und schick vor. Stolz präsentierte sie sich ihrem Vater.

Papa sah sie an. Anna wartete.

»Klara«, rief er, »wo sind die Schleifen für ihr Haar?«

Anna stand noch immer aufrecht vor ihm, aber ihr Hochgefühl hatte bereits wieder einen Dämpfer bekommen. Sie wußte, was Mama sagen würde.

»Schleifen halten doch nicht in Annas Haar«, sagte Mama da auch schon gereizt. »Ich kann's ja noch mal versuchen. Gretchen, geh und hol deine neuen Zopfschleifen.«

Als Dr. Schumacher kam, um sie und Mama in ihre neue Schule zu begleiten, war Anna fertig. Sie hatte eine bunte Schleife in jedem ihrer beiden dünnen Zöpfe.

»Wie siehst du hübsch aus, Anna«, sagte der Arzt lächelnd.

Anna sah ihn nicht an. Sie wußte Bescheid.

»Es ist so nett von Ihnen, daß Sie Anna in ihre neue Schule bringen«, sagte Mama nervös, während sie Anna in den Mantel half und sich selbst fertig machte.

»Ach was«, sagte Dr. Schumacher, »ich kenne Miß Williams. Ich kann Ihnen auch ein bißchen bei der Verständigung helfen. Es ist wirklich nicht der Rede wert.«

Im Auto sprachen sie während der ganzen Fahrt nichts. Sie stiegen vor der Schule aus, und Anna marschierte zwischen ihrer Mutter und dem Arzt auf das Gebäude zu. Sie gab sich alle Mühe auszusehen, als sei dieser Gang etwas ganz Alltägliches für sie, als hämmere ihr Herz nicht beinahe zum Zerspringen gegen ihre Rippen. Franz Schumacher faßte mit seiner großen, warmen Hand nach ihrer kleinen kalten. Anna versuchte, sie ihm wegzuziehen, aber er hielt sie fest. Sie schluckte und ging weiter: erst der eine Fuß ... dann der andere. Seine Hand fühlte sich genau wie die von Papa an. Sie ließ ihre Hand, wo sie war, und fühlte sich bereits mutiger.

Miß Williams war die erste Überraschung des Tages, der für sie voller Überraschungen sein sollte.

»Schön, daß du zu uns kommst, Anna«, sagte sie, als Dr. Schumacher sie vorschob, um sie und Mama vorzustellen.

Die Lehrerin hatte eine leise, etwas belegte Stimme, ganz und gar anders als Frau Schmidt. Und ihr Lächeln war so ehrlich, daß selbst Anna nicht daran zweifeln konnte, daß es so gemeint war. Außerdem war sie hübsch. Ihr Haar war ebenso blond wie das von Gretchen. Die Art und Weise, wie sie sie ansah, erinnerte sie an Papa.

Sie kennt mich ja noch gar nicht, fiel Anna ein. Sie hat noch nicht gehört, wie ich lese.

»Anna ist eine echte Aufgabe, um nicht zu sagen eine Herausforderung für Sie, Eileen«, sagte Dr. Schumacher leise.

Anna kannte das englische Wort (»challenge«), das er gebraucht hatte, nicht. Bedeutete es vielleicht »Dummkopf«? Aber nein, das war nicht möglich. Franz Schumacher hielt noch immer ihre Hand, und an seinem gütigen Händedruck hatte sich nichts geändert, als er dies sagte. Anna prägte sich das neue Wort ein. Zu Hause würde sie Papa danach fragen.

Eine Viertelstunde später saß sie an ihrem neuen Tisch und sah ihrer Mutter und Dr. Schumacher nach, als sie das Klassenzimmer verließen.

»Laßt mich nicht allein!« hätte sie fast gerufen, als sie gingen. Ihr Mut hatte sie inzwischen verlassen.

Statt dessen faßte sie sich ins Haar, um zu fühlen, ob Gretchens Zopfband noch da war. Und schon war eine Schleife ab. Anna zog auch die andere heraus und stopfte sie, um sie vor den Blicken der anderen zu verbergen, in ihre Tasche.

Nur jetzt nicht weinen. Nur das nicht!

Dann nahmen die Tische ihre Aufmerksamkeit gefangen und lenkten sie ab. Sie hatte noch nie solche Tische gesehen. Sie hatten Scharniere an den Seiten, und man konnte sie hochstellen, so daß man das Buch ganz nahe vor den Augen hatte. Sie sah sich voller Staunen um. Die Tische waren nicht das einzige, was in diesem Klassenzimmer anders war. Die Bleistifte in den Federschalen waren dicker als ihr Daumen. Die Tafeln waren nicht schwarz, sondern grün; und die Kreide war auch viel dicker, und nicht weiß, sondern gelb.

Sogar die Kinder waren anders. Die meisten waren älter als Anna.

»In diesem Raum sind die Klassenstufen eins bis sieben zusammen«, hatte Miß Williams ihrer Mutter erklärt.

Die Tische waren nicht in geraden Reihen angeordnet, sie waren auch nicht auf dem Boden befestigt. Sie waren vielmehr in kleinen Gruppen zusammengeschoben. Miß Williams wies Anna einen Platz ganz vorne, direkt neben ihrem Pult, zu.

»Du kannst neben Benjamin sitzen«, sagte sie. »Ben braucht jemand, der ihm ein bißchen auf die Beine hilft, nicht wahr, Ben?«

Anna hatte keine Ahnung, wie sie Benjamin auf die Beine helfen sollte. Sie sah von der Seite auf seine Beine. Sie erschienen ihr völlig normal.

Sollte das vielleicht ein kleiner Witz sein? Anna lächelte nicht. Sie konnte nichts Witziges darin sehen.

Miß Williams nannte Anna schnell die Namen der anderen Kinder in der Klasse: Jane, Mavis, Kenneth, Bernard, Isobel, Jimmy, Veronica, Josie, Charles. Die Namen schwirrten Anna um die Ohren wie Vögel; wenn sie dachte, sie habe einen behalten, war er auch schon wieder weg.

»Du kannst sie natürlich nicht alle auf einmal behalten«, sagte die Lehrerin, als sie Panik in den Augen des Kindes sah. »Du wirst uns alle nach und nach kennenlernen. Bernard ist der Älteste, ihn wirst du sehr bald kennen, weil er uns alle an die Wand redet.«

Genau wie Rudi, dachte Anna bei sich. Sie würde sich von Bernard fernhalten, so gut es ging. Nur daß sie bisher nicht genau wußte, wer Bernard war.

»Du und Benjamin, ihr werdet wahrscheinlich miteinander arbeiten«, fuhr Miß Williams fort.

»Stellen Sie sie doch Ben richtig vor, Miß Williams«, schlug ein großer Junge, der vielleicht Bernard war, vor.

»Anna, darf ich dir Benjamin Nathaniel Goodenough vorstellen?« sagte Miß Williams bereitwillig.

Anna starrte den kleinen Jungen mit dem buschigen Haar und einem verschmitzten Gesicht an. Er war gut und gern einen Kopf kleiner als sie, aber seine Brille war bestimmt so groß wie ihre. Hinter den Gläsern funkelten lebhafte Augen.

»Ich bin nach meinen beiden Großvätern benannt«, erklärte er.

»Ich glaube, du kennst uns fürs erste gut genug«, sagte die Lehrerin. »Es wird Zeit, daß wir hier ein bißchen mit der Arbeit beginnen.«

Anna, die in die Betrachtung Benjamin Nathaniels versunken war, erstarrte. Was kam nun? Würde sie vorlesen müssen? Sie saß mucksmäuschenstill da wie ein Tier, das in eine Falle gegangen war, während Miß Williams zu einem Eckschrank ging. Kurz darauf war sie schon wieder an ihrem Platz.

»Hier hast du Farbstifte, Anna«, sagte sie. »Ich möchte, daß du ein Bild malst. Was du magst. Ich will nur erst nach den anderen sehen, dann habe ich Zeit für dich. Dann wollen wir mal sehen, was du bisher in der Schule gelernt hast.«

74

Anna rührte die Farbstifte nicht an. Ihr fiel nichts ein, was sie hätte malen können. Und gelernt hatte sie in dieser Schule bisher auch nichts. Sie wollte bei Papa sein!

Und dann fiel ihr wieder ein: Was bedeutete das Wort »challenge«?

»Mal deine Familie, Anna«, sagte Miß Williams.

In ihrer Stimme lag große Güte und zugleich Entschiedenheit, als wüßte sie viel besser als Anna selbst, was das Mädchen malen konnte. Sie nahm Annas kräftige, gedrungene Hand und legte ihre Finger um die Schachtel mit den Buntstiften.

»Mal deinen Vater und deine Mutter, deine Brüder und Schwestern – und auch dich selber, Anna. Ich möchte euch alle auf dem Bild sehen.«

Die Schachtel, die sich fest und solide in ihrer Hand anfühlte, gab Anna wieder Mut. Die Buntstifte waren groß und hatten leuchtende Farben. Sie luden zum Malen ein. Die Lehrerin legte grobes, cremefarbenes Papier auf ihren Tisch. Richtiges Papier zum Malen. Sechs Bögen mindestens!

»Laß dir Zeit«, sagte Miß Williams, während sie sich von ihrem Tisch entfernte. »Du darfst soviel Papier bemalen, wie du willst.«

Anna atmete tief. Dann nahm sie langsam einen Buntstift aus der Schachtel. Sie wußte jedenfalls, womit sie ihr Bild beginnen würde. Sie würde mit Papa beginnen.

10. Eine Herausforderung

Anna machte Papa ganz besonders groß. Er reichte mit dem Kopf bis an den oberen Rand des Bogens. Sie gab ihm breite Schultern und ein strahlendes Lächeln. Seine Augen leuchteten in einem kräftigen Blau.

Dann kam Mama dran. Sie stand neben Papa und hakte sich bei ihm ein. Mama reichte ihm bis zur Schulter. Papa machte oft Witze darüber, daß sie so klein war. Er konnte sich mit dem Kinn auf ihren Kopf stützen.

Anna verlieh auch ihrer Mutter ein Lächeln. Dabei rutschte jedoch ihr Buntstift ab, so daß ihr das Lächeln ganz schief geriet. Anna versuchte es zu korrigieren. Sie schabte mit dem Fingernagel, und die Wachsfarbe blätterte auch ab, aber dabei entstand ein Schmierfleck.

Sollte sie noch einmal von vorne anfangen – oder das ganze Unternehmen aufgeben?

Anna betrachtete Papa, der so groß und so glücklich aussah. Sie übermalte die Stelle, wo ihr der Stift ausgerutscht war, und versuchte es noch einmal. Diesmal stimmte das Lächeln, aber der Fleck, der bei ihrem mißlungenen ersten Versuch entstanden war, war noch immer zu sehen.

Ich weiß, dachte Anna in plötzlicher Erregung. Mama hat einen Sonnenbrand, der wird die Stelle überdecken.

Mit großer Sorgfalt malte sie Mamas Gesicht bis zum Haaransatz rot an. Es klappte.

Sie sind im Urlaub gewesen, sagte sich Anna und lächelte zum erstenmal ein bißchen. Dann gab sie Papas Gesicht dieselbe Urlaubsfarbe.

Sie machte eine Pause und dachte nach. Inzwischen hatte sie bereits die Klasse um sich herum vergessen.

Mit leuchtenden Augen beugte sie sich aufs neue über ihr Gemälde.

Sie gab Papa den kleinen Eimer von Fritz in die Hand. Man konnte es zwar nicht sehen, aber Anna wußte, daß in dem Eimer ein kleiner Fisch war.

Als nächstes kamen Rudi und Gretchen dran. Auch sie waren groß und sonnengebräunt. Sie hatten weizenblondes Haar und hellblaue Augen. Sie trugen beide nur einen Badeanzug. Rudi hielt ein Schmetterlingsnetz in der Hand. Es war neu, und man konnte sehen, daß er sehr stolz darauf war. Gretchen hielt Friedas Eimer, der voller Muscheln war. Beide gingen neben Papa her.

Die Zwillinge nahmen den größten Teil des Platzes neben Mama ein. Sie rannten umher und warfen dabei die Beine in die Höhe. Fritz' Ohren standen ab wie die Henkel einer Tasse. Beide sahen jedenfalls viel zu lebhaft aus, um ihre Eimer selber zu tragen. Anna ließ sie barfuß gehen.

76

Ein breiter hellbrauner Streifen quer über den unteren Teil des Blattes war der Sand.

So. Das hätten wir, dachte sie, in die Betrachtung ihres Bildes versunken.

Dann fiel ihr ein, daß Miß Williams gesagt hatte: »Und auch dich selbst, Anna.«

An der einen Seite des Blattes war noch ein wenig Platz, auf dem sie ihr eigenes Bild unterbrachte. Sie gab ihrem Haar ein schlichtes Braun, ihre Augen machte sie unauffällig blau. Sie wollte natürlich auch irgendwie interessant aussehen und versuchte, sich in ihrem neuen Russenkittel zu malen. Aber die Biesen sahen bei ihr nicht wie Biesen aus, und obgleich sie sich die allergrößte Mühe gegeben hatte, sah das Mädchen auf dem Bogen Papier zerknautscht und häßlich aus.

Ich hab das ganze Bild verdorben, dachte Anna betrübt. Sie machte die Schachtel mit den Buntstiften zu.

Miß Williams trat an ihren Tisch und beugte sich über sie.

»Wer ist das, Anna?« fragte sie.

Langsam begann Anna, ihr auf deutsch das Bild zu erklären.

Miß Williams unterbrach sie nicht, um sie zum Englischsprechen aufzufordern, aber als Anna auf ihren Vater zeigte und dazu erklärte: »Das ist mein Vater«, antwortete die Lehrerin: »Your father. He is tall, isn't he?«

»Ja«, antwortete Anna auf englisch, ohne recht zu merken, daß sie in die fremde Sprache hinübergewechselt hatte. Sie wollte unbedingt, daß Miß Williams begriff, daß die Familie gerade Ferien machte.

»Sie machen . . . an der See.« Vergeblich suchte sie nach dem englischen Wort für »Ferien«.

»Das dachte ich mir«, antwortete Miß Williams.

Der Tag erwies sich als gar nicht so schrecklich. Die Lehrerin forderte Anna nicht ein einziges Mal zum Lesen auf. Sie schrieb die Geschichte, die Anna gemalt hatte, in großen schwarzen Druckbuchstaben auf ein anderes Blatt Papier. Anna las die einzelnen Zeilen, sobald sie auf dem Papier erschienen. Sie geriet nicht in Panik. Ihr kam, was sie tat, nicht als Lesen vor.

Das ist Annas Vater.
Er ist groß. Er ist glücklich.
Annas Mutter ist auch da.
Sie ist klein. Sie ist auch glücklich.
Sie sind an der See.
Gretchen ist Annas große Schwester.
Rudi ist Annas großer Bruder.
Gretchen und Rudi sind glücklich an der See.
Frieda ist Annas zweite Schwester.
Fritz ist auch ein Bruder Annas.
Fritz und Frieda sind Zwillinge.
Die Zwillinge sind hier auch glücklich.
Anna ist in unserer Klasse.
Unsere Klasse ist glücklich.
Anna ist hier.

»Du malst gern, nicht wahr, Anna?« sagte Miß Williams und sah sich das Bild noch einmal an. Sie lächelte beim Anblick der satten Farben und der so sichtbaren Munterkeit der Zwillinge.

Anna gab keine Antwort. Sie war viel zu erschrocken und hätte kein Wort herausgebracht, selbst wenn sie gewußt hätte, was sie antworten sollte. In der Schule hatte sie Zeichnen immer verabscheut. Frau Schmidt pflegte das Bild einer Tulpe vorne an die Tafel zu hängen, das sie abzeichnen mußten. Einmal hatte sie echte Blumen in einer Vase mitgebracht. Die anderen Kinder waren an dem Tag mit ihren Bildern sehr zufrieden gewesen; auf Annas Bild hatten die Blumen jedoch wie Kohlköpfe auf ihren Strünken ausgesehen.

»Wirklich, Anna!« hatte Frau Schmidt ausgerufen.

Während sie ihre Familie porträtierte, hatte Anna ihre Erfahrungen mit Frau Schmidt völlig vergesen. Das eine schien mit dem anderen überhaupt nichts zu tun zu haben.

Sie saß noch immer mit offenem Mund da, als Miß Williams weitersprach. Und zwar sagte sie noch etwas viel Überraschenderes, so daß sich Anna in den Arm kneifen mußte, um sich zu vergewissern, daß sie nicht träumte.

»Außerdem scheinst du gern zu lesen, das sehe ich. Und dein Englisch erst! Ich kann es kaum glauben, daß du erst seit so kurzer Zeit in Kanada bist. Ich finde dich erstaunlich, Anna!«

Aber Miß Williams war nicht annähernd so erstaunt wie Anna Elisabeth Solden. Sie, Anna – und gerne lesen!

Sie wollte lachen, unterließ es aber. Selbst ein Lächeln verkniff sie sich.

Und dennoch fühlte Anna, wie sich tief in ihrem Innern etwas bewegte, etwas, das warm und lebendig war. Sie war glücklich.

Sie war aber auch durcheinander. Sie wußte nicht, wie sie sich verhalten sollte. Ihr war noch nie so zumute gewesen, jedenfalls nicht in der Schule. Sie saß vollkommen unbewegt da, ihr unauffälliges Gesicht streng wie immer. Nur ihre Augen, die hinter den großen Gläsern ihrer neuen Brille blinzelten, verrieten ihre Unsicherheit.

Die Lehrerin erwartete keine Antwort auf die erstaunlichen Dinge, die sie gesagt hatte. Sie nahm das Bild samt der Geschichte und hängte beides an das Anschlagbrett, wo die ganze Klasse es sehen konnte. Dann forderte sie Benjamin auf, nach vorne zu kommen und den Text laut vorzulesen.

»Zwillinge!« sagte Ben, und seine Augen funkelten lebhaft. »Au weia!«

Anna saß da und hörte dem Unterricht der anderen zu. Bei den Jungen und Mädchen der fünften Klasse erfuhr sie etwas über Entdecker. Miß Williams schien nichts dagegen zu haben, daß andere Schüler zuhörten und von einem Unterricht, der gar nicht für sie bestimmt war, profitierten.

Nach der Mittagspause zog die Lehrerin das Grammophon auf und legte eine Platte auf.

»Setzt euch alle bequem hin«, sagte sie, »damit ihr wirklich zuhören könnt.«

Da war wieder so ein seltsames Wort! Anna wartete ab und beobachtete die anderen. Ben setzte sich mit dem Rücken gegen Miß Williams' Tisch auf den Boden. Der Junge, den Anna für Bernard hielt, rutschte tief in seinen Stuhl, bis nur noch sein Kopf zu sehen war. Mavis legte den Kopf auf ihre verschränkten Arme. Alle entspannten sich, streckten die Beine aus oder lehnten sich in ihren Plätzen zurück.

Anna setzte sich breiter auf ihrem Stuhl zurecht. So, ich sitze bequem, dachte sie.

Sie vergaß Gretchens Haarband, vergaß, daß sie die ganze Zeit Angst gehabt hatte, Miß Williams könnte entdecken, wie dumm sie in der Schule war. Ihre ganze Person konzentrierte sich auf das, was jetzt kam.

Musik erfüllte den Raum.

»Woran habt ihr bei dieser Musik gedacht?« fragte Miß Williams, als die Platte zu Ende war.

»Regen«, sagte Isobel. Sie war in der vierten Klasse und hatte dichte Löckchen, die auf ihrem Kopf hin und her wippten.

»Vielleicht auch Wasser«, schlug Ben vor.

»Regen ist Wasser«, sagte Isobel lachend zu ihm.

»Nein, ich meine Wasser wie in einem Bach«, beharrte Ben und blieb trotz Isobels lachendem Gesicht ernst.

»Was meinst du, Anna?« fragte Miß Williams.

Anna wurde rot. Sie hatte sich eigentlich nicht dazu äußern wollen. »Ich kenne diese Musik von zu Hause«, erklärte sie dann. »Ich weiß, wie sie heißt.«

»Dann sag es uns«, sagte Miß Williams lächelnd.

»Sie heißt ›Der Mondschein‹«, stotterte Anna. »Aber . . .« Sie stockte.

Miß Williams wartete. Die anderen warteten ebenfalls. Alle Gesichter waren Anna zugewandt; es waren nur freundliche Gesichter. Sie holte tief Luft und beendete ihren Satz.

»Aber ich glaube auch, daß es wie Regen klingt«, sagte sie.

»Die Musik auf der Schallplatte ist die ›Mondscheinsonate‹ von Beethoven«, sagte Miß Williams. »Aber Beethoven selbst hat ihr den Namen nicht gegeben. Er könnte durchaus an Regen gedacht haben, als er sie komponierte.«

»Oder an einen Bach«, sagte Ben hartnäckig.

»Oder an einen Bach – oder an etwas völlig anderes«, sagte die Lehrerin. »Jeder von euch wird diese Musik anders hören. Und das ist auch richtig so. Dafür habt ihr eure Phantasie – um sie zu gebrauchen. Beethoven war ein großer Komponist. Er war Deutscher – wie Anna.«

Anna trug den Kopf höher, als sie das hörte. Sie und Beethoven!

Rechnen war nicht schwierig. Die Zahlen waren in diesem Klassenzimmer groß und deutlich und verhielten sich ruhig, wenn man sie ansah.

»Prima, Anna«, sagte Miß Williams, als sie ihr über die Schulter schaute. Sie sagte nicht: »Niemand würde je vermuten, daß du Gretchen Soldens Schwester bist.« Sie kennt Gretchen ja nicht einmal, fiel Anna plötzlich ein. Sie kennt außer mir überhaupt niemanden aus der Familie. Einen Augenblick lang fühlte sie sich etwas verloren. Ihre Lehrer hatten stets alle Kinder aus der Familie gekannt. Dann setzte sie sich aufrecht hin.

Sie kennt nur mich, sagte sie sich noch einmal.

Was diese Lehrerin in Zukunft von ihr dachte, würde einzig und allein von Annas eigenen Leistungen und Fehlern abhängen. Es war eine beängstigende Vorstellung. Anna war sich nicht sicher, daß sie ihr wirklich gefiel. Sie verdrängte sie in irgendeinen Winkel ihres Bewußtseins und wandte sich wieder ihren Rechenaufgaben zu. Aber sie vergaß sie nicht.

Als die Schule vorbei war, marschierte sie auf dem Heimweg an ihrem Haus vorbei und ging weiter bis zum Laden, wo Papa schwer bei der Arbeit war. Sie blieb am Eingang stehen und wartete. Als die Kunden gegangen waren, trat sie näher und lehnte sich über den Tresen.

»Wie war's in der Schule, mein Kleines?« fragte er erwartungsvoll.

Anna wußte, was er erwartete, aber sie tat, als habe sie seine Frage nicht gehört.

»Papa, was bedeutet das Wort ›challenge‹?« Sie hatte das Wort den ganzen Tag über für sich wiederholt, damit sie es nicht vergaß und Papa danach fragen konnte.

Papa kratzte sich am Kopf.

»Challenge«, wiederholte er. »Nun, es bedeutet ... etwas, das man zum Beispiel gewinnen kann. Etwas Besonderes, wofür man sich anstrengen muß, wenn man es gewinnen möchte.«

Anna dachte über diese Erklärung nach.

»Danke, Papa«, sagte Anna dann und wandte sich zum Gehen.

»Die Schule, Anna«, rief ihr Papa nach. »Sag mir, wie es in der Schule war.«

»Es ging«, sagte sie über die Schulter. Dann wirbelte sie unerwartet herum und lächelte ihm mit dem ihr eigenen scheuen Lächeln zu.

»It was a challenge«, sagte sie.

»Etwas Besonderes«, wiederholte sie leise, als sie sich auf den Weg machte. »Dr. Schumacher meint, ich sei etwas Besonderes ... wie Papa gesagt hat ... Aber wieso zu gewinnen?«

Sie fing plötzlich an zu hüpfen. Es würde ihr nichts ausmachen, morgen wieder in die Schule zu gehen.

»It is a challenge«, sagte sie wieder und wieder laut in die Straße hinein.

Das Wort gefiel ihr sehr.

11. Der zweite Tag

Anna hielt den Blick auf den Boden gerichtet und schaute auf ihre Füße, die sich vorwärts bewegten.

Eins ... zwei ... eins ... zwei.

Bald würde sie das Schulgebäude erreichen. Vielleicht konnte sie es bereits sehen, wenn sie den Kopf hob. Aber sie hob den Kopf nicht.

Der Weg war lang, aber es war unmöglich, sich zu verlaufen. Sie brauchte nur bei der ersten großen Straße, zu der sie kam, links abzubiegen und dann immer geradeaus zu gehen. Mama hatte gewartet und aufgepaßt, bis Anna sicher in die Straße eingebogen war, so daß sie sich nicht verlaufen konnte.

Anna kam sich heute verloren vor.

Eins ... zwei ... eins ... zwei ...

Gestern waren alle in der Schule nett zu ihr gewesen, aber gestern war sie auch neu gewesen. Heute würde sie wahrscheinlich wieder Awkward Anna sein. Miß Williams würde nicht lächeln.

Heute wird sie mich auffordern, aus einem Buch vorzulesen, sagte sie sich und machte sich auf das Schlimmste gefaßt.

»Hi, Anna«, rief die Stimme eines Jungen.

Anna hob den Kopf, ohne auch nur eine Sekunde lang zu überlegen. Im nächsten Augenblick kam sie sich dumm vor. Wer sollte sie hier schon kennen? Sicher war da eine andere Anna gemeint. Sie sah sich flüchtig um. Weit und breit war kein Mädchen in Sicht. Nur ein großer Junge, der aus der entgegengesetzten Richtung über den Gehsteig daherkam.

Anna senkte hastig die Augen und beschleunigte ihre Schritte. Sie war sich fast sicher, daß er sie direkt angesehen und ihr zugelächelt hatte, aber das lag wohl an ihrer neuen Brille, die ihr einen Streich spielte. Sie kannte diesen Jungen jedenfalls nicht. An der Stelle, wo der Weg zum Schulgebäude abbog, trafen sie zusammen.

»Was ist los mit dir? Bist du taub?« fragte der Junge. Er lachte dabei ein bißchen.

Anna hob die Augen noch einmal ganz kurz und starrte dann wieder auf ihre Schuhe. Bernard, dachte sie, und alles verkrampfte sich in ihr.

Sie war nicht sicher, aber es war wohl besser, wenn sie ihm antwortete. Bernard war genauso groß wie Rudi.

»Ich bin nicht taub«, sagte sie.

Ihre Stimme klang piepsig und schüchtern.

»Gut«, sagte der Junge. »He, warum siehst du mich denn nicht an?«

Gehorsam hob Anna den Kopf. Er lachte noch immer. Rudi lachte auch manchmal, wenn er sich über sie lustig machte.

»Das ist schon besser«, sagte der Junge. »Und nun werde ich dir einen Gefallen tun.«

Anna hatte keine Ahnung, wovon er sprach. Sie war jetzt allerdings ganz sicher, daß es Bernard war. Am liebsten wäre sie davongerannt, aber die Entschiedenheit in seiner Stimme zwang sie, stehenzubleiben und sich ihm zu stellen.

»Du bekommst von mir jetzt deine erste Lektion, wie man ein guter Kanadier wird«, fuhr er fort.

»Lektion?« wiederholte Anna wie ein Papagei. Ihre Stimme klang jetzt etwas fester.

»Ja, Lektion. Wenn du hörst, daß jemand zu dir ›Hi, Anna‹ sagt, wie ich eben, dann sagst du auch ›Hi‹.«

Er machte eine Pause. Anna starrte ihn an.

»Du sagst ›Hi, Bernard‹«, versuchte er sie zu animieren.

Anna stand einfach da und begriff nicht, was vor sich ging. Sie hatte auch nicht den Mut davonzurennen.

»Komm, sag's schon, sonst kommen wir beide noch zu spät«, drängte er. »Sag einfach ›Hi, Bernard‹. Das ist doch nicht so schwierig, oder?«

»Hi«, hörte sich Anna flüstern.

Sie schaffte es nicht, seinen Namen zu sagen. Und was hieß »Hi« überhaupt?

Bernard grinste. »Das ist jedenfalls ein Anfang«, sagte er. »Bis später dann.«

Damit ließ er sie stehen und galoppierte mit langen Schritten in Richtung Schule davon. Anna folgte ihm langsam.

Irgendwie mußte sie das Richtige getan haben. Bernard war nicht gemein zu ihr gewesen. Bloß, was hatte er eigentlich von ihr gewollt?

Sie war so verwirrt und durcheinander, daß sie bereits im Schulgebäude stand, ehe ihr wieder einfiel, daß sie Angst hatte.

Dann begann der Alptraum. Sie konnte ihr Klassenzimmer nicht wiederfinden. Sie marschierte durch einen langen Flur und auf der anderen Seite durch einen ebenso langen wieder zurück. Durch die offenen Türen sah sie Kinder in Gruppen stehen oder sitzen, erkannte aber niemanden wieder. Mehrere Mädchen und Jungen rannten an ihr vorbei. Sie wußten alle genau, wohin sie mußten. Wenn einer von ihnen nur lange genug stehengeblieben wäre, hätte sie vielleicht fragen können, wo ihr Klassenzimmer war, aber keiner schien sie wahrzunehmen.

Plötzlich läutete es. Anna fuhr zusammen. Dann wurden überall die Türen geschlossen.

Sie irrte weiter durch die Flure, an den geschlossenen Türen vorbei. Sie versuchte, nicht an Papa zu denken. Sie versuchte, an überhaupt nichts zu denken. Sie ging einfach immer weiter.

»Anna, Anna, hier geht's lang!«

Schritte hallten hinter ihr. Die Schritte eines Engels! Der Engel war jedoch Isobel, Isobel mit ihren wippenden Löckchen. In ihren Augen lag Mitgefühl.

»Bernard sagte, er habe dich gesehen, und so dachten wir uns, daß du dich hier verlaufen hast«, erklärte sie.

Sie nahm Annas kalte Hand und drückte sie.

»Ich weiß ganz genau, wie dir zumute ist«, sagte sie zu der neuen Mitschülerin und zog sie hinter sich her. Sie schien nicht zu bemerken, daß Anna kein einziges Wort herausbrachte. »In der ersten Woche hab ich mich hier sechsmal verlaufen. Die Schule ist so riesig, und die Flure sehen alle gleich aus. In der Pause zeige ich dir, wie man sich hier ohne Schwierigkeiten zurechtfinden kann. Du brauchst unten nur durch den richtigen Eingang hereinzukommen, gehst zwei Treppen hoch und hältst dich rechts, dann bist du auch schon da. Das heißt, hier in unserem Klassenzimmer«, schloß sie.

Wie durch ein Wunder befand sich vor ihnen die richtige Tür. Sie stand offen. Keiner der Schüler hatte angefangen zu arbeiten. Benjamin saß noch nicht einmal auf seinem Platz. Er stand an der Tür und wartete auf sie. Kurz darauf war auch Miß Williams da.

»O Anna, es tut mir ja so leid, daß ich nicht unten am Eingang auf dich gewartet habe«, sagte sie.

Anna ließ sich von Isobel zu ihrem Platz begleiten. Sie sank auf ihren Stuhl und hörte schweigend zu. Offenbar hatte sich jeder in der Klasse mindestens einmal in dem Schulgebäude verirrt. Niemand machte Anna Vorwürfe, keiner sagte: »Wie kann man bloß so blöd sein. Warum hast du gestern nicht besser aufgepaßt?«

»Ich hab mich mal verirrt, als ich von der Toilette zurückkam«, sagte Ben und wurde rot.

Die anderen lachten. Ben schien das nichts auszumachen. Er lachte mit.

85

»Vermutlich hast du mal wieder mit offenen Augen geträumt«, bemerkte Miß Williams.

»Ich habe überlegt, wie man unter dem Atlantischen Ozean einen Tunnel graben könnte«, gestand Benjamin.

Die Klasse lachte wieder. Anna hörte auf zu zittern. Hier in Kanada galt es ja vielleicht als ganz normal, daß jemand Fehler machte, dachte sie.

»Nun wird es aber Zeit, daß wir anfangen«, sagte Miß Williams. »Geh an deinen Platz, Ben.«

Ben setzte sich. Miß Williams ging nach vorne und stellte sich vor die Klasse. Als sie den Mund aufmachte und gerade mit dem Unterricht beginnen wollte, sagte eine Stimme: »Hi, Anna.«

Es war Bernard. Anna sah ihn an. Dann sah sie die Lehrerin an. Miß Williams lächelte ihr ermunternd zu. Anna klammerte sich an ihrem Tisch fest.

»Hi, Bernard«, antwortete sie dann flüsternd.

»Ich will ihr beibringen, wie man als ordentlicher Kanadier grüßt«, erklärte Bernard.

Miß Williams schien überhaupt nicht überrascht. »Prima«, sagte sie lediglich. »Und nun steht bitte auf.«

Als die Pause kam, hatte Isobel ihr Versprechen nicht vergessen. Ben kam auch mit. Sie zeigten Anna den Eingang, den sie benutzen mußte.

»Es ist der Eingang, auf den du direkt zugehst, wenn du von zu Hause kommst«, sagte Isobel.

Annas Überraschung spiegelte sich in ihrem Gesicht. Woher wußte Isobel, wo die Soldens wohnten?

»Ich hörte gestern, wie Dr. Schumacher Miß Williams eure Adresse nannte«, gestand Isobel. »Ich wohne in derselben Straße, nur zwei Häuserblocks näher bei der Schule. Jetzt hör gut zu: du kommst also hier herein . . .«

»Cross-eyed . . . cross-eyed!« sang eine Stimme vom Schulhof her.

Anna hatte keine Ahnung, was die beiden Wörter bedeuteten. Erst als sie sah, wie ihre Begleiterin zusammenzuckte, wurde ihr klar, daß sie irgendwie gegen Isobel gerichtet waren.

»Hör einfach nicht hin, Isobel«, mahnte Ben. »Tu, als ob du gar nichts hörst, wie Miß Williams uns geraten hat.«

»Four-eyes ... four-eyes!« nahm eine zweite Stimme den Spottgesang auf.

Isobel ließ die Tür des Gebäudes zufallen, so daß die drei Kinder vor dem Hohn von draußen in Sicherheit waren.

»Und du, hör auch nicht hin, Benjamin«, empfahl sie ihm.

»Ich hasse sie!« sagte Ben durch die Zähne.

»Ich auch ... aber das hilft uns nichts«, sagte Isobel. »Wir müßten größer und stärker sein ...«

Dann sah sie Annas verständnisloses Gesicht.

Sie klärte sie über »crossed-eyed« auf. Anna verstand zwar nicht jedes Wort, doch Isobels Gesten waren unmißverständlich. Isobels Augen standen tatsächlich manchmal über Kreuz, aber es waren schöne braune, freundliche Augen. Anna erinnerte sich daran, wie sie gestrahlt hatten, als Isobel sie am Morgen gefunden hatte. Wie Ben haßte sie jeden, der Isobel beleidigte.

»Four-eyes« bedeutete Brille. Ben zeigte auf seine Augen und dann auf die beiden runden Linsen seiner Brille und zählte dabei. »Vier«, schloß er.

Anna sah in sein ernstes Gesicht. Sie zögerte. Würde sie sich verständlich machen können? Dann versuchte sie es.

»Maybe I was it«, sagte sie zu ihm.

Ben sah Isobel hilfesuchend an.

»Was hast du gesagt?« fragte Isobel nach.

Dieses verhaßte Englisch! Sie hätte sich denken können, daß sie sie nicht verstehen würden. Dann kam ihr plötzlich ein Gedanke. Sie machte es genau wie Ben: sie zeigte auf ihre eigenen Augen und Brillengläser, während sie zählte.

»Ohhhh«, riefen Ben und Isobel zugleich aus. Sie lachten, und die Spannung wich aus ihren Gesichtern.

»Gehen wir zu den anderen zurück«, sagte Isobel. Während sie sprach, legte sie den Arm um Annas Schultern und drückte sie einen Augenblick.

»Komm, wir zeigen Anna jetzt, wie sie von hier zu unserem Klassenzimmer kommt«, mahnte Ben.

Anna folgte ihren beiden Begleitern. Sie hatte Isobels Auf-
forderung zwar nicht genau verstanden, aber plötzlich war sie
froh, daß sie ihr Englisch ausprobiert hatte. Dann fielen ihr,
während sie mit den beiden die Treppen hinaufging, wieder
die spöttischen Stimmen vom Schulhof ein, und sie runzelte
die Stirn. Es gab also auch in Kanada Jungen wie Rudi. In bezug auf Bernard hatte sie sich zwar geirrt, aber es gab andere.

In bezug auf Bernard hatte sie sich sogar gewaltig geirrt. Er
sprach sie an demselben Nachmittag nach Schulschluß wieder an. Er wollte gerade gehen.

»So long, Anna«, sagte er.

Anna erinnerte Bernard an eine streunende Katze, was sie
natürlich nicht ahnte. Er hatte so viele streunende Katzen ge-
rettet, daß seine Mutter sich geweigert hatte, ihn je wieder mit
einer Katze über die Schwelle zu lassen. Jetzt wartete er auf
eine Antwort von Anna. Er trieb sie nicht zur Eile. Mit streu-
nenden Katzen mußte man sanft und geduldig sein.

Schließlich antwortete Anna. »So long?« sagte sie in fra-
gendem Ton.

»Das heißt lediglich ›Auf Wiedersehen, bis später‹«, erklärte der Junge.

Er lächelte ihr zu und ging. Kaum war sie weg, hatte er sie
auch schon vergessen.

Anna vergaß ihn jedoch nicht. Den ganzen Weg bis zu Papas Laden dachte sie nur über Bernard nach.

Es klingelte, als Anna die Tür öffnete. Sie horchte. Es war,
als sagte der Laden »Hi, Anna«.

Es ist ein kanadischer Laden, dachte Anna.

Papa war beschäftigt. Das störte Anna nicht. Sie verzog
sich in eine dunkle Ecke und setzte sich auf eine umgekippte
Apfelsinenkiste. Sie hatte sich diesen dunklen Raum, der so
vollgestopft mit Sachen und dabei doch so friedlich war, bereits als Zufluchtsstätte erkoren. Selbst Papa hatte kaum viel
Zeit, sie hier zu bemerken. Manchmal war es wohltuend,
nicht bemerkt zu werden. Manchmal gab es Dinge, ganz private Dinge, über die man nachdenken mußte.

Sie konnte sehen, wie Papa für eine dicke Frau ein Stück

Käse abwog. Sie sah ihm zu, wie er Apfelsinen in eine Tüte zählte. Aber mit ihren Gedanken war sie ganz woanders.

»Hi, Bernard«, flüsterte Anna. »So long, Bernard.«

Jetzt stieg Papa auf einer Trittleiter in die Höhe, um eine Mausefalle vom obersten Regal zu holen.

Ich könnte es ja vielleicht auch zu den anderen sagen, dachte Anna. Hi, Isobel. So long, Ben.

Ihre eigene Kühnheit verschlug ihr fast den Atem. Und doch, eines Tages würde sie es versuchen.

Die dicke Frau sagte: »Vielen Dank, Mr. Solden« und ging.

Isobel hat mir den Arm um die Schultern gelegt, erinnerte sich Anna. Papa war die einzige Person, die sie umarmte. Wenn jemand anders es versuchte, machte sie sich steif und entwand sich der Umarmung. Sie konnte nichts dafür. Manchmal passierte es sogar gegen ihren Willen. Aber sie tat es trotzdem.

»Anna ist kein Schmusekind«, hatte Mama einmal zu Tante Tania gesagt, als Anna sich einem Kuß entzogen hatte.

Aber mit Isobel heute war es anders gewesen. Kein Getue, dachte Anna, sondern reine Nettigkeit.

Papa hatte sich umgedreht. Er starrte in die Dunkelheit und suchte sie. Anna wartete, bis er sie in ihrer Ecke fand. Sie lächelten einander über die Entfernung des ganzen Raumes zu.

»Guten Tag, Anna«, sagte ihr Vater.

Sie sah ihn an. In ihrer kleinen Welt war er der gütigste Mensch, den sie kannte. Er würde sie nicht auslachen, wenn sie einen Fehler machte. Papa lachte nie über sie, wenn er wußte, daß sie ein ernstes Anliegen hatte. Sie holte tief Luft.

»Hi, Papa«, sagte Anna laut und mutig.

Es hörte sich gut an.

12. Eine andere Richtung

Anna ging jetzt jeden Morgen in einer anderen Richtung los als ihre Geschwister und kam auch später nach Hause als sie. Sie erzählte wenig über die Schule, und das auch nur, wenn sie direkt gefragt wurde.

»Wie ist es denn in deiner neuen Klasse?« wollte Mama wissen.

»Schon recht«, sagte Anna.

Mama schlug die Hände voller Verzweiflung über dem Kopf zusammen.

»Es ist, als wollte man Wasser aus einem Stein pressen«, klagte sie.

»Kannst du schon lesen, Anna?« fragte Frieda.

Anna senkte den Kopf, so daß Frieda ihr Gesicht nicht sehen konnte. »Ein bißchen«, antwortete sie.

Sie kann's immer noch nicht, dachte Frieda und wünschte, sie hätte nicht danach gefragt.

Die erste Woche war vorbei. Dann die nächste. Und immer noch ahnte die Familie nicht, was sich in Annas Schule abspielte. Niemand war überrascht. Sie waren an Anna mit ihren Launen und ihrer Verschwiegenheit gewöhnt. Sie hofften nur, daß alles gutging.

Papa sah sie öfter als die anderen, weil sie fast jeden Nachmittag in den Laden kam. Da er sehr beschäftigt war, blieb ihm kaum Zeit, viel aus ihr herauszubekommen. Aber eines Nachmittags hörte er, wie sie vor sich hin sang. Er stand mit dem Rücken zu ihr vor einem Regal und packte Konservendosen aufeinander.

»Oh, Canada, my home and native land«, übte Anna leise.

Papa hätte beinahe eine Dose fallen lassen. Was ging bloß mit seiner Anna vor sich?

Bernard half Anna. Ben spielte sicher auch eine Rolle. Isobel, die Anna noch immer unter ihren Fittichen hatte, trug ebenfalls einiges dazu bei. Im wesentlichen aber war es Miß Williams, die sich bemühte – und allmählich damit auch Erfolg hatte –, Zugang zu Anna zu finden.

Es war nicht leicht. Es dauerte Wochen.

»Ausgezeichnet, Anna«, sagte die Lehrerin, wann immer sie das Mädchen zu Recht loben konnte. Eines Tages fügte sie hinzu: »Wie fix du bist.«

Anna dachte zuerst, Miß Williams habe sie mit einem anderen Kind verwechselt. Jedermann wußte, daß Awkward Anna langsam war, langsam, langsam! Als Miß Williams es dann noch mal sagte, begriff Anna, was die Lehrerin gesagt hatte. Jetzt, wo ihre Brille alle Zahlen und Buchstaben leicht und deutlich erkennen ließ, jetzt, wo sie alles, was an der Tafel stand, sehen konnte, jetzt war sie fix. Manchmal war sie sogar fixer als Ben.

Sie war hingerissen über ihre erste fehlerlose Rechenarbeit. Plötzlich hörte sie, wie Miß Williams leise sagte: »Anna, wie schön du lächeln kannst.«

Annas Lächeln verschwand sofort. Sie machte sich schon auf die nächste Bemerkung gefaßt, eine Bemerkung etwa in der Art: »Warum lächelst du nicht öfter, anstatt dauernd so mürrisch dreinzuschauen?« Aber Miß Williams wandte sich Isobel zu und begann ihr zu erklären, was sie bei ihrer Teilungsaufgabe falsch gemacht hatte. Offenbar dachte sie nicht, daß sie etwas besonders Bemerkenswertes gesagt hatte.

Anna übte sich danach im Lächeln. Anfangs gelang es ihr nur zaghaft und selten. Aber Miß Williams lächelte jedesmal wieder, und ehe sie sich versah, lächelten ihr alle Kinder der Klasse zu. Bens Grinsen war so ansteckend, daß Anna gar nicht anders konnte, als mit einem ebenso unbeschwerten Gesicht zurückzugrinsen. Ihr Lächeln war noch knapp, aber es kam immer häufiger.

»Ich wünschte, ich hätte Grübchen wie du, Anna Solden«, sagte Miß Williams mit einem Seufzer. Allen war klar, daß aus dem Seufzer aufrichtiges Bedauern sprach. »Ich hab mir immer Grübchen gewünscht.«

Anna wußte nicht, daß sie Grübchen hatte, denn sie hatte natürlich nicht verstanden, was Miß Williams meinte. Als ihr Isobel das Wort erklärte, piekte Anna mit der Fingerspitze in das Grübchen auf ihrer rechten Backe. Sie lächelte: es war tatsächlich da. Sie hörte auf zu lächeln – und da war auch das Grübchen verschwunden. Und dann war es wieder da und verschwand in schnellem, fröhlichem Wechsel. Anna errötete. Und ich hab sogar zwei, dachte sie.

Beim Abendessen beobachtete sie Frieda und Gretchen. Schließlich lachte Frieda über eine von Fritz' Geschichten. Auch Gretchen lächelte. Aber keine ihrer Schwestern hatte auch nur einen Anflug von einem Grübchen.

Dann – es war bereits Mitte Oktober – trat Miß Williams eines Morgens mit einem Buch in der Hand an Annas Tisch.

»Ich habe ein Geschenk für dich, Anna«, sagte sie. »Du darfst es behalten. Vieles von dem, was darin steht, ist für dich noch zu schwer zu lesen, aber ich glaube, es wird dir trotzdem gefallen. Du wirst es als Anreiz und Herausforderung empfinden.«

Bei dem Wort »Herausforderung« erhellte sich Annas Gesicht. Sie nahm das Buch in die Hand. Auf dem Einband war ein hohes Tor abgebildet. Durch die Gitterstäbe sah sie zwei Kinder, die in einem Garten spielten.

»A ... Ch ... Chil ...« begann sie langsam und runzelte die Stirn.

»Child's«, half ihr die Lehrerin.

»A Child's Garden of ... Verses«, las Anna triumphierend. »Was bedeutet ›Verses‹?«

»Reime«, erklärte Ben. »Sieh mal.« Er griff nach dem Buch, schlug es auf und zeigte auf ein Gedicht.

»Ah, Gedichte«, sagte Anna. Jetzt hatte sie verstanden.

»Der Mann, der die Gedichte schrieb, hatte keine Geschwister«, sagte Miß Williams. Sie zog einen Stuhl heran und setzte sich neben Anna an den Tisch. »Er hieß Robert Louis Stevenson.«

»Hat er nicht das Gedicht über die Schaukel geschrieben?« fragte Jane.

Miß Williams nickte und lächelte Jane zu. Sie sprach weiter, als erzähle sie ihnen eine Geschichte. Die ganze Klasse hörte ihr zu.

»Er war sehr viel krank. Eigentlich sein ganzes Leben lang. Ich glaube, er fühlte sich als kleiner Junge oft sehr einsam. Aber er hatte eine sehr lebhafte Phantasie und dachte sich eine Menge Spiele aus.«

Das Wort für Phantasie war lang, aber Anna wußte, was es bedeutete. Miß Williams hatte etwas übrig für Phantasie. Tags zuvor hatte sie eine von Annas Zeichnungen betrachtet und gesagt:»Du hast viel Phantasie, Anna.« Auf dem Bild war ein Riese, der mit dem Kopf hoch über den Wolken gerade aus seinem Schloß kam. Anna hatte bisher nie darüber nachgedacht, ob sie Phantasie hatte oder nicht, aber wenn Miß Williams so etwas sagte, dann mußte es ja wohl stimmen. Phantasie war eine Sache, von der Miß Williams wirklich einiges verstand.

Ob Gretchen wohl viel Phantasie hatte? fragte sich Anna. Sie glaubte es nicht.

Sie schlug das Buch auf und begann es durchzublättern. Die Lehrerin stand auf und ließ sie mit ihrem Buch allein.

»Versuch mal diese Aufgaben, Ben«, sagte sie. Ben machte sich an die Arbeit.

Dann wies Miß Williams den vier Kindern der dritten Klasse ihre Arbeit zu. Sie sollten sich gegenseitig das Einmaleins abfragen.

Niemand störte Anna. Niemand befahl ihr, das Buch beiseite zu legen, oder forderte sie auf, aufzustehen und etwas daraus vorzulesen. Den ganzen Vormittag durfte sie mit ihrem Geschenk verbringen, durfte darüber brüten und seine Kostbarkeiten ganz alleine entdecken.

Vieles davon war für sie tatsächlich zu schwierig. Aber das allererste Gedicht, das sie zu lesen versuchte, konnte sie auf Anhieb verstehen. Es handelte davon, daß man als Kind im Winter aufstehen mußte, wenn es draußen noch stockdunkel war, und im Sommer ins Bett geschickt wurde, obgleich die Sonne noch schien. Mama war mit dem Schlafengehen streng. Anna wußte genau, wie Robert Louis Stevenson zumute war. Sie las die letzte Strophe noch einmal und nickte dazu.

> Der Himmel ist so klar und blau,
> Der Tag ist hell, die Luft ist lau.
> Da möcht ich gerne draußen sein
> Und muß ins Bett bei Sonnenschein.

Im Laufe des Vormittags entdeckte sie noch ein anderes Gedicht, das hinfort zu ihren Lieblingsgedichten gehörte. Es hieß *Der Laternenanzünder.*

Isobel wußte auch nicht genau, was ein Laternenanzünder war, und so mußte ihnen Miß Williams zu Hilfe kommen. Sie beschrieb die Gaslaternen, welche zu Stevensons Kindheit die Straßen säumten, und erzählte ihnen auch vom Laternenanzünder, der jeden Abend seine Runde machte, um sie anzuzünden.

»Dieses Gedicht mag ich auch besonders gern, Anna«, sagte sie mit einem Lächeln und wandte sich dann wieder der sechsten Klasse zu, die gerade Erdkunde hatte.

Anna las die mittlere Strophe noch einmal.

Tom will mal Kutscher werden, Marie fährt dann zur See,
Und mein Papa, der hat viel Geld, denn er ist ein Bankier.
Doch ich, wenn ich mal größer bin und selbst bestimmen
                                                        kann,
O Leerie, ich zieh nachts mit dir und zünd Laternen an.

»Wer waren Tom und Marie?« fragte sie in die Erdkundestunde hinein.

Miß Williams wies sie nicht zurecht, weil sie einfach dazwischengeredet hatte, sondern sagte: »Vielleicht sein Cousin und seine Cousine. Er hat manchmal mit ihnen gespielt.«

Anna lächelte über Maries Wunsch, zur See zu fahren. Sie wollte Miß Williams fragen, ob Mr. Stevenson selbst auch Laternenanzünder geworden war. Aber irgendwie erschien ihr die Frage doch überflüssig. Er hatte ja Gedichte geschrieben.

Sie las weiter und kam an die Stelle, die ihr am meisten gefiel:

Ach bitte, eh du weiterziehst mit Leiter und mit Licht,
Oh, Leerie, schenk mir einen Blick, vergiß mich heute
                                                        nicht.

Diesmal wartete sie, bis die Lehrerin sie bemerkte. Miß Williams schien zu fühlen, daß Anna wartete.

»Ja, Anna?« fragte sie.

»Miß Williams, glauben Sie, daß Leerie ihn tatsächlich gesehen hat?«

Ihre Stimme verriet, wie sehr sie mit dem Jungen fühlte.
»Ja«, sagte Miß Williams schlicht. »Ich glaube, das ist der Grund, weshalb Mr. Stevenson sich nach all den Jahren noch an ihn erinnerte. Darf ich das Gedicht der Klasse vorlesen?«
Anna hielt ihr das Buch hin.
»Vielleicht könntest du mir helfen?« sagte die Lehrerin. »Könntest du die letzte Strophe lesen? Was meinst du?«
Anna war bisher nie gebeten worden, laut vorzulesen. Frau Schmidt hatte immer nur befohlen, nie gebeten.
»Ich helf dir, wenn du nicht weiter weißt«, sagte Miß Williams aufmunternd und begann:
Gleich ist es Abendessenszeit, am Himmel ist schon Nacht,
Und ungeduldig warte ich, bis Leerie Licht anmacht ...
Alle hörten ihr zu, sogar der Junge und das Mädchen in der siebten Klasse.
»Jetzt bist du dran, Anna«, sagte Miß Williams. Anna schluckte und fing an, die letzte Strophe zu lesen. Sie hatte sie bereits mehrmals durchgelesen und hatte daher kaum Mühe.
Wir haben eine Lampe ... direkt ... vor unserer Tür,
Und Leerie kommt ... und hält ... und schenkt ein Licht auch mir.
Noch zwei Zeilen, und es war geschafft. Miß Williams mußte ihr nicht ein einziges Mal helfen. Anna schaute von ihrem Buch auf. Ihr Gesicht leuchtete.
»Sehr gut, Anna«, sagte Miß Williams.
In der Mittagspause ging Anna mit dem Buch in der Hand zum Pult der Lehrerin.
»Darf ich das Buch wirklich behalten?« fragte sie. Sie konnte noch immer nicht glauben, daß es ein Geschenk für sie war.
»Es gehört dir. Du kannst es mit nach Hause nehmen.«
»Ich hab dir's ja gesagt, Anna«, meinte Ben. »Jeder bekommt von ihr ein Buch. Mir hat sie *Der Zauberer von Oz* geschenkt.«
»Vielen Dank«, sagte Anna.
Das hätte sie gleich zu Anfang sagen müssen, fiel ihr ein. In ihrer Verlegenheit kamen die Worte steif und förmlich aus ihr heraus. Aber die Lehrerin lächelte.

Doch dann verschwand das Lächeln von ihrem Gesicht. Sie sah, wie Anna das Buch in ihren Tisch packte.

»Anna, ich sagte, du dürftest das Buch mit nach Hause nehmen.«

Anna sah sie mit versteinertem Gesicht an.

»Kann ich es nicht hierlassen?«

»Möchtest du es nicht lieber mit nach Hause nehmen?« fragte die Lehrerin zurück.

»Nein«, sagte Anna.

»Gut. Du kannst natürlich tun, was du möchtest. Es ist dein Buch«, versicherte ihr Miß Williams.

Und wieder kam ihr die Frage, was wohl in Annas Elternhaus nicht stimmte. Sie hatte mit Franz Schumacher über die Soldens gesprochen, aber auch er war in bezug auf Anna etwas ratlos gewesen.

»Sie scheinen allesamt recht zufrieden und glücklich, bis auf Anna«, hatte er gesagt. »Sie ist natürlich die Jüngste, aber das dürfte sie eigentlich nicht so ... widerborstig machen. Vielleicht hat es damit angefangen, daß niemand begriff, daß sie Schwierigkeiten mit ihren Augen hatte.«

Anna marschierte aus dem Klassenzimmer und ging zum Mittagessen nach Hause. Das neue Buch wartete auf sie in ihrem Tisch.

Miß Williams wartete ebenfalls. Würde sie noch einmal von vorne beginnen müssen, um Annas langsam wachsendes Vertrauen zu gewinnen und ihr jenes scheue Lächeln zu entlocken?

Aber als Anna wiederkam, hatten sich die Stacheln geglättet. Sie rannte auf ihren Platz, das Gesicht vor Eifer und Erregung glühend, und holte ihr neues Buch hervor. Zunächst las sie noch einmal alle Gedichte, die sie im Laufe des Vormittags gemeistert hatte. Dann machte sie sich an ein neues Gedicht. Es war schwieriger als die anderen. Sie verstand nicht einmal die Überschrift. Sie bewegte die Lippen und formte die Wörter, indem sie die einzelnen Silben laut vor sich hin sagte.

»Es ... cape ... at ... Bed ... time.«

Sie wandte sich an Isobel um Hilfe. Isobel sollte ihr nur ein ganz klein wenig helfen. Sie wollte alles selbst lesen. Das Buch war so schön, es hatte so hinreißende Bilder, und die Gedichte klangen wie Musik. Und es war eine *Herausforderung.*

»Genau wie ich«, sagte sich Anna Solden mit Genugtuung.

13. Nach der Schule

Gegen Ende Oktober stellte sich heraus, daß Papa im Geschäft nicht mehr alleine fertig wurde; einen Angestellten konnte er sich jedoch nicht leisten. Eines Abends kam er nach Hause und war so erschöpft, daß er nicht einmal essen mochte. Er ließ sich auf seinen Stuhl fallen und legte den Kopf auf die Arme. Als Mama ihm sein Essen brachte, schob er den Teller fort und sagte nur: »Nicht jetzt, Klara, ich bring jetzt nichts hinunter.«

Das war der Augenblick, auf den Mama gewartet hatte.

»Ich weiß, was du brauchst«, begann sie und ließ sich auf den Stuhl ihm gegenüber fallen.

»Was denn?« fragte Papa müde und hob nicht einmal den Kopf.

Mama zögerte einen Augenblick. Es war nicht ihre Art, mit ihrer Meinung hinterm Berg zu halten. Die Kinder waren gerade beim Nachtisch und sahen ihre Mutter jetzt an, obgleich sich Papa immer noch nicht gerührt hatte. Mamas Gesicht schien ungewöhnlich rot. War sie womöglich nervös? Fritz stieß Frieda mit der Fußspitze an. Frieda erwiderte den Schubs, was heißen sollte: du hast recht, irgend etwas ist im Busche.

Mama räusperte sich. Anna sah, wie sich ihre Hände, die sie im Schoß hielt, verkrampften.

»Ja, Klara?« sagte Papa. Jetzt war auch er neugierig geworden. »Was brauche ich denn?«

»Mich«, sagte Mama.

Dieses eine Wort platzte aus ihr heraus wie der Kork aus einer Flasche. Dann sprudelten die Worte. Sie erklärte, wie sie ihm eine Hilfe sein konnte. Der Laden mußte geputzt werden, das war ihr schon seit langem klar. Im übrigen wußte sie, wie man ein Schaufenster dekorierte. Und in Buchführung war sie stets Klassenbeste gewesen. Natürlich war das jetzt Jahre her, sie wußte sehr wohl, daß sich inzwischen einiges geändert hatte, und vielleicht wollte er sie ja gar nicht um sich haben, er brauchte es nur zu sagen, sie könnte das durchaus verstehen. Aber jetzt gingen ja alle Kinder in die Schule, und sie kannte niemanden in der Gegend und hatte ohnehin im Hause nichts zu tun ...

Anna starrte gebannt auf ihre Mutter. Sie war überzeugt, Mama hatte während der ganzen Rede nicht ein einziges Mal Luft geholt. Wenn sie nicht bald aufhörte, würde sie platzen.

Papa war aufgestanden. Er ging um den Tisch herum, beugte sich über seine Frau und gab ihr einen langen Kuß, mit dem er ihrem Wortschwall ein Ende machte.

»Du bist ein Geschenk des Himmels«, sagte er.

Mama begann gleich am nächsten Tag mit der Arbeit. Wie gewöhnlich ging Anna nach der Schule in den Laden. Papa hörte das Klingeln der Tür und drehte sich um. Als er Anna sah, verzog sich sein Gesicht zu einem strahlenden Lächeln.

»Deine Mutter versteht von so einem Geschäft viel mehr als ich«, sagte er voller Stolz. »Du kannst auf einen Blick sehen, wie tüchtig sie ist.«

Anna sah sich um. Er hatte recht. Der Raum sah bereits viel heller aus. Mama hatte stärkere Birnen in die Lampen geschraubt. Jetzt gab es hier keine dunklen Winkel und Ecken mehr. Eine Menge Staub war ebenfalls verschwunden.

Anna stand da und staunte. Und dann fiel Mamas Blick auf sie. »Versperr uns nicht den Eingang, Kind«, sagte sie.

Wenn Kundschaft kam, benahm sich Klara Solden, als habe sie schon seit eh und je hinter dem Tresen gestanden. Ihr Englisch klang zwar noch immer etwas eigenartig, aber sie sprach jetzt unbekümmert drauflos; sie riet ihren Kundinnen zum Beispiel zu besonders günstigen Angeboten oder versicherte ihnen, daß die Eier wirklich frisch waren.

Einmal kam sie nicht auf das Wort für »frisch« und sagte

statt dessen »roh«. Die Kundin, mit der sie gerade sprach, begann daraufhin zu lachen. »Nun, ich hatte nicht die Absicht, gekochte Eier zu kaufen«, sagte sie.

Mama versuchte sich zu korrigieren, verhedderte sich aber immer mehr, so daß ihr das richtige Wort nicht einfiel.

Ich weiß, wie dir zumute ist, Mama, dachte Anna. Ich weiß es haargenau. Wenn Mama sich inzwischen nicht einer neuen Kundin zugewandt hätte, wäre das Mädchen wahrscheinlich auf der Stelle zu ihr gegangen und hätte ihr Geheimnis verraten. Zu Hause sprach sie noch immer deutsch, in der Schule jedoch sprach sie jetzt immer englisch. Oder fast immer. Sie wollte es ihnen zu Hause demnächst sagen. Sie stellte sich vor, wie verblüfft sie alle sein würden. Aber sie war noch nicht ganz soweit. Sie wollte noch warten, bis ihr Englisch wirklich perfekt war. Sie wollte unter keinen Umständen riskieren, daß Rudi sie auch nur beim kleinsten Fehler ertappte.

»Paß auf, Anna, stoß diese Dosen nicht um«, rief Mama zu ihr hinüber.

Anna schüttelte den Kopf, um ihr zu bedeuten, daß diese Gefahr gar nicht bestand. Dann ging sie nach Hause. Der Laden war nichts mehr für sie. Nicht nur, daß der Staub verschwunden war. Auch mit der Ruhe war es jetzt vorbei. Ohne den Staub und das Halbdunkel, ohne die Ruhe und ohne die Gelegenheit, mit Papa manchmal für ein paar Minuten allein zu sein, gab es für sie keinen Grund mehr dazubleiben.

Am nächsten Tag trödelte Anna nach der Schule im Schneckentempo durch die Straße. Sie hatte es nicht eilig, nach Hause zu kommen. Sie war noch immer zu klein, um mit ihren Geschwistern zu spielen. Daran änderte auch die Brille nichts. Manchmal sah sie ihnen jetzt zu und dachte, sie könnte mit ihnen vermutlich mithalten, wenn sie sie nur zum Mitmachen auffordern würden. Sie begriffen nicht, wie sehr sich ihre Welt verändert hatte, und kamen auch nicht auf den Gedanken, sie danach zu fragen.

»Gehst du heute nicht zu deinem Vater in den Laden, Anna?« keuchte Isobel, die hinter ihr hergerannt war.

Anna schlenderte lustlos weiter und schüttelte den Kopf, ohne den Blick zu heben.

»Dann können wir ja zusammen gehen«, sagte Isobel.

Anna hatte sich in ihren Kummer gehüllt wie in einen dikken Mantel. Sie hatte gar nicht richtig hingehört, als Isobel sie ansprach. Sie gab kein Zeichen des Verstehens, so daß Isobel schließlich hinter ihr zurückblieb.

»Laß man«, sagte sie mit verwunderten Augen. »Ich dachte, es würde dich freuen.«

Da plötzlich begriff Anna; fast wäre es zu spät gewesen. Sie vergaß, was sie bedrückte. Ihr Gesicht leuchtete vor Freude. »Natürlich freu ich mich, Isobel«, sagte sie. »Es wäre mir ein Vergnügen.«

Isobel war nicht weiter erstaunt über ihre gestelzte Ausdrucksweise. Sie kannte Anna. Von jetzt an gingen sie fast jeden Tag ein Stück des Weges zusammen. Und nun, wo ihre Aufmerksamkeit von Isobels ununterbrochenem Geschnatter in Anspruch genommen war, hatte Anna kaum mehr Zeit, darüber zu grübeln, daß ihr der Besuch in Vaters Laden fehlte.

Das ältere Mädchen wußte alles. Sie erzählte Anna von Bens Vater, der in einem Orchester Geige spielte und zuweilen auch Gäste an ihren Tischen bedienen mußte. Sie erklärte ihr, was Halloween bedeutete. Sie erzählte ihr Klatsch über Miß Williams.

»Ich glaube, sie ist verliebt«, sagte Isobel.

Anna staunte mit offenem Mund. »Wirklich?« rief sie erstaunt aus. »In wen ist sie denn verliebt?«

Aber diesmal mußte Isobel passen. »Ich bin mir nicht sicher«, sagte sie geheimnisvoll, »aber ich habe da so eine Vermutung.«

Anna nickte verständnisinnig. Isobel wollte bloß nichts verraten.

Als das ältere Mädchen sie zum erstenmal aufforderte, mit ihr nach Hause zu kommen und ihre Mutter kennenzulernen, kamen Anna jedoch Bedenken. Selbst das beruhigende Gefühl, daß Isobel bei ihr war, nahm ihr nicht ihre Scheu vor einem Besuch in einem fremden Haus und einer Begegnung mit einem Erwachsenen, den sie nicht kannte.

»Ach, komm schon!« Isobel zog sie am Arm hinter sich

her. »Sie frißt dich schon nicht auf. Im Gegenteil, sie wird dir was zum Futtern geben.«

In der Diele versuchte sich Anna hinter ihrer Freundin zu verstecken.

»Mutter!« rief Isobel in die Stille des Hauses hinein.

Plötzlich stand Mrs. Brown vor ihnen. Sie lächelte Anna zu, mit einem Lächeln, das Anna von Isobel kannte, und so lächelte sie tapfer zurück.

»Anna, ich freue mich sehr, daß ich dich endlich kennenlerne«, sagte Mrs. Brown.

Vielleicht sehe ich inzwischen ja ein bißchen besser aus, dachte Anna, während sie stumm und verschämt dastand und lächelte. Aber natürlich hatte sich in ihrem Aussehen nichts verändert, außer daß sie jetzt eine Brille trug. Und meine Grübchen, dachte Anna. Irgendwie war sie davon überzeugt, daß sie zu Hause in Deutschland keine Grübchen gehabt hatte.

»Wie wär's mit einem Butterbrot mit braunem Zucker?« unterbrach Mrs. Brown Annas Gedanken.

Plötzlich merkte Anna, daß sie völlig ausgehungert war.

»Ja, bitte«, antwortete sie, als hätte sie Isobels Mutter schon immer gekannt.

Die beiden Mädchen gingen von nun an fast jeden Tag zu den Browns, wo eine kleine Stärkung auf sie wartete. Anna, der erst nach geraumer Zeit auffiel, daß diese Art der Beziehungen recht einseitig war, fragte Papa schließlich, ob sie Isobel gelegentlich mit in den Laden bringen dürfte und ob sie auch etwas zu essen bekämen.

»Natürlich«, sagte Papa sofort. »Jederzeit, Anna.«

Mama war nicht so ohne weiteres einverstanden. Anna hätte das voraussagen können. Sie hatte bisher noch nie eine Freundin mit nach Hause gebracht. Sie hatte noch nie eine Freundin zum Mitbringen *gehabt*.

»Was ist das für ein Mädchen, diese Isobel?« fragte Mama. »Ist sie aus Deutschland?«

»Du wirst ja sehen. Nein, nein, sie ist nicht aus Deutschland«, war alles, was Anna preiszugeben bereit war.

Sie wußte, daß Isobel ihrem Vater gefallen würde. Sie

dachte, Mama würde sie vielleicht nicht mögen, weil sie so schielte. Aber Mrs. Solden begrüßte Isobel mit einem ebenso herzlichen Lächeln, wie Mrs. Brown es bei Anna getan hatte.

»Da habt ihr Haferkekse«, sagte sie. »Aber erst mal nur einen für jeden.«

Den Rest der Dose legte sie hinter dem Ladentisch für sie beiseite.

»Deine Mutter ist nett«, sagte Isobel hinterher.

Anna biß in ihren Keks und sagte: »Ja, das stimmt.«

Beinahe hätte sie geantwortet: »Aber nicht so nett wie Papa«, aber sie besann sich gerade noch rechtzeitig. Eine solche Feststellung wäre nicht gerecht gewesen, selbst wenn sie ihr Verhältnis zu ihrer Mutter recht klar beschrieb. Immerhin hatte Mama ihnen Kekse gegeben.

Es war an einem Nachmittag im November – die beiden Mädchen waren auf dem Nachhauseweg zu den Browns –, als Isobel sagte: »Als ich klein war, gab mir Mami immer ein Glas Milch zu meinem Brot. Und jedesmal fragte sie mich, ob ich noch mehr wollte.«

Anna hörte schweigend zu.

»Im letzten Jahr, als Papa keine Arbeit hatte, gab sie mir überhaupt nichts«, fuhr Isobel leise fort.

Anna versuchte sich klarzumachen, was Isobel ihr gerade erzählt hatte. Jetzt war es an ihr, etwas zu sagen.

»Es ist wegen dem Geld«, sagte sie. »Meine Eltern haben auch Geldsorgen. Rudi sagt, daß er immer so viel Kekse haben konnte, wie er wollte, als er klein war. Aber vielleicht schwindelt er auch.«

Isobel nickte. Dann erhellte sich ihr Gesicht, und sie fuhr fort: »Aber dieses Jahr gibt es Weihnachten, ganz egal, was kommt. Mutter hat's versprochen.«

Anna blieb mitten auf dem Bürgersteig stehen und sah ihre Freundin verwundert an.

»Weihnachten ist doch jedes Jahr«, stellte sie fest.

»Nicht im letzten Jahr«, sagte Isobel. »Jeder von uns bekam ein Geschenk, klar, etwas zum Anziehen. Aber das war auch alles. Mein Vater meinte, es hätte einfach keinen Zweck, daß wir unsere Strümpfe aufhängten. Er meinte, die Wirtschaftskrise habe auch Santa Claus hart getroffen.«

Für Anna war diesmal viel zu erklären. Sie hatte nie einen Strumpf aufgehängt. Sie begriff sofort, daß Santa Claus der Nikolaus, der Weihnachtsmann war. Was es mit der Wirtschaftskrise auf sich hatte, wußte sie nicht.

Isobel hatte keine Schwierigkeiten mit dem Strumpf und dem Nikolaus; aber alles, was sie über die Weltwirtschaftskrise wußte, war, daß ihr Vater dabei seinen Arbeitsplatz verloren und die Familie daher kein Geld hatte. Inzwischen hatte er wieder Arbeit.

»Er arbeitet bei meinem Onkel«, sagte Isobel. »Und der ist Leichenbestatter.«

»Was?« fragte Anna. Das Wort hatte sie noch nie gehört.

Isobel wurde rot, aber sie lächelte. »Dieses Wort solltest du wirklich kennen, Anna Solden«, sagte sie. Und dann begann sie zu erklären. Jeden Tag gab es unendlich viele Dinge, die ihr Isobel viele Male erklären mußte. Manchmal fand sie es anstrengend, aber im Grunde machte es ihr nichts aus, weil Anna alles, was man ihr beibrachte, sofort behielt. Anna wiederholte jedes neue Wort, indem sie es leise vor sich hin sagte, und als nächstes konnte man sicher sein, daß sie es im Gespräch mit Ben oder sogar mit Bernard benutzte. Isobel, die Bernard verehrte, hätte zu gerne gewußt, wie es Anna geschafft hatte, an Bernard heranzukommen.

Anna murmelte gerade das neu gelernte Wort.

Isobels Augen funkelten. Sie hoffte, sie würde dabeisein, wenn Anna versuchte, dieses neue Wort im Gespräch anzubringen. Anna hob den Kopf, sah Isobel lachen – und lachte mit. Wenn sie mit Isobel alleine war, lachte Anna inzwischen völlig ungezwungen und natürlich.

Am Abend verkündete Gretchen beim Essen: »Papa, ich brauche Schlittschuhe.«

Papa antwortete nicht.

Gretchen beugte sich zu ihm hin. »Alle Mädchen haben Schlittschuhe«, sagte sie. »Sie sprachen gerade heute darüber. Wenn das Eis dick genug ist, wollen sie bloß noch Schlittschuhlaufen.«

»Du mußt noch ein bißchen warten«, sagte ihr Vater. »Bald ist Weihnachten.«

Gretchen dachte zwar, Weihnachten sei noch weit weg, hielt jedoch den Mund. Sie wußte, daß ihre Eltern Geldsorgen hatten. Sie wünschte, sie könnte noch einmal so jung wie Anna sein. Man brauchte sie nur anzusehen. Sie saß doch tatsächlich da und strahlte über das ganze Gesicht. Gretchen hätte ihr am liebsten eine geklebt. »Das ist überhaupt nicht witzig, Anna«, sagte sie ungnädig, »du brauchst also gar nicht so hämisch zu grinsen.«

»Gretchen!« sagte Papa scharf.

»Entschuldigung«, murmelte Gretchen und bedauerte, daß sie nicht wirklich den Mut hatte, ihrer kleinen Schwester eine runterzuhauen.

Rudi, der inzwischen bereits seine Briefmarkensammlung gegen gebrauchte Schlittschuhe eingetauscht hatte, warf ihr einen verständnisinnigen Blick zu. Er wußte, worauf es hier in Kanada ankam, selbst wenn es die anderen noch nicht begriffen hatten.

Niemand erriet natürlich, daß Anna nur deshalb lächelte, weil Papa eben gesagt hatte: »Bald ist Weihnachten.« Ihre superschlauen Geschwister, die immer alles wußten, konnten sich überhaupt nicht vorstellen, daß es vielleicht kein Weihnachtsfest geben könnte. Nach ihrem Gespräch mit Isobel wußte Anna, daß das gar nicht so gewiß war. Wenn kein Geld da war, mußten sie wohl oder übel ohne ein Weihnachtsfest auskommen.

Aber Papa hatte es ihnen ja nun so gut wie versprochen. Gretchen hin oder her, Anna mußte lächeln. Sie merkte, wie Papa sie besorgt ansah. Vielleicht dachte er, daß sie auch Schlittschuhe haben wollte. Aber da konnte er ganz beruhigt sein. Sie freute sich nur auf Weihnachten mit dem Zauber des Baumes, mit den Liedern, den Leckereien, den besonderen Gerüchen und Düften, mit der Zufriedenheit und Freude, die in das ganze Haus einzogen.

»Schluß jetzt mit den Schlittschuhen«, sagte Mama. »Wer möchte den Abwasch machen und mein allerliebstes Kind sein?« Sie lachte dabei herausfordernd.

»Weißt du was, Klara«, sagte Papa. Sein Gesicht hatte sich wieder entspannt. »Ich glaube, daß die Arbeit im Geschäft genau das Richtige für dich ist. Du wirst allmählich wieder wie früher.«

»Schon möglich, schon möglich«, antwortete Mama. »Trotzdem suche ich einen Freiwilligen für den Abwasch.«

Schließlich erklärte sich Gretchen dazu bereit. Sie war ohnehin an der Reihe. Aber in letzter Zeit wurde jeder von ihnen »Mamas allerliebstes Kind«; Rudi, wenn er unaufgefordert den Ascheimer leerte, Frieda, wenn sie einen fehlenden Knopf selbst wieder annähte, Gretchen, wenn sie half, das Tafelsilber zu putzen, das zu guter Letzt doch noch aus Frankfurt eingetroffen war, und schließlich Fritz, wenn er seiner Mutter deutsche Lieder vorsang. Das Leben normalisierte sich allenthalben. Sogar Anna fand daran Gefallen.

Nicht etwa, daß sie selber zum »allerliebsten Kind« aufgerückt wäre.

Am Abend darauf rief Mama: »Anna, deck den Tisch. Beeil dich!«

Etwas in ihrer Stimme schien Anna zu sagen, daß Mama sie immer noch für langsam hielt. In der Eile legte Anna das Besteck unordentlich neben die Teller, ein Löffel lag sogar falsch herum.

»Ach, Anna«, seufzte Mama, als sie sich zum Essen setzte. »Wann wirst du bloß endlich lernen, ein bißchen sorgfältiger zu sein!«

Anna legte ihre Gabel gerade hin und merkte, wie der Zorn in ihr hochkam. Hatte Mama nicht gesagt, sie solle sich beeilen? Sie beugte sich tief über ihren Teller und begann, schweigend ihre Suppe zu essen.

»Und lehn dich nicht so über den Tisch«, fuhr Mama fort. »Du siehst so schon wie eine Kugel aus.«

Kurz vorher hatte sie Fritz zurechtgewiesen, der sehr unruhig aß. Aber Anna hatte das nicht mitbekommen. Immer hackt sie bloß auf mir herum, dachte sie voller Wut. Sie blieb sitzen, wie sie war.

Auch Fritz meinte, auf ihm würde dauernd herumgehackt. Auch er kam sich zu Unrecht getadelt vor. Er blickte von der

Seite in Annas wütendes Gesicht. »Ich spreche wenigstens englisch«, sagte er selbstgefällig.

Das war mehr, als Anna ertragen konnte. Anna, die nie reagierte, wenn man sie ärgerte, die stets durch ihre Peiniger hindurchsah, vergaß plötzlich das kalte Schweigen, das sie Frau Schmidt gegenüber immer bewahrt hatte, und explodierte.

»Halt die Klappe«, brüllte sie Fritz an, der seinen Ohren nicht traute. »Halt die Klappe, halt die Klappe. SHUT UP!« fügte sie auf englisch hinzu, damit er auch ja kapierte, was sie meinte.

Dann sprang sie vom Tisch auf und rannte die Treppe hinauf zu ihrem Alkoven, wo sie sich bäuchlings auf ihr Bett warf.

Diesmal würde niemand kommen und sie trösten. In der Familie Solden war es Sitte, daß niemand vom Essen aufstand, ohne Papa vorher um Erlaubnis zu fragen. In ihrem ganzen Leben hatte sie sich noch nie so schlecht benommen wie gerade eben.

Aber sie hatte ihren Auftritt genossen. Sie kicherte in ihr Kissen, als sie daran dachte, wie Fritz fast die Augen aus dem Kopf gefallen waren.

Dann verstummte sie und lag bewegungslos da. Ob Papa sehr böse auf sie war?

Wenn sie sich zur Treppe zurückgeschlichen und gelauscht hätte, dann hätte sie gehört, wie Papa ihren Geschwistern klarmachte, daß sie Anna von jetzt an in Ruhe zu lassen hätten, statt sie ewig zu ärgern und zu triezen.

»Ich hab euch hundertmal erklärt: sie ist die Jüngste. Und außerdem, Fritz, hat sie eine Freundin, mit der sie sehr wohl englisch spricht. Ich hab es selbst gehört. Überhaupt könnten wir in der Familie von Zeit zu Zeit wieder deutsch sprechen. Wir wollen schließlich unsere Muttersprache nicht ganz verlernen.«

Anna, die all das nicht hörte, sagte sich, daß es belanglos war, was die anderen dachten, solange Papa nicht allzu böse auf sie war.

14. Rudis Plan

Überall in Toronto verkündeten Schaufenster und bunte Lichter, Rundfunksendungen und der Weihnachtsumzug den Kindern, daß Weihnachten nicht mehr fern war. Fritz und Frieda sollten beim Weihnachtskonzert in der Schule ein Duett auf deutsch singen. Rudi wünschte sich wieder einmal, wie jedes Jahr, einen Hund zu Weihnachten, obgleich alle, auch Rudi, genau wußten, daß sich Mama nicht darauf einlassen würde. Sie meinte, der Krach von fünf Kindern reiche ihr vollauf.

Der erste Schnee fiel und schmolz im Laufe des Vormittags wieder. Der zweite schwebte in dicken, schweren Flocken herab und blieb volle zwei Tage wie Zuckerguß auf dem Boden liegen.

»Gibt es in Kanada auch einen Weihnachtsbaum, Ernst?« fragte Mama.

Sie zwinkerte mit den Augen. Anna wußte natürlich, daß sie nur aus Spaß fragte. Und doch erschrak sie einen Augenblick lang, bis Papa sagte: »Natürlich!«

Trotz der Überzeugung, mit der er dies sagte, trotz des Schnees und der Weihnachtslieder und des Geredes von dem jungen Hund, den sie nicht bekommen würden, trotz all dieser Anzeichen des bevorstehenden Festes herrschte im Haus der Soldens ein gewisses Unbehagen. Die Kinder versuchten so zu tun, als bemerkten sie es nicht. Mama und Papa sprachen ja vom Weihnachtsfest – aber sie taten es nicht wie früher. Zu Hause in Deutschland hatten sie sich immer voll Schwung auf die Vorbereitungen gestürzt. Dieses Jahr sahen sie einander ohne Begeisterung an und blieben wortkarg.

»Rudi, was ist mit Papa und Mama?«

Es war Fritz, der das allgemeine Unbehagen schließlich in Worte faßte.

»Ich weiß es auch nicht genau«, sagte Rudi zögernd.

Ich aber, dachte Anna. Sie sagte jedoch nichts. Rudi war schließlich der älteste und hatte in so wichtigen Dingen Bescheid zu wissen. Freilich, vielleicht hatte Rudi keine Freundin wie Isobel, die so vieles erklären konnte. Es hat sicher mit der Weltwirtschaftskrise zu tun, dachte Anna im Vollgefühl ihres Wissens. Sie haben einfach nicht genug Geld.

Es war Gretchen, nicht Rudi, die zu dem gleichen Schluß kam. Ein paar Tage später, als die Kinder allein im Haus waren, meinte sie: »Die Leute kaufen einfach nicht genug im Geschäft. Ich glaube, Papa und Mama haben nicht genug Geld für ein Weihnachtsfest wie in Frankfurt.«

Sie schloß mit einem tiefen Seufzer. Anna wußte, daß Gretchen ihre Hoffnungen auf Schlittschuhe immer mehr dahinschwinden sah.

Rudi sah sie finster an. »Nun, wir können auch nichts ändern«, sagte er und warf sich in Papas Sessel. »Wir müssen ja alle zur Schule gehen.«

»Wenn ich alt genug wäre, würde ich abgehen und mir eine Arbeit suchen«, verkündete Fritz.

Er klang so sehnsüchtig, daß alle lachen mußten. Jeder wußte natürlich, wie sehr Fritz die Schule liebte! Ohne Friedas Hilfe wäre er schon längst hängengeblieben. Er war nicht dumm, aber unwahrscheinlich faul.

»Wir würden alle am liebsten mit der Schule aufhören, du Dummkopf«, sagte Rudi.

Ich nicht, dachte Anna.

Sie hatte so lange davon geträumt, wie herrlich es wäre, wenn sie nicht zur Schule gehen müßte. Und plötzlich wurde ihr klar, wie sehr sie *jetzt* die Schule vermissen würde. Es war schon merkwürdig!

»Jeder soll bis morgen scharf nachdenken«, sagte Rudi. »In Büchern haben Kinder immer ganz tolle Einfälle und retten ihre Familie vor dem Hungertod. Jeder schreibt auf, was ihm einfällt. Wenn ihr gleich nach der Schule nach Hause kommt, können wir hier alles besprechen. Es muß doch eine Möglichkeit geben!«

Als sie sich am nächsten Morgen an den Frühstückstisch setzten, sah es so aus, als sei Rudi bereits etwas eingefallen.

»Nun? Was ist, Rudi?« fragte Frieda in einem geräuschvollen Flüsterton, als Mama für einen Augenblick in der Küche verschwunden war. Papa war bereits aus dem Haus gegangen.

»Pst«, warnte Rudi sie stirnrunzelnd, denn Mama stand

schon wieder im Zimmer. »Beeil dich heute nachmittag. Ich erzähl es dir dann.«

Mama, die früher sogar die Gedanken ihrer Kinder lesen konnte, schien nichts von der Erregung und der Unruhe, die sie gepackt hatten, zu bemerken, als sie aus dem Haus gingen. Als Anna die Tür hinter sich schloß, stand Mama an der Garderobe und nahm ihren Mantel vom Haken. Es war jeden Morgen das gleiche: sobald die Kinder weg waren, machte sich Mama schnurstracks auf den Weg zum Laden.

Anna versuchte den ganzen Tag über nachzudenken, kam aber kaum dazu, weil sie ein neues Gedicht auswendig lernen und außerdem Ben das Addieren beibringen mußte. Aber Rudi hatte ja eine Lösung gefunden.

»Heut hab ich keine Zeit«, sagte sie nach der Schule zu Isobel und machte sich atemlos auf den Heimweg.

Sie ging, so schnell sie konnte, und kam dennoch als letzte nach Hause. Sie hatte einen weiteren Weg als die anderen, und außerdem waren die Straßen spiegelglatt. Ihre Geschwister würden natürlich ohne sie angefangen haben! Sie war völlig außer Atem, als sie die schwere Haustür öffnete.

Während sie sich Mantel, Schal, Fausthandschuhe und Mütze auszog, stand sie in der Diele und horchte.

Rudi war bereits mitten in einer großen Rede. Sie hörte, wie er wichtigtuerisch auf und ab ging, während er sprach. Das kannte sie von Papa, der auch manchmal auf und ab ging, wenn er etwas Wichtiges mit der Familie besprach.

»Wir werden also das folgende tun«, sagte er. »Dieses Jahr machen wir unsere Geschenke selbst und sparen auf diese Weise das Geld, das uns Papa bisher immer dafür gegeben hat. Wenn Papa dir das Geld in die Hand drücken will, Gretchen, dann kannst du ja sagen: ›Vielen Dank, aber diesmal haben wir beschlossen, etwas in eigener Regie zu machen.‹ Ich bin ziemlich sicher, je mehr ich darüber nachdenke, daß ihnen bei ihren Geldsorgen unser Weihnachtsgeld ganz schön auf dem Magen liegt. Ich meine, wir können unsere alten Kleider und Sachen auslassen und noch ein Jahr länger tragen. Und Mama ist mit dem Essen ein bißchen sparsamer. Also sind die Geschenke das einzige, woran wir noch sparen

können. Gut, daß wir Kinder einander nichts schenken.«
Alle redeten plötzlich durcheinander. Anna mußte lächeln.
Sie stopfte gerade ihre Handschuhe in die Tasche ihres Mantels. Sehr gut, Rudi!

»Eine prima Idee!« Fritz wußte natürlich nicht, daß er in diesem Punkt mit Anna einer Meinung war. Während Anna sich bückte, um die Schnallen ihrer Überschuhe zu öffnen, versuchten die Zwillinge, sich Gehör zu verschaffen.

»Aber Rudi, wir sind doch so ungeschickt!«

Anna fühlte plötzlich eisige Kälte. Sie war gerade bei der zweiten Schnalle, die festgefroren war. Was würde Rudi jetzt sagen?

»Könnt ihr Geld verdienen?« wollte Rudi wissen.

»Nun ... vielleicht«, antwortete Fritz zaghaft für beide.

»Dann kauft ihr eben etwas für sie«, sagte Rudi obenhin und tat damit ihren Einwand ab. Er würde nicht dulden, daß irgend jemand oder irgend etwas seinen schönen Plan zunichte machte. »Ich werde wahrscheinlich auch etwas kaufen.«

»Und wie?«

»Du wirst ja sehen. Aber eins kann ich dir schon jetzt versprechen. Es wird das schönste Geschenk von allen sein«, sagte er angeberisch.

Anna schleuderte ihre Überschuhe von sich. Die vier Geschwister drehten sich bei dem Geräusch zum erstenmal um und entdeckten sie. Während Anna sie ansah, merkte sie, wie sich in ihren Gesichtern Entsetzen ausbreitete.

»Was in aller Welt könnte Anna ihnen schenken?« Es war Gretchen, die aussprach, was sie alle dachten.

»Ach, die zählt doch nicht. Die ist doch erst neun«, sagte Rudi etwas zu hastig. Er starrte an die Decke und begann plötzlich zu pfeifen.

Es stimmte natürlich nicht, daß sie nicht zählte. Für Ben zählte sie sehr wohl. Und auch für Isobel, für Papa, für Miß Williams. Anna wußte das. Und trotzdem trafen sie die Worte auf eine Art, die weh tat.

Aber die Frage war trotzdem: konnte sie ihren Eltern ein Weihnachtsgeschenk machen? Rudi konnte leicht Geld verdienen. Das behauptete er wenigstens. Und Gretchen konnte fast so gut stricken wie Mama. Auch die Zwillinge würden sich bestimmt etwas einfallen lassen. Sie haben eine Menge Phantasie, dachte sie. Nur sie allein war völlig hilflos.

Gretchen, die sie noch immer ansah, rief plötzlich:»Keine Angst, Anna. Ich stricke was für dich zum Verschenken. Wenn ich heute gleich anfange, schaffe ich es bestimmt noch.«

Ehe Anna antworten konnte, sagte Rudi grob:»Sei nicht blöd, Gretel. Wenn Papa und Mama wissen, daß wir die Geschenke selber basteln wollen, dann erwarten sie doch von *ihr* nichts. Ich glaube, wir sollten versuchen, wirklich tolle Sachen zu machen.«

Die Anna Solden von Frankfurt hätte sofort eingesehen, daß Rudi recht hatte. Sie hätte aufgegeben, ehe sie überhaupt angefangen hatte zu überlegen. Aber die Anna von damals existierte nicht mehr. Sie war inzwischen mutiger und ein bißchen älter geworden, vor allem aber war sie nicht mehr so ungeschickt wie früher. Manchmal sah sie sogar das Öhr in der Nadel. Sie tat einen Schritt vorwärts in das Zimmer, und dann noch einen. Sie hatte bisher noch keinen Ton gesagt, aber sie war dabei, ganz scharf nachzudenken, wie sie es noch nie getan hatte.

Sie dachte an ihre Zeichnungen. Miß Williams gefielen sie sehr. Wenn sie ein paar davon zu einem Album zusammenheftete?

Doch Rudi konnte galoppierende Pferde zeichnen, die so echt waren, daß man sie fast auf dem Papier laufen sah, und Frieda saß oft da und machte Skizzen von Mama beim Bügeln oder von Papa beim Lesen, und jedermann konnte auf Anhieb sagen, wer das sein sollte und was er tat. Also keine Bilder, beschloß Anna.

»Du bist wirklich gemein, Rudi«, sagte Gretchen empört. »Natürlich möchte Anna auch etwas zum Verschenken haben. Ich werde daher etwas für sie stricken. Als Geschenk von Anna braucht es ja nichts Großes und vor allem nichts Besonderes zu sein.«

Beim letzten Satz durchzuckte es Anna, als hätte ihr jemand ein Messer ins Fleisch gestoßen. Plötzlich hörte sie auf nachzudenken. Ihr Kinn schob sich energisch nach vorne. Hinter den dicken Brillengläsern funkelten ihre Augen vor Zorn über diese Demütigung. Denen würde sie es zeigen! Die würden Augen machen!

»Besten Dank, gnädiges Fräulein. Ich werde mein eigenes Geschenk überreichen.« Die letzten Worte kamen ihr wie Pfeile über die Lippen. »Du kannst deinen bescheuerten Strickkram behalten. Die Leute loben dich sowieso bloß dafür, weil sie dich nicht kränken wollen. Jeder weiß doch, daß dein Pfusch voller Fehler steckt.«

Und ehe eines der Geschwister eine Antwort parat hatte, um sie zu erinnern, wer sie war – die Jüngste, der Dummkopf der Familie, Awkward Anna –, drehte sie sich auf dem Absatz um und ließ sie alle stehen.

Sollen sie doch sagen, was sie wollen, dachte sie, während sie auf die Treppe zusteuerte. Leider hörte sie noch, was Rudi jetzt sagte.

»Ich hab dir's ja gesagt, Gretchen«, sagte er hämisch. »Anna ist wie ein bissiger Hund. Wenn du den streichelst, dann beißt er dich.«

Gretchen antwortete jedoch nicht. Anna blieb stehen. Gretchen sagte noch immer nichts.

Plötzlich wünschte sie, sie hätte das mit den vielen Fehlern in Gretchens Handarbeiten nicht gesagt. Aber sie ging nicht ins Wohnzimmer zurück. Ihre Schwester hatte es verdient.

»Als Geschenk von Anna braucht es ja nichts Großes und vor allem nichts Besonderes zu sein.« Für wen hielt sich Gretchen eigentlich?

Oben an der Treppe angelangt, ging Anna nicht in ihren Alkoven, sondern ins Bad, um sich im Spiegel zu betrachten. Der Anblick ihres eigenen Gesichts interessierte sie nicht. Es erschien ihr langweilig und fad. Ihre Grübchen hatte sie noch nie gesehen. Aber manchmal fiel es ihr leichter, mit sich selbst ein Gespräch zu führen, wenn sie sich dabei gleichzeitig sehen konnte.

»Kann ich ein Geschenk auftreiben?« fragte sie das Mädchen im Spiegel. »Wie könnte ich Geld verdienen? Eine

Menge Geld!« fügte sie entschlossen hinzu. Wie die Dinge lagen, konnte sie ebensogut hohe Ansprüche stellen.

Aber das Mädchen im Spiegel sah genauso mutlos aus, wie Anna zumute war. Sie hob die Schultern, schnitt dem Spiegel eine Grimasse und wandte sich ab.

Papa könnte mir vielleicht helfen, dachte Anna. Aber nein! Dieses Geschenk sollte ja eine Überraschung, ein Geheimnis sein. Es wäre nicht richtig von ihr, Papa zu fragen.

Anna begab sich zu ihrem Alkoven und warf sich auf ihr Bett. Sie gab es für heute auf, über die Frage eines Weihnachtsgeschenks nachzudenken. Was sie nicht aufgab, war die Hoffnung. Vielleicht würde ja irgendwie noch ein Wunder geschehen. Noch vor drei Monaten wäre sie zu einer solchen Haltung nicht fähig gewesen.

Unten ging die Haustür. Mama und Papa waren nach Hause gekommen. Anna erhob sich von ihrem Bett und ging zur Treppe. Gretchen hatte die Fleischpastete in den Backofen getan. Es roch einfach herrlich.

Auch Mama schnupperte. Noch bevor sie sich ihres Mantels entledigt hatte, nahm sie Gretchen in den Arm und drückte sie voller Dankbarkeit.»Heute bist also du das allerliebste Kind, Gretel«, sagte sie.»Draußen ist es eisig. Die heiße Pastete ist jetzt gerade das Richtige für uns.«

Anna hatte Hunger, und die Pastete war lecker, selbst wenn sie genaugenommen nur wenig Fleisch enthielt. Aber Anna schaffte ihren Teller nicht.

»Ist dir nicht gut, Liebling?« fragte Mama und verfiel in ihrer Sorge ins Deutsche.

Anna hielt den Kopf gesenkt.»Doch, mir geht es gut«, knurrte sie.

»Du siehst aber nicht gut aus, nicht wahr, Ernst?« beharrte Mama. So leicht war sie nicht abzubringen von diesem Thema.

Auch Gretchen sah Anna besorgt an. War die Geschichte mit den Geschenken daran schuld?

»Laß sie in Ruhe, Klara«, sagte Papa leichthin.»Sie möchte lediglich ein Loch für den Nachtisch lassen, nicht wahr, Anna?«

Anna beugte sich über ihren Teller, so daß ihr Gesicht im Schatten war. »Stimmt genau«, brachte sie mit Mühe heraus.

Das bedeutete, daß sie ihren ganzen Nachtisch aufessen mußte. Es gab einen Apfel, einen von ihrer Lieblingssorte. Sie kaute und schluckte, kaute, schluckte. Der Apfel schmeckte nach überhaupt nichts.

Sie stand auf, sobald sie konnte, und machte sich zum Schlafen fertig.

»Anna, schläfst du schon so früh?« Mama streckte den Kopf durch den Vorhang, den Anna heute ganz zugezogen hatte.

Anna rührte sich nicht und hielt die Augen geschlossen. Sie atmete in langen, regelmäßigen Zügen. Schließlich entfernte sich ihre Mutter auf Zehenspitzen.

Anna machte die Augen wieder auf. Sie wollte doch noch einmal versuchen nachzudenken. Es *mußte* doch eine Möglichkeit geben, die Worte wahrzumachen, die sie so stolz und herausfordernd ihren Geschwistern entgegengeschleudert hatte.

Sie überlegte hin und her. Es mußte eine Lösung geben. Es mußte einfach.

Aber als sie am nächsten Morgen ihr Klassenzimmer betrat und sich auf ihren Platz fallen ließ, hatte Anna Solden noch immer nicht die leiseste Vorstellung. Und außerdem hatte sie jegliche Hoffnung aufgegeben.

15. Miß Williams fragt

Anna sah die Überraschung in Miß Williams' Gesicht. Sie kam nun schon seit geraumer Zeit mit einem Lächeln für ihre Lehrerin in der Schule an. Aber heute war ihr nicht nach Lächeln zumute. Und es war ihr auch gleichgültig, was Miß Williams von ihr dachte.

Sie hob den Deckel ihres Tisches, schnappte sich ihren Federkasten, ließ den Deckel mit einem lauten Krach herunterfallen und knallte dann ihren Federkasten mit Wucht auf den Tisch.

»Guten Morgen, Anna«, sagte Miß Williams ruhig.

Anna überlegte, ob sie überhaupt antworten sollte. Sie stierte auf ihren Federkasten und ließ ein paar Sekunden verstreichen. Ohne es recht zu wollen, hob sie den Kopf und begegnete dem festen Blick der Lehrerin. »Guten Morgen«, murmelte sie.

Bernard kam durch das Klassenzimmer geschlendert und blieb neben ihr stehen. »Was ist denn in dich gefahren, Krümel?« fragte er teilnahmsvoll mit leiser, belustigter Stimme.

Anna dachte an das Gespräch vor zwei Tagen. Isobel, Ben und sie hatten sich über die Rowdys vom Schulhof unterhalten, die ihnen immer auflauerten, sie mit Schneebällen bewarfen und unflätige Ausdrücke hinter ihnen herriefen. Bernard hatte das Gespräch zufällig mit angehört, und dann hatten sie zu viert einen Gegenangriff geplant.

Die beiden Jungen waren völlig verdutzt gewesen, als plötzlich vier ihrer Opfer mit Schneebällen bewaffnet auf sie losgegangen waren.

»Da wir nicht gut zielen können«, hatte Bernard gesagt, »müssen wir zahlenmäßig überlegen sein und einen riesigen Krach machen. Die Burschen sind nämlich feige, darauf könnt ihr Gift nehmen.«

Die Rowdys hatten tatsächlich beim ersten Angriff das Weite gesucht. Doch die vier hatten sie ein paar Häuserblocks weit verfolgt, bevor sie von ihnen abließen und sich vor Freude im Schnee wälzten. Wie sie gelacht hatten! Wie stark ihr Bernard erschienen war! Ein mächtiger Streiter wie der heilige Georg, der den Drachen erschlug. Aber selbst der heilige Georg konnte ihr in diesem Augenblick nicht helfen.

»Gar nichts ist in mich gefahren«, sagte Anna mürrisch. Sie verabscheute sich, weil sie Bernard anlog, aber sie wußte einfach nicht, wie sie sich helfen sollte. Wie sollte sie ihm erklären, was Rudi und Gretchen gesagt hatten und wie sie sich selbst gebrüstet hatte? Es würde albern klingen. Es war ja auch albern.

Bernard blieb noch einen Augenblick neben ihr stehen,

falls sie sich doch entschließen sollte, etwas zu sagen. Aber Anna blieb stumm.

Verschwinde doch, dachte sie. Laß mich in Ruhe.

»So, Bernard«, sagte Miß Williams. »Es wird Zeit, daß wir anfangen.«

Die Klasse war klein. Sie waren beinahe wie eine Familie, in einigen Dingen vermutlich vertrauter miteinander als Familien. Sie kannten Anna besser und hatten in vieler Hinsicht mehr Verständnis für sie als Rudi, Gretchen, Fritz und Frieda zusammen. Der Vormittag ging dahin, und Annas Niedergeschlagenheit blieb, so daß sie sich schließlich allen auf die Seele legte.

»Isobel, die Hälfte deiner Rechenaufgaben ist falsch«, rief Miß Williams aus. Isobel war ein As in Mathematik.

»Es tut mir leid«, sagte Isobel und wurde rot. Sie sah zu Anna hinüber, die wie blind in ihre Fibel starrte. »Ich kann mich einfach nicht konzentrieren«, gestand sie.

Auch Miß Williams sah jetzt zu Anna hinüber.

»Miß Williams, darf ich mir etwas zu trinken holen?« fragte Ben plötzlich.

»Das ist jetzt schon das drittemal in dieser Stunde«, sagte die Lehrerin.

Ben wand sich. »Mir ist so heiß«, murmelte er.

Er sah Anna nicht an, aber Miß Williams wußte auch so Bescheid. Sie sagte ruhig: »Schön, Benjamin, aber komm sofort wieder.«

»Ich hab Bauchschmerzen«, sagte Jane Summers kurz vor der Mittagspause.

Anna fuhr hoch und vergaß einen Augenblick lang ihren eigenen Kummer. Sie hob den Kopf und bemerkte, wie Jane sie mit tief bekümmerter Miene ansah. Anna blinkerte. Dann kam sie zu dem Schluß, daß sie übergeschnappt war.

»Leg den Kopf auf den Tisch und ruh dich ein bißchen aus, Jane«, sagte Miß Williams. »Dann geht es dir sicher gleich wieder besser.«

Einen Augenblick darauf sagte sie: »Bernard, hast du wirklich nichts zu tun?«

Anna sah wieder auf von ihrem Buch – und ihre Überraschung war noch größer. Bernard war ein sehr fleißiger Junge. Er wollte später einmal berühmt werden und eine Enzyklopädie verfassen. Aber jetzt saß er da und hatte einen Berg Papierkügelchen ganz offen vor sich auf dem Tisch liegen.

Auch er sah plötzlich zu Anna hinüber. Dann ließ er mit einer Handbewegung die Kügelchen unterm Tisch verschwinden und schlug ein Buch auf. Er machte nicht einmal den Versuch, sich zu rechtfertigen.

»Ich lese ja«, sagte er statt dessen.

Anna beobachtete ihn aus den Augenwinkeln. Sie wollte Bernard nicht in Schwierigkeiten bringen. Sie wollte warten, bis er eine Seite umblätterte. Aber er saß nur da. Minuten verstrichen. Das Buch war noch immer auf derselben Seite aufgeschlagen.

Sie gingen alle zum Essen nach Hause und kamen danach wieder. Annas Niedergeschlagenheit kehrte mit ihr ins Klassenzimmer zurück.

Keiner wußte, wie er ihr helfen sollte. Niemand ahnte, was ihr fehlte. Alle warteten und beobachteten sie, warteten und wurden dabei selber immer gereizter.

Anna saß wieder über ihrer Fibel. Sie hatte am Vormittag nichts gelernt. Auch jetzt sagte ihr die Liste von Wörtern, auf die sie starrte, nichts. In einer Anwandlung von Verzweiflung packte sie die Fibel und ließ sie in ihrem Pult verschwinden. Dabei streifte sie mit den Fingern das Buch, das ihr Miß Williams geschenkt hatte. Ihr Buch. Ihr Eigentum. Ihre Herausforderung.

Robert Louis Stevenson würde wissen, wie mir zumute ist, dachte Anna. Wahrscheinlich hat er, als er klein war, häufig Dinge tun wollen und dann nicht gewußt, wie er sie anfangen sollte.

Sie nahm das Buch heraus und schlug es beim allerersten Gedicht auf. Es war ein Gedicht, das sie bisher nie gesehen hatte, weil es in Wirklichkeit die Widmung war und noch vor der Titelseite stand. Außerdem war es in einer Schrift gedruckt, die schwieriger zu lesen war als die der anderen Gedichte. Vielleicht hatte sie es ja doch gesehen und weitergeblättert, weil sie gefunden hatte, es sei zu schwierig. Die Buchstaben waren schwer zu erkennen.

In diesem Augenblick erschien es ihr jedoch wichtig, gerade dieses Gedicht zu lesen, ob es nun schwierig war oder nicht. Der Titel bestand aus einem langen Namen, den Anna nicht aussprechen konnte. Sie versuchte es erst gar nicht. Sie fing mit der ersten Zeile ganz oben an, obgleich sie nur die Hälfte von dem verstand, was sie las. Es war an jemanden gerichtet, der, statt zu schlafen, über den Schlaf des Jungen gewacht hatte. Sie kam zur dritten Zeile.

For your most comfortable hand
Which led me through the uneven land . . .

Darüber wußte sie Bescheid. Es war das Land, in dem Awkward Anna lebte, das Land, in dem sie sich nicht zurechtfand. Wenn es für sie bloß eine »comfortable hand« gäbe, die sie ergreifen konnte! Anna verstand haargenau, was »comfortable hand« bedeuten mußte. Miß Williams benutzte das Wort »comfortable«, wenn sie die Kinder aufforderte, sich zu entspannen, bevor sie eine Platte auflegte oder eine Geschichte erzählte. Und Papa fragte sie abends immer: »Are you comfortable, my little one?« bevor er sie zur Nacht küßte und ihre Decken links und rechts in die Matratze stopfte.

Oh, Papa, Papa! dachte Anna. Sie sehnte sich nach seiner Hilfe und wußte doch, daß sie ihn nicht darum bitten konnte.

Dann rollte ihr die erste Träne über die Wangen. Die erste . . . und die zweite . . . und die dritte. Sie konnte sie nicht zurückhalten. Anna Elisabeth Solden, die niemals weinte, wenn sie nicht allein war und absolut sicher, daß niemand sie überraschen würde, weinte jetzt vor einem ganzen Zimmer voller Menschen – und war völlig machtlos gegen den Strom ihrer Tränen.

Miß Williams tat nicht länger, als bemerke sie nichts, sondern nahm einen Stuhl und setzte sich neben das weinende Kind.

»Nun erzähl mir mal, was du hast«, sagte sie ruhig. »Vielleicht kann ich dir ja helfen.«

»Es ist nichts . . .« würgte Anna.

»Doch, Anna, da ist etwas.« Miß Williams blieb neben ihr sitzen.

Ben kam zurück und blieb auf der anderen Seite des Tisches neben Anna stehen.

Isobel legte ihren Bleistift mit einem Seufzer der Erleichterung aus der Hand und sagte, ihre Lehrerin unterstützend: »Komm, Anna, erzähl schon. Miß Williams kann dir bestimmt sagen, was du tun sollst. Du brauchst ihr nur zu erzählen, was dich bedrückt.«

Ohne große Hoffnung begann Anna zu erzählen.

Alle hörten ihr von Anfang an zu. Als sie fertig war, nickten sogar die beiden ältesten Schüler voller Zustimmung. Auch sie hätten gern ein Weihnachtsgeschenk für ihre Eltern gehabt. Auch sie waren wegen ihrer schlechten Augen stets linkisch und ungeschickt gewesen.

»Wenn ich bloß Noten lesen könnte . . .« sagte Mavis Jones sehnsüchtig. »Meine Klavierlehrerin wird jedesmal so wütend.«

»Meine Tante Mary erzählt mir andauernd, wie leicht ich Stricken lernen könnte, wenn ich die Nadeln bloß genauso hielte wie sie«, warf Josephine Peterson ein. »Sie sagt, ich soll es genauso machen wie sie – aber ich versteh einfach nicht, was sie meint, und sie versteht nicht, warum ich das nicht begreife.«

Die Jungen konnten zu Hause mit dem Werkzeug nicht so schnell und geschickt umgehen wie ihre Väter oder Brüder.

Anna war also durchaus nicht der einzige weiße Rabe, wie Miß Williams es formulierte.

Jimmy Short hatte es als Zeitungsjunge versucht. »Aber ich konnte die Nummern an den Häusern nicht erkennen«, erzählte er. »Außerdem hatte ich Schwierigkeiten beim Geldwechseln. Fünfcentstücke und Fünfundzwanzigcentstücke sind zum Verwechseln ähnlich.«

»Keiner von uns kann also Geld verdienen oder irgend etwas Anständiges mit seinen Händen basteln«, sagte Bernard zusammenfassend. »Ich möchte nur ein einziges Mal etwas ganz Phantastisches fertigbringen – und dann möcht ich sehen, was die anderen für Augen machen!«

»Du bist ein Angeber, Bernard«, sagte Miß Williams. Bernard lachte. Er wußte, daß ihn die Lehrerin verstand, selbst wenn sie ihm gelegentlich eins draufgab.

Die Kinder konnten spüren, wie Miß Williams den ganzen Nachmittag über nachdachte. Sie bemühten sich, ganz besonders artig und fleißig zu sein. Niemand stellte eine überflüssige Frage. Ben rannte nicht mehr zur Tür hinaus, um etwas zu trinken. Keiner verließ das Klassenzimmer unter irgendeinem Vorwand.

Schließlich sagte Miß Williams: »Vielleicht kann ich euch helfen, aber dafür muß einiges organisiert werden. Wir brauchen Geld für Materialien . . . Ich habe euch doch richtig verstanden, ihr wollt zu Hause nicht um Geld bitten, nicht wahr?«

Keiner von ihnen wollte um Geld bitten.

»Es muß eine Überraschung sein«, sagte Anna. »Die anderen, Rudi, Gretchen und die Zwillinge, haben alle eine Überraschung.«

»Ja, Anna, ich weiß«, sagte die Lehrerin.

»Warte nur ab«, flüsterte Isobel Anna zu. »Sie findet schon einen Ausweg. Miß Williams bringt alles fertig.«

Aber es gibt doch keinen Ausweg, dachte Anna. Sie blickte in Isobels Gesicht, das voller Vertrauen strahlte. Tief in Gedanken studierte sie dann Miß Williams' Gesicht. Plötzlich erschien es Anna ungeheuer wichtig, an einen Erfolg zu glauben. Vielleicht half es etwas, wenn sie fest genug glaubte. Ich will es glauben. Es gibt eine Möglichkeit, flüsterte Anna zwischen den Zähnen.

Dann plötzlich lächelte Miß Williams. Sie hob den Kopf.

»Nun, was ist es, Miß Williams?« fragte Ben aufgeregt.

»Ich glaube . . . du mußt noch ein bißchen warten, Ben«, antwortete die Lehrerin.

Aber jeder von ihnen wußte, daß es geschafft war. Miß Williams hatte eine Lösung gefunden.

16. Anna vollbringt ein Wunder

Sie wollten Papierkörbe machen.

Anna betrachtete skeptisch die merkwürdige Sammlung von Sachen, die sie nach Meinung von Miß Williams dafür benötigten. Da waren runde und ovale Holzscheiben mit einer säuberlich gebohrten Reihe von Löchern an den Rändern. Da waren Bündel von cremefarbenen, makellos glatten Stäben. Da waren Binsen von verschiedener Länge, die zusammengerollt und zu Bündeln geschnürt waren, damit sie sich nicht selbständig machen konnten und sich dann über das ganze Zimmer ausbreiteten. Einige der Binsen waren flach und breit wie Annas Finger, andere wiederum waren rund und dünn wie brüchiger brauner Bast.

Es sah alles sehr kompliziert aus, viel zu kompliziert für sie alle.

Miß Williams schien völlig unbekümmert. »Ich wollte, ich könnte euch einen fertigen Korb zeigen«, sagte sie zu den Kindern, die mit besorgten Gesichtern um sie herum saßen. »Aber keine Sorge, wir werden das schon hinkriegen. Das verspreche ich euch.«

Anna war beruhigt. Sie hatte noch nie erlebt, daß die Lehrerin ein gegebenes Versprechen nicht hielt.

»Miß Williams, woher haben Sie all das Zeug? Wer hat es bezahlt?« fragte Bernard, der über die Weltwirtschaftskrise Bescheid wußte; sein Vater war drei Monate lang arbeitslos gewesen.

Miß Williams blickte lächelnd in die Runde und schaute dann zu Anna hinüber. »Ein Freund von Anna hat den größten Teil der Sachen gekauft«, sagte sie zu der Klasse.

»Ein Freund von Anna!«

»Junge, Junge, Anna! Wer ist denn dein reicher Freund?«

»Ich habe keinen reichen Freund«, protestierte Anna. Sie glaubte nicht, daß Miß Williams sie verraten hatte, aber jetzt mußte sie es doch genau wissen. »Sie haben doch nichts erzählt? Es ist nicht Papa?«

»Nicht dein Vater«, sagte die Lehrerin schnell. »Du hast auch noch andere Freunde. Es ist Dr. Schumacher.«

»Dr. Schumacher!« hauchte Anna.

»Woher hat er so viel Geld?« fragte Bernard praktisch.

»Alle Ärzte sind reich«, sagte Josephine Peterson.

»Das stimmt nicht, Josie«, verbesserte sie die Lehrerin. »Zur Zeit haben alle Leute Mühe, die Kosten für das tägliche Leben aufzubringen, so daß sie oft nur im äußersten Notfall zum Arzt gehen. Aber Dr. Schumacher ist nicht verheiratet und hat keine eigenen Kinder, die er zu Weihnachten beschenken kann – und Anna ist eine besondere Freundin von ihm. Das hat er mir selbst gesagt.«

Anna dachte daran, wie ihr damals zumute gewesen war, als der Doktor ihr in seinem Sprechzimmer eröffnet hatte, sie müsse in eine Klasse für Sehbehinderte gehen. Er sagte, es würde mir hier gefallen, und er hatte recht, dachte Anna. Er war schon damals mein Freund.

»Es stammt nicht alles von ihm«, bohrte Bernard weiter, mit einem Blick auf die Berge von Sachen. »Ich wette, Sie haben auch mitgeholfen, Miß Williams.«

»Ein bißchen«, gab die Lehrerin zu und errötete unter seinem festen Blick. »Ich habe auch keine Verwandten in Toronto.«

»Was ist mit Ihrer Mutter und Ihren Schwestern?« wollte die Klasse wissen.

Miß Williams hatte ihnen häufig Geschichten aus ihrer Kindheit erzählt. Sie kannten ihre Familie gut.

»Sie leben in Vancouver.« Während sie sprach, begann Miß Williams, die Bücher auf ihrem Pult zu sortieren. »Es ist viel zu weit für eine Reise über Weihnachten, aber ich habe bereits ein großes Paket mit Geschenken aus dem Westen bekommen.«

Die Kinder begannen, über Geschenke zu reden. Nur Bernard und Anna blieben ernst und nachdenklich.

Ich könnte Papa bitten, sie einzuladen, sagte sie sich. Fragen tut nicht weh. Miß Williams würde unser Weihnachtsbaum gefallen. Dr. Schumacher hat viel zu tun, aber vielleicht würde er ja am Heiligabend Zeit haben.

»So, wir wollen jetzt anfangen«, sagte Miß Williams.

Anna war noch immer nachdenklich, aber sie sah und

hörte aufmerksam zu. Die Sache hörte sich nicht unmöglich an.

Zunächst mußten sie entscheiden, welche Form ihr Korb haben sollte. Anna entschied sich für einen ovalen Grundriß. Er sah solide und groß aus – sie wollte kein kleines Geschenk. Sie hatte vor kurzem gelernt, mit einem Lineal umzugehen. Sie holte es also aus ihrem Tisch und maß das Stück Holz aus. Es war in der Mitte fünfzehn Zehntimeter breit und fünfundzwanzig Zentimeter lang. Anna lächelte und packte das Lineal wieder weg.

Als nächstes weichten sie die Binsen in einem Eimer Wasser ein. Auch das war kein Hexenwerk. Anna ging sehr langsam und sorgfältig ans Werk. Josie hingegen hatte es sehr eilig und brach eine ihrer Binsen ab.

»Du mußt behutsam damit umgehen, Josie«, mahnte Miß Williams. »Nimm dir ein Beispiel an Anna.«

Der Nachmittag war schon zur Hälfte verstrichen, als die Binsen schließlich geschmeidig genug zum Flechten waren. Anna steckte zunächst die Stäbe in die Löcher. Sie mußten alle die gleiche Länge haben. Sie setzte jeden einzelnen Stab langsam ein, indem sie ihm gut zuredete, bis er sich im richtigen Loch befand. Dann maß sie die Länge nach, zunächst mit den Augen, dann mit dem Lineal.

»So ist es richtig, Isobel. Gut, Veronika«, sagte Miß Williams, die vom einen zum anderen ging und nach dem Rechten sah. »Nicht so schnell, Jimmy. Deine Stäbe sind oben ungleich.«

Sie blieb an Annas Tisch stehen. Die anderen kamen schneller voran als Anna, aber sie kümmerte sich nicht darum. Sie wollte diesen Korb wirklich schön machen, so wie ihn Gretchen oder Mama gemacht hätten.

»Das ist ausgezeichnet, Anna«, sagte die Lehrerin. Ausgezeichnet!

Anna begann nun, die Enden der Stäbe umzubiegen, damit die Unterseite des Korbes sauber und ordentlich aussah. Die umgeschlagenen Enden ergaben ein hübsches Muster. Sie unterbrach sich, um ihre Arbeit zu bestaunen.

»Laß mich mal sehen«, sagte Isobel und streckte die Hand

nach Annas Korb aus. »Oh, jetzt versteh ich, wie's gemacht wird. Danke, Anna.«

Sie gab den Korb zurück und beugte sich wieder über ihren eigenen. Anna blinkerte vor Überraschung mit den Augen.

Dann hörte sie sehr aufmerksam zu, als Miß Williams erklärte, wie die Binsen geflochten wurden. Es hörte sich einfach an. Man fing mit den dünnen an. Anna langte nach einer Binse. Ihre Hand zitterte.

»Klemmt das Ende hinter einem der Stäbe fest.«

Sie versuchte es. Einen Augenblick lang hatte sie das Gefühl, als hätte sie zwei linke Hände. Die Binse hielt nicht und rutschte wieder heraus. Anna biß sich auf die Lippe und fing noch einmal etwas langsamer von vorne an. Diesmal klappte es: die Binse hielt. Sie holte tief Luft, sprach sich Mut zu und fing an zu flechten.

Innen, außen, und wieder innen herum und dann außen. Jedesmal mußte sie die ganze Länge der Binse durchziehen. Sie schien meterlang, wie sie sich um ihren Körper schlang und rollte. Und dann war es geschafft.

Jetzt galt es, sie straff zu ziehen.

Aber nicht zu straff, fiel ihr ein.

Die Binse muß straff zwischen den Stäben sitzen. Wenn sie allerdings zu sehr gespannt ist, kann es geschehen, daß sie bricht. Anna zog an der Binse, bis sie das Gefühl hatte, daß sie gerade fest genug saß. Sie wunderte sich nicht, daß sie das feststellen konnte. Ihre Hände sagten ihr: so ist es richtig.

Miß Williams kam wieder an ihren Tisch. In der Arbeit des Kindes war nicht ein einziger Fehler. Sie arbeitete so konzentriert und aufmerksam, daß sie nicht einmal die Lehrerin wahrnahm, die neben ihr stand und ihr zusah.

»Du hast aber geschickte Finger, Anna!« sagte Miß Williams.

Anna hob den Kopf mit einem Ruck. Sie sah die Lehrerin verständnislos an. Die Lehrerin sah die unausgesprochene Frage in Annas Gesicht und erklärte ihr, was sie eben gesagt hatte.

Anna wußte, daß sie bis zu diesem Augenblick immer nur zwei linke Hände gehabt hatte. »Laß mich das machen,

Anna«, hatten Mama und Gretchen und sogar Frieda oft genug ungeduldig gesagt. Und Rudi nannte sie noch immer Awkward Anna, wenn er gerade daran dachte. Und jetzt hatte sie geschickte Finger!

Anna flocht weiter, innen und außen, wieder innen und wieder außen, immer im Kreis herum. Wie sie so dasaß und flink und sauber arbeitete, ging es ihr wie ein Lied im Kopf herum:

> Ein Weihnachtsgeschenk,
> Ich mache mein Weihnachtsgeschenk.
> Ich mach mein eigenes Geschenk.
> Es wird von mir sein.
>
> Ein Weihnachtsgeschenk,
> Eine Überraschung zu Weihnachten!
> Ich mache es ganz allein.
> Wie wird sich Papa freun!

Noch nie hatte sie solche Freude empfunden. Aber Miß Williams unterbrach die Kinder in ihrer Arbeit, lange bevor sie fertig waren.

»Es gibt auch so etwas wie Rechtschreibung«, sagte sie trocken. »Und Rechnen, Jimmy!«

Am nächsten Tag ließ sie sie allerdings an ihren Körben weiterarbeiten. Langsam wuchs das Geflecht. Anna zog die letzten schmalen runden Binsen ein und begann dann mit den flachen. Und weiter ging es, innen und wieder außen herum.

»Meine Hand tut weh«, jammerte Josie. Ihr Korb sah auch entsprechend unordentlich aus.

Annas Hand tat kein bißchen weh. Ihr Korb war auch nicht unordentlich.

»Dafür, daß sie noch so klein ist, macht sie das ziemlich gut, nicht?« sagte Bernard zu Miß Williams.

»Das ist nicht nur für ein Kind ausgezeichnet«, antwortete Miß Williams. »Anna hat die Gabe, sich ungeheuer in eine Sache hineinzuknien.«

Sogar Bernard mußte sich diesmal erklären lassen, was Miß Williams meinte, obgleich er mit der englischen Sprache aufgewachsen war.

Ich wollte, ich könnte für ihn auch ein Geschenk machen, dachte Anna. Und für Isobel und Ben ... und Miß Williams ... und Dr. Schumacher. Das würde sie nie schaffen. Nicht noch weitere fünf Geschenke. Wo sie nicht einmal in der Lage gewesen war, für ein einziges zu sorgen, bis ihr Miß Williams zu Hilfe gekommen war. Aber sie dachte darüber nach, während ihre Hände die langen Binsen durch die Stäbe zogen und zurückschoben. Sie dachte nach und fand, daß es vielleicht doch eine Möglichkeit gab.

Aber der Korb mußte erst fertig sein. Ihre Erregung stieg, je mehr er der Vollendung entgegenwuchs. Etwa fünf Zentimeter unterhalb des oberen Randes wechselte sie wieder zu den dünnen runden Binsen. Eigentlich ging es nur noch darum, eine Abschlußkante zu machen. Und dann war der Korb auf einmal fertig. Er war fast dreißig Zentimeter hoch. Die Seiten schrägten sich nach unten ab. Es sah sehr anmutig aus. (Mehrere Kinder hatten das nicht fertiggebracht. Ihre Körbe sahen wie Ofenrohre aus.) Alle Enden waren säuberlich eingezogen, so daß man sie nicht sehen konnte. Nirgends war eine Lücke. Anna drehte den Korb langsam – und war hingerissen.

»Nehmt einen Bleistift und schreibt eure Anfangsbuchstaben unten auf den Boden«, wies Miß Williams sie an. »Ich habe mit der Blindenschule ausgemacht, daß sie die Körbe für uns färben. Ich möchte nicht, daß ihr sie hinterher verwechselt.«

Anna lachte. Als könnte sie ihren Korb jemals mit einem anderen verwechseln! In deutlichen Druckbuchstaben malte sie ihre Initialen auf das weiße Holz.

A. E. S.

Dann wurden die Körbe abgeholt.

Zu Hause waren ihre vier Geschwister eifrig mit ihren Plänen beschäftigt.

Gretchen wartete, daß Papa ihr das Geld anbot, damit sie es ablehnen konnte. Aber Papa schien überhaupt nicht daran zu denken.

»Es ist besser, du sprichst die Sache an«, meinte Rudi.

»Wir wollen ja nicht, daß sie sich deswegen Sorgen machen.«

»Das Geld für die Weihnachtsgeschenke, Papa . . .« fing Gretchen beim Abendessen an.

Mama unterbrach sie. Sie war sehr rot im Gesicht und sah die Kinder nicht an, während sie sprach. Ihre Augen waren auf einen Punkt auf dem Tisch gerichtet.

»Gretchen, ich wollte es euch schon lange sagen. Dieses Jahr . . . Papa und ich, wir möchten dieses Jahr auf Geschenke von euch verzichten. Eure Liebe ist für uns Geschenk genug. Wir . . . Wir möchten es gern so haben. Natürlich gibt es einen Weihnachtsbaum, keine Angst. Aber . . .«

»Das ist schon recht, Mama«, sagte Gretchen dazwischen. »Ich . . . wir . . .«

Rudi trat ihr gegen das Schienbein, so daß sie still war.

»Wir verstehen das sehr gut«, sagte Rudi. »Macht euch deswegen keine Gedanken.«

Später, als die Kinder für einen Augenblick allein waren, sagte er zu seinen Geschwistern: »Es ist sogar noch besser so. Sie haben sich darauf eingestellt, keine Geschenke zu bekommen. Es wird also eine perfekte Überraschung.«

»Drei perfekte Überraschungen«, sagte Fritz kichernd.

Heiligabend näherte sich. Die vier älteren Kinder erzählten einander nicht, was sie vorhatten, ließen aber laufend irgendwelche Andeutungen fallen. Gretchen versteckte ihr Strickzeug in aller Eile, sobald Mama oder Papa ins Zimmer kamen. Auch keines ihrer Geschwister durfte es genauer ansehen. Sie wußten lediglich, daß es blau und gelb war, was sie strickte.

Die Zwillinge schippten Schnee nach der Schule. Es gab nicht viele Leute, die es sich leisten konnten, ihren Schnee von jemandem wegschaufeln zu lassen. Aber Fritz und Frieda waren von Haus zu Haus gegangen und hatten gefragt, bis sie zwei oder drei Kunden gefunden hatten.

Rudi verbrachte sehr viel Zeit beim Hockeyspielen.

»Macht euch meinetwegen keine Gedanken. Ich hab ja noch massenhaft Zeit«, sagte er zu seinen Geschwistern.

»Aber was hast du denn vor zu kaufen?« bedrängte ihn

Fritz. »Du brauchst es ja nicht ganz zu verraten. Frieda und ich wollen Papa etwas schenken, was ihm wirklich gefallen wird, etwas, was er noch nicht hat – und sich schon so lange wünscht.«

»Das hoffen wir jedenfalls«, fügte Frieda hinzu.

»Mein Geschenk hat speziell mit Weihnachten zu tun . . . Ihr werdet ja sehen, wenn es soweit ist. Ich muß jetzt gehen.« Rudi schob sich an ihnen vorbei – weg war er. Seine neue Welt war die der Eisbahn, der Hockeyschläger und der Pucks. Er fühlte sich bereits wie ein echter Kanadier.

Anna machte keine Andeutungen. Niemand wußte oder ahnte auch nur im entferntesten, daß auch sie an einem Weihnachtsgeschenk arbeitete. Ihre vier Geschwister dachten überhaupt nicht an sie.

17. Die letzten Tage vor Weihnachten

Eines Abends ging Anna mit klopfendem Herzen zu Papa. Es ist ja nur Papa, sagte sie sich, während sie sich überlegte, wie sie es ihm am besten sagte.

Aber dann mußte sie doch allen Mut zusammennehmen – und brachte, als es soweit war, alles durcheinander. Sie stand da und starrte auf die Schuhe ihres Vaters und wünschte beinahe, sie hätte den Versuch gar nicht erst gewagt.

»Dr. Schumacher und Miß Williams!« rief Papa erstaunt. »Aber . . . aber warum denn, Anna?«

»Die Mutter von Miß Williams ist in Vancouver, und Betty und Joan auch. Das sind ihre Schwestern«, fügte Anna erklärend hinzu. »Aber Miß Williams kann sie dieses Jahr nicht besuchen, weil sie kein Geld hat.«

Papa nickte. Soviel hatte er verstanden.

»Und Miß Williams hat gesagt, daß Dr. Schumacher keine Familie hat. Aber vielleicht hat er ja eine Mutter . . .« Bei diesem neuen, beunruhigenden Gedanken verstummte Anna.

»Nein«, sagte Papa. »Franz hat keine Verwandten. Er ist in einem Waisenhaus in Berlin aufgewachsen.«

Anna hob den Kopf, als sie das hörte. Ihr Gesicht leuchtete vor Eifer.

»Dann könnte es ja sein, daß er gern kommen möchte«, rief sie. »Oder alle beide.«

Ihr Vater rieb sich das Kinn. Seine Antwort kam langsam.

»Anna, mein Liebling, du weißt, daß wir selber nicht groß feiern können. Es wird auch keine großartigen Geschenke geben. Keine Schlittschuhe, so leid es mir tut.«

Anna beeilte sich, ihn zu beruhigen. »Gretchen hat sich bereits damit abgefunden. Darüber brauchst du dir keine Gedanken zu machen, Papa«, sagte sie.

»Wirklich?« seufzte Papa. Er sah sie einen Augenblick nachdenklich an und faßte sie dann bei den Schultern. »Wegen der Leute, die du einladen möchtest, Anna...«

»Es hat nichts mit den Geschenken zu tun«, unterbrach sie ihn.

Aber wenn Papa das so nicht verstand, wußte sie auch nicht mehr, wie sie es ihm erklären sollte. Sie riß sich los und rannte zur Tür.

»Na schön, ich werde deine Mutter fragen«, rief er ihr nach.

Sie drehte sich um. Er wußte nicht, ob sie seine letzten Worte gehört hatte.

Anna hatte sie nicht gehört. Sie war jedoch am nächsten Morgen viel zu beschäftigt, um noch länger über die Sache nachzugrübeln. Sie war dabei, sich weitere Geschenke auszudenken, und sie begann mit dem Geschenk für Isobel.

Es war schwierig, daran zu arbeiten, ohne daß Isobel zu ihr herüberschaute und Fragen stellte. Schließlich ging Anna zur Lehrerin und bat sie, ob sie in der Mittagspause hierbleiben dürfe, um weiterzuarbeiten.

»Darf ich es sehen, wenn es fertig ist?« fragte Miß Williams.

»Es ist ein lustiges Geschenk«, sagte Anna sehr ernst. »Es soll ein Scherz sein.«

»Ein Scherz!«

Anna nickte ohne ein Lächeln. »Ich werde es Ihnen zeigen«, versprach sie.

Sie machte für Isobel ein Wörterbuch. Auf jeder Seite stand ein Wort, das ihr Isobel während der Monate, seit sie sich kannten, beigebracht hatte. Über den Wörtern waren Bilder.

Als Anna es ihr schüchtern zeigte, lachte Miß Williams laut los.

»Oh, Anna, ich wußte ja, daß du Phantasie hast, aber ich hätte dir nie so viel Humor zugetraut«, sagte sie.

Sie hatte die Seite mit dem Wort »Leichenbestatter« aufgeschlagen. Das Bild zeigte einen Sarg. Anna selbst saß kerzengerade darin. Sie rief »Hilfe«. Ihre Zöpfe standen vor Schreck aufrecht in die Höhe, und ihre Augen waren hinter den dicken Brillengläsern kugelrund. Isobel, an ihren Ringellöckchen zu erkennen, stand als Totengräber mit dem Spaten in der Hand daneben. Ein anderes Bild zeigte Isobel als Laternenanzünder, der von seiner Leiter fiel. Auf dem Bild zu Halloween wurde Isobel von einem Geist verfolgt. Isobel rannte wie besessen davon. Alle Bilder waren voller Bewegung und Humor. Und in jedem spielte Isobel die Hauptrolle.

Für Ben schrieb Anna ein Gedicht. Sie hatte so ein Gefühl, daß das Gedicht nicht wahnsinnig gut war, nicht so gut wie die Gedichte von Robert Louis Stevenson. Aber es war aufrichtig. Sie schrieb es sorgfältig auf eine Weihnachtskarte, die sie aus Zeichenpapier gemacht hatte.

> Benjamin Nathaniel
> Der ist so kühn wie Daniel.
> Und wenn ein Schneeball fliegt,
> Dann ist es Ben, der siegt.
> Als die großen Jungen kamen
> Und brüllten schlimme Namen,
> Da blieb er stehn und sagte laut:
> Jetzt wehren wir uns unserer Haut.
> Bernard ruft er auch herbei.
> Wir alle helfen ihm dabei.
> Die Großen kriegen einen Schreck
> Und laufen weg.
> Doch Ben, der sagt: wir bleiben,
> Denen woll'n wir's zeigen.

Benjamin Nathaniel
Ist mutiger als Daniel.
Wir sind so stolz auf ihn,
Auf unseren Benjamin.

Mit einem Lächeln legte sie das Gedicht in ihren Tisch.
Doch was konnte sie bloß für Bernard machen? Ihr war
klar, ein zweites Gedicht würde sie nicht schaffen. Für Bens
Gedicht hatte sie *Tage* gebraucht.

Dann fand sie, wie durch ein Wunder, ein Zehncentstück
auf dem Bürgersteig. Sie konnte für Bernard ein Geschenk
kaufen – und sie wußte auch genau, was ihm Spaß machen
würde: Gummibänder zum Abschießen seiner Papierkügelchen. Sie besorgte sie sich bei Papa im Laden.

»Wozu brauchst du denn Gummibänder?« fragte Papa.

»Das ist ein Geheimnis«, antwortete sie.

Papas Blick fiel auf das Zehncentstück in ihrer Hand.

»Es war niemand in der Nähe, der es verloren haben
könnte. Ich hab extra geguckt«, versicherte sie.

»Du kaufst dir ein Eis, und ich schenk dir die Gummibänder, hm?« bot ihr Papa an. Er selbst verkaufte kein Eis.

Anna schüttelte den Kopf. »Ich möchte sie wirklich bezahlen, Papa«, sagte sie mit Nachdruck.

Ihr Vater gab ihr die Gummibänder. Sie machte sich davon,
ehe Mama auf sie aufmerksam wurde.

Jetzt hatte sie etwas für alle bis auf Miß Williams und den
Doktor. Und wieder geschah so etwas wie ein Wunder. Tante
Tania schickte ein Paket aus Frankfurt. Mama verteilte Marzipan, das sie mitgeschickt hatte. Anna bekam zwei Stück-
chen. Ihre Geschwister verschlangen ihren Teil auf der Stelle.
Anna hob ihre zwei Stücke sehr sorgfältig auf. Jetzt hatte sie
ihre Geschenke beisammen.

Dr. Schumacher brachte die Körbe höchstpersönlich von
der Blindenschule zurück.

»Ich konnte sie nicht alle auf einmal tragen, Eileen«, sagte
er keuchend. »Ich will eben noch den Rest holen.«

Isobel stieß Anna an.

»Was ist?« flüsterte Anna. Ihre Augen hingen an den Körben, die sich auf dem Tisch der Lehrerin stapelten.

»Er hat Eileen zu ihr gesagt!«

»Tatsächlich?« sagte Anna, noch immer in den Anblick der Körbe versunken.

Nun teilte Miß Williams die Körbe aus, einen nach dem anderen. Sie waren unbeschreiblich schön. Und ihr Korb? Er war doch nicht etwa verlorengegangen!

»Und hier ist dein Korb, Anna«, sagte Miß Williams.

Sie stellte ihn vor Anna auf den Tisch. Anna rührte sich nicht. Sie saß nur da und starrte den Korb an. Jetzt war er dunkelgrün, mit dünnen Fäden von Gold durchwirkt. Er war einfach hinreißend, fabelhaft, das schönste und vollkommenste Geschenk, das sie je gesehen hatte.

Mit Staunen betrachtete sie ihre Hände. Sie sahen ganz normal aus, eigentlich so wie immer. Die Fingernägel waren schmutzig. War es möglich, daß diese Hände diesen Korb gemacht hatten? Ganz vorsichtig nahm sie ihn in die Hand und vergewisserte sich: Unten auf dem Boden stand in ihrer eigenen Handschrift tatsächlich »A. E. S.«

Die Schule war aus. Die anderen Kinder würgten sich in ihre Mäntel, packten ihre Körbe und machten sich auf den Heimweg.

»Kommst du mit, Anna?« fragte Isobel.

»Noch nicht gleich«, sagte Anna. »Du kannst ruhig schon gehen.«

Sie blieb auf ihrem Platz sitzen und wartete. Dr. Schumacher war auch noch da. Er und Miß Williams lachten miteinander.

»Ich hab dir ja gesagt, sie ist verliebt«, flüsterte Isobel ihr zu, und als Anna darauf nicht reagierte, nahm sie achselzukkend ihre Sachen und ging ebenfalls.

Die Lehrerin bemerkte Anna kurz darauf.

»Ach, Anna, ich dachte, du seist mit den anderen gegangen«, sagte sie. »Hast du noch etwas auf dem Herzen?«

»Darf ich meinen Korb bis zum letzten Schultag hierlassen?« fragte sie.

Miß Williams sah den Doktor an, der neben ihr stand und dem Gespräch zuhörte. Dann wandte sie sich wieder Anna zu.

»Aber natürlich darfst du das«, sagte sie freundlich.

Sie fragte nicht weshalb. Sie wußte, daß Anna ihr geliebtes Buch mit Stevensons Gedichten noch immer in ihrem Tisch in der Schule verwahrt hielt. Sie hatte es noch nicht einmal über Nacht mit nach Hause genommen.

»Wie fühlst du dich mit der neuen Brille?« fragte Franz Schumacher.

Anna sah durch die Brille zu ihm auf. Hätte sie doch nur Worte, um ihm zu sagen, was er für sie getan hatte.

»Die Brille ist sehr gut, danke«, sagte sie statt dessen steif.

»Ich weiß noch, als ich meine erste Brille bekam«, sagte Dr. Schumacher. »Wie aufregend die Welt auf einmal für mich war! Voller Dinge, von denen ich vorher nie eine Ahnung gehabt hatte! ... Kann ich Sie in meinem Wagen mitnehmen, Fräulein Solden?«

Er weiß Bescheid über die Brille, ohne daß ich es ihm sagen muß, dachte Anna. Er weiß, wie froh ich darüber bin.

Sie war sich jedoch nicht sicher, ob sie sein Angebot mit dem Auto annehmen durfte. Mama war in dieser Frage komisch und hatte ihnen verboten, in fremde Autos einzusteigen. Dann sah sie Dr. Schumacher wieder an .

»Ich würde sehr gerne mitfahren«, sagte sie.

»Und wie ist es mit Ihnen, Eileen?« fragte er.

»Nein, ich hab noch ein Weilchen hier zu tun«, antwortete sie. »Trotzdem besten Dank.«

»Wir treffen uns dann um acht«, sagte Dr. Schumacher.

Anna war schon dabei, ihren Mantel anzuziehen und hatte die letzten Worte Dr. Schumachers gar nicht bewußt gehört. Aber dann plötzlich fügte sich für sie alles, was Isobel gesagt hatte, zusammen.

Miß Williams und der Doktor liebten sich!

Sie fuhren schweigsam durch die Straßen. Anna empfand es als sehr wohltuend, daß er sie nicht mit den üblichen Fragen, die Erwachsene an Kinder richten, behelligte.

Einmal unterbrach er das Schweigen und sagte: »Dieser Korb, den du gemacht hast, ist sehr schön geworden. Du kannst wirklich stolz darauf sein.«

»Ja«, antwortete Anna schlicht, »das bin ich auch.«

Als sie ausstieg, fiel ihr rechtzeitig ein, sich zu bedanken. Sie forderte ihn sogar auf, mit hereinzukommen, obgleich ihre Eltern vermutlich noch nicht zu Hause waren. Mama forderte Leute immer auf, hereinzukommen. Jedenfalls hatte sie das in Frankfurt getan.

»Ein andermal, Kleines«, sagte er lächelnd.

Anna summte vor sich hin, als sie in das Haus trat. Er hatte sie »Kleines« genannt wie Papa. Und irgendwann vor langer Zeit hatte er einmal gesagt, sie sei »federleicht« und eine »Herausforderung«.

Er hatte aber schon graue Haare. Er ist zu alt für Miß Williams, entschied sie.

Dann sah sie ihren hinreißenden Korb vor sich und vergaß darüber den Doktor und die Lehrerin. Erfüllt von ihrem wunderbaren Geheimnis stieg sie langsam die Treppe hinauf. Irgendwie mußte sie es schaffen, daß sie ihr Geheimnis nicht vorher ausplauderte.

Die Zeit verging im Schneckentempo. Aber irgendwie verging sie dann doch. Schließlich kam der letzte Schultag; es war der Tag vor Heiligabend.

An jenem Abend nahm Anna ihren Korb mit nach Hause. Sie trug ihn zärtlich in den Armen, als hielte sie ein neugeborenes Kind.

Während sie durch die Straßen dahinschritt, dachte sie daran, wie Isobel Tränen gelacht hatte, als sie ihr Wörterbuch durchblätterte. Ben war über sein Gedicht sprachlos gewesen.

»Darf ich es an unser Anschlagbrett heften?« fragte Miß Williams.

Ben und Anna wurden rot. Ben nickte.

»Das Mädchen ist ein Genie«, sagte Bernard stolz, als sei das alles sein Verdienst.

Dann hatte sie ihm die Gummibänder überreicht.

»Ach, Anna!« hatte Miß Williams gestöhnt und sich dabei vor Lachen geschüttelt, wie kurz vorher Isobel. »Hast du denn überhaupt kein Mitgefühl mit mir?«

Anna hatte bloß den Kopf geschüttelt. Ihre beiden Grübchen waren zu sehen.

»Paß bloß auf«, hatte Bernard drohend gesagt, »du wirst schon so frech wie ein richtiger Kanadier.«

»Ich bin Kanadierin«, hatte Anna entgegnet.

Sie hatte das Stück Marzipan auf Miß Williams' Pult gelegt, als die Lehrerin für einen Augenblick den Klassenraum verlassen hatte. Miß Williams hatte es noch nicht entdeckt, als die Kinder nach Hause gingen. Anna war froh darüber. Es war ja wirklich nur ein winziges Stück.

Das Stück für Dr. Schumacher hatte sie noch zu Hause. Vielleicht würde ihr Papa dabei helfen, es ihm zukommen zu lassen – vielleicht konnten sie es ihm in den Briefkasten werfen.

Sie war inzwischen fast zu Hause angekommen. Sie drückte ihren Korb noch fester an sich und hielt nach ihren Geschwistern Ausschau. Sie entdeckte Frieda, die für die Blairs den Bürgersteig freischaufelte. Anna atmete schneller. Aber sie kam unbemerkt an ihr vorbei. Frieda sah nicht auf von ihrer Arbeit.

Die anderen waren beschäftigt, als sie das Haus betrat. Keiner schenkte ihr Beachtung, als sie durch die Diele auf die Treppe zuging. Sie gab sich große Mühe, ganz normal zu gehen. Am liebsten wäre sie gehüpft und in die Luft gesprungen. Als sie den Vorhang ihres Alkovens zugezogen hatte, kniete sie sich auf den Boden und versteckte den kostbaren Korb unter ihrem Bett.

Sie kochte fast über vor innerer Erregung, als sie die Treppe wieder hinunterging, aber äußerlich ging sie ruhig und gefaßt. Sie hatte ihr Geheimnis wochenlang bewahrt. Nun konnte sie es wohl auch noch einen Tag länger für sich behalten.

Rudi war an jenem Abend nicht zu Hause. Gretchen hatte sich in ihr Zimmer eingeschlossen und strickte wie besessen. Die Zwillinge tuschelten miteinander. Mama und Papa sahen müde, aber etwas zufriedener aus als in den letzten Tagen. Anna beobachtete sie alle und wartete, daß die Zeit verging. Sie zählte die Stunden.

Noch volle vierundzwanzig Stunden!

Ihre Eltern würden am nächsten Tag arbeiten müssen, obgleich Heiligabend war. Unter Umständen würden sie erst sehr spät nach Hause kommen. Der Weihnachtsbaum würde vermutlich nicht vor acht Uhr geschmückt sein, vielleicht sogar erst um neun!

Mama war dabei, den Christbaumschmuck, den sie aus Frankfurt mitgebracht hatten, zu sortieren. Einiges war zerbrochen. War auch der Engel kaputtgegangen? Nein, er war heil geblieben, Mama hatte ihn in der Hand.

Plötzlich konnte es Anna nicht länger ertragen. Ohne ein Wort stand sie auf und ging ins Bett. Wenn sie nicht gegangen wäre und sich ruhig mit dem Gesicht zur Wand ins Bett gelegt hätte – sie hätte ihr wunderbares Geheimnis nicht eine Sekunde länger für sich behalten können.

Nur noch ein Tag, sagte sie vor sich hin. Nur noch einer.

Die Uhr schlug elf, als sie schließlich einschlief.

18. Heiligabend

Am nächsten Abend wurden die fünf Kinder zu einem Spaziergang weggeschickt, kaum daß Papa den Mantel ausgezogen hatte.

»Als wüßten wir nicht, was sie jetzt tun«, sagte Rudi voll Spott.

Er war nämlich erst kurz vorher nach Hause gekommen. Seine Wangen glühten noch vom Wind.

»Du magst das doch genauso wie wir, Rudi. Du brauchst also gar nicht so zu tun«, sagte Gretchen.

Rudi sagte nichts darauf, aber Anna wußte, daß Gretchen recht hatte.

»Dürfen wir jetzt wieder nach Hause?« bettelte Fritz zum hundertstenmal.

Rudi sah auf die Uhr des Vaters, die ihm für diesen unfreiwilligen Aufenthalt im Freien eigens ausgehändigt worden war.

»Noch fünfzehn Minuten«, sagte er.

»Fünfzehn Minuten!« jammerte Fritz.

Es klang wie eine Ewigkeit.

Anna dachte flüchtig an das, was ihr Isobel erzählt hatte. Isobel war dabeigewesen, als ihre Eltern den Weihnachtsbaum besorgten und hatte später mitgeholfen, ihn zu schmükken. Die Browns wollten Weihnachten erst am fünfundzwanzigsten Dezember feiern. Bei ihnen würde es keine Kerzen, sondern nur bunte Lichter geben. Isobel hatte den Brauch der Soldens, Heiligabend zu feiern, »komisch« gefunden – aber Anna empfand keinerlei Neid.

Im Gegenteil, sie bedauerte Isobel eher.

Dann war es auf einmal soweit. Sie liefen wild und aufgeregt zum Haus zurück. Sie zogen ihre Mäntel aus. Alle Augen waren auf die festverschlossene Tür des Eßzimmers gerichtet. Sogar Rudi vergaß, daß er der älteste war.

»Fertig, Klara?« fragte Papa.

»Fertig«, sagte Mama hinter der Tür.

Papa stieß die Tür auf – und vor ihren geblendeten Augen stand der Weihnachtsbaum!

Anna hätte ihn nicht beschreiben können, obgleich sie jedes kleine Detail sah: die Glaskugeln, die winzigen Kerzen, die brannten. Auch Süßigkeiten hingen daran: Kringel aus Zuckerguß und Schokoladenkugeln, die in Silberpapier eingewickelt waren. Ganz oben auf der Spitze thronte der kleine Engel, dessen hauchzarte Flügel im Kerzenschein leuchteten.

Die Soldens marschierten mit Gesang ins Zimmer. Niemand dachte in diesem Augenblick daran, daß sie ja Englisch sprechen mußten. Das Lied vom Weihnachtsbaum gehörte in der Sprache des Landes gesungen, aus dem es vor langer Zeit gekommen war.

O Tannenbaum, o Tannenbaum,
Wie grün sind deine Blätter.

Beim Singen hatte Anna das Gefühl, als müsse sie vor Freude zerspringen.

Als nächstes las Papa die Weihnachtsgeschichte vor und sprach ein Gebet. Dann verteilte er die Geschenke. Anna hatte vielleicht ein oder zwei Geschenke erwartet. Aber nein! Sie hielt alsbald ein Paar kirschroter Fausthandschuhe in der Hand, die Mama in aller Heimlichkeit für sie gestrickt hatte.

Sie muß sie nachts gemacht haben, als ich schon im Bett war, dachte Anna. Sie wußte, wie müde ihre Mutter abends immer war. Sie schluckte und drückte die Fausthandschuhe an sich.

Sie bekam auch ein Spiel. Es hieß *Schlange und Leiter*. Anna machte es auf und sah nach, was es war. Mit ihrer Brille hatte sie natürlich gar keine Schwierigkeiten. Es würde ihr nicht mehr ergehen wie in den alten Tagen, wo sie kein Mensch zum Spielen ermunterte. Sie würde ihnen zeigen, was sie mit diesem Spiel, das ihr sogar selbst gehörte, anfangen konnte.

»Danke, Papa«, sagte sie. »Danke, Mama.«

»Hier ist noch etwas für Fräulein Anna Elisabeth Solden«, sagte Papa.

Es war keine Puppe mit Lockenhaar und Augen, die auf und zu gingen. So eine Puppe war Isobels Traum. Nein, es war etwas, das Anna weit mehr Freude machte.

»Ein Buch!« sagte sie ehrfürchtig.

Es hieß *Jetzt sind wir Sechs*. Papa hatte vorne etwas hineingeschrieben.

»Für meine Anna, die Gedichte liebt. In Liebe Papa«, stand da.

Wie konnte er das wissen? Ach, natürlich wußte er, daß sie Gedichte liebte! Er hatte ihr ja selbst eine Menge Gedichte beigebracht. Aber daß sie ganz allein ein Buch lesen konnte? Und dazu noch eins auf englisch! Sie zog die Augenbrauen hoch und sah ihn fragend an. Er sah ihren Blick und lächelte.

»Miß Williams und ich hatten eine kleine Unterhaltung«, sagte er nur.

Anna wurde rot. Sie würde ihr Geschenk von Miß Williams gleich nach Weihnachten mit nach Hause bringen. Das hätte sie schon vor geraumer Zeit tun müssen!

Trotz der Erregung, mit der die Kinder ihre Geschenke auswickelten, waren sie allesamt mit ihren Gedanken mehr bei den Geschenken, die sie selbst machen wollten, als bei denen, die sie bekamen.

Sie stellten sich vor, wie überrascht Papa und Mama sein würden. Es würde ihnen die Sprache verschlagen!

»Wie wäre es denn mit ein paar Weihnachtsliedern?« schlug Mama vor.

Rudi hob die Hand wie ein junger König.

»Nein, wartet«, befahl er. Seine blauen Augen funkelten, als er zu Gretchen sagte: »Fang du an, Gretel.«

Gretchen hatte ihre Sachen unter den Sofakissen versteckt.

»Papa und Anna, ihr müßt mal kurz aufstehen«, befahl sie.

Sie hatte für ihre beiden Eltern einen Schal gestrickt: in mattem Gelb für Mama, hellblau für Papa.

»Wie deine Augen«, sagte Gretchen zu Papa.

Mamas Schal hatte ein besonders raffiniertes Muster, an dem Gretchen tagelang gesessen und Maschen gezählt hatte.

»Hübsch, Gretel, wunderhübsch«, sagte Mama stolz. »Aber ich hab euch doch gesagt ...«

»Ich weiß«, antwortete das Mädchen, »aber wir haben alle etwas für euch, das heißt natürlich alle bis auf Anna.«

In Anna krampfte sich alles zusammen, aber sie sagte nichts.

Mama drapierte sich ihren Schal um die Schultern. Er brachte ihr dunkles Haar sehr schön zur Geltung. Gretchen glühte vor Stolz. Sie warf Rudi einen Blick von der Seite zu, der heißen sollte: Na, das mach mir erst mal nach.

»Zwillinge«, kommandierte Rudi.

»Unser Geschenk ist für Papa«, sagte Fritz entschuldigend zu seiner Mutter.

Fritz und Frieda hatten ihr Paket in besonders hübsches Papier eingewickelt, das sie selbst gemacht hatten.

»Wie die Kanadier«, erklärte Fritz.

Papa packte sein Geschenk mit Andacht aus. Es war eine Pfeife mit Pfeifentabak, einem Tabaksbeutel, Pfeifenreinigern und Streichhölzern. Die Zwillinge hatten sich mit der Gewißheit an ihre Einkäufe gemacht, daß sie ja ein Vermögen auszugeben hatten, aber als sie dann die Pfeife mit dem ganzen Drum und Dran, das sie für nötig hielten, gekauft hatten, waren ihre Mittel bereits erschöpft.

»Vielleicht könntest du ja die Pfeife mitrauchen, Mama?« schlug Frieda vor.

»Vielleicht, vielleicht«, sagte Mama und nickte feierlich.

Daraufhin brach die ganze Familie in Gelächter aus, und die Zwillinge lachten am lautesten von allen.

Papa hatte Schwierigkeiten, die Pfeife in Gang zu bringen. Er hatte noch nie eine Pfeife geraucht, gestand er. Die ganze Familie sah mit Interesse zu. Anna saß auf ihren Händen und mußte an sich halten, um nicht aufzuspringen und ihren Korb zu holen. Aber der sollte erst am Schluß kommen. Schließlich war sie die Jüngste.

Papa zog bedächtig an seiner Pfeife. Dann hustete er.

»Eine schöne Pfeife«, sagte er unter Husten und wischte sich Tränen aus den Augen.

Tränen der Freude, dachte Frieda selig.

»Ein wahrhaft großartiges Geschenk«, fuhr Papa fort. Er hielt die Pfeife von sich und betrachtete sie voller Ehrfurcht.

In dem Augenblick verließ Rudi das Zimmer. Die anderen warteten gespannt. Obgleich Rudi ganz gelassen hinausgegangen war, wußten sie, daß er wahnsinnig aufgeregt war. Sein Geschenk war sicherlich etwas ganz Außergewöhnliches.

Er kam zurück mit einem hohen, staksig gewachsenen Weihnachtsstern. Wortlos reichte er ihn seiner Mutter. Mama stellte sich den angeschlagenen Blumentopf auf die Knie und hob die Augen zu der roten Blüte, die sie knapp überragte.

»Rudi, eine richtige Weihnachtsblume!« stieß sie mit weiten Augen hervor. »Wie bist du bloß darauf gekommen? Wir hatten noch nie einen schöneren Weihnachtsstern, nicht einmal in Frankfurt, nicht wahr, Ernst?«

Rudi wurde rot. Langsam und zögernd begann er mit seinem Geständnis – und dann überschlugen sich seine Worte.

»Ich wollte schon vor langer Zeit etwas besorgen, aber ich hab gar nicht gemerkt, wie schnell die Tage vergingen. Sie haben mich auf der Eisbahn gebraucht, weil ich nämlich der schnellste Schlittschuhläufer bin. Und als ich dann versucht hab, irgendwo eine Arbeit zu finden, war schon überall der Schnee weggeräumt. Dann hab ich gedacht, ich könnte als Botenjunge ein bißchen Geld verdienen, aber überall hieß es nein, es geht nicht, weil man dazu ein Fahrrad braucht.«

Die Familie hörte schweigend zu, während er drauflos erzählte. Das sah Rudi gar nicht gleich, Rudi, der sonst immer auf dem hohen Roß saß und alles besser wußte. Er bot ihnen keine Gelegenheit, ihn zu unterbrechen. Er wollte die Geschichte hinter sich bringen. Das Schlimmste war bereits geschafft. Er steckte die Hände in die Hosentaschen und gab sich lässig.

»Dann hab ich im Blumenladen von Mr. Simmons gefragt. Das war ... gestern abend. Ich war überzeugt, daß er auch nein sagen würde. Aber er ist sehr nett und geht in die Kirche und kauft bei dir ein, Papa, ich hab ihn schon gesehen. Er hat mich gefragt: ›Bist du der Junge vom Ernst Solden?‹ Und ich hab ja gesagt und ihm erzählt, wie ich vergeblich versucht hab, irgendwo ein bißchen Geld zu verdienen. Aber ich hab nicht gebettelt, Papa.«

»Das weiß ich, Rudi«, sagte Papa. Alle wußten das.

»Also, er hat gesagt, wenn ich Lust hätte, die paar Blumen auszutragen, die die Leute in der Nachbarschaft im letzten Augenblick bestellt haben, dann würde er mir einen Blumentopf schenken. Es würden sowieso welche übrigbleiben. Deshalb bin ich gestern abend so spät nach Hause gekommen. Ich hab gearbeitet«, schloß er stolz und selbstgefällig wie eh und je.

»Die Blume ist wunderschön, Rudi. Und es ist wirklich ganz großartig, daß du es auf diese Weise geschafft hast«, sagte Mama voller Wärme.

»Gefällt dir deine Pfeife nicht, Papa?« fragte Fritz besorgt. Papa hatte sie ausgehen lassen.

»Doch, doch, selbstverständlich!« sagte Ernst Solden und nahm die Pfeife wieder in die Hand und hielt sie so, als sei sie etwas besonders Wertvolles. »Ich muß mich halt erst dran gewöhnen, Fritz. Im Augenblick schaffe ich es noch nicht, euch allen zuzuhören und gleichzeitig meine neue Pfeife richtig zu rauchen.«

Fritz lächelte erleichtert. Rudi ärgerte sich, daß jemand den Augenblick seines Triumphes störte. Plötzlich kam ihm der Gedanke, ob Papa das Geschenk der Zwillinge wirklich mochte. Dieser Pfeifentabak verbreitete einen merkwürdigen Geruch.

Mama war noch immer überwältigt von dem Weihnachtsstern.

»Ich weiß gar nicht, wo wir ihn hinstellen sollen«, sagte sie zögernd und strich liebevoll mit der Hand über die roten Blätter. »Vielleicht auf den Sims über dem Kamin . . .«

Sie stand auf und probierte, wie die Blume dort aussah. Sie stellte den Topf an den Ehrenplatz genau in der Mitte. Papa mußte ihn sogar einen Augenblick lang für sie halten, während sie die Uhr zur Seite schob. Als der Topf nun in der Mitte stand, trat sie etwas zurück und begutachtete ihn. Alle übrigen Familienmitglieder taten es ihr gleich. Es war wichtig, daß er am richtigen Platz stand. Und er stand – absolut richtig.

»Absolut perfekt«, sagte Mama, indem sie sich ihrer Familie zuwandte.

In diesem Augenblick war Anna verschwunden. Anna, die stets so schwerfällig ging und bei der man nie sagen konnte, was sie als nächstes umstoßen würde, war ohne einen Laut aus dem Zimmer geschlüpft.

»Anna . . .« wollte Mama hinter ihr drein rufen. Ernst Solden streckte schnell die Hand aus und legte sie ihr auf den Arm. »Nein, Klara. Warte. Sie wird gleich wieder hier sein«, sagte er.

Die anderen hatten nicht einmal bemerkt, daß Anna weggegangen war. Sie erzählten sich noch einmal in aller Ausführlichkeit, wieviel Aufregung es gegeben hatte, bis sie ihre Geschenke zusammenhatten: wie Mama Gretchen mehr als einmal fast bei ihrer Strickerei überrascht hätte, wie schwer den Zwillingen die Wahl der richtigen Pfeife gefallen war, wohin Rudi überall hatte Blumen austragen müssen.

Mama hielt sich die Ohren zu.

»O wie gut, daß nicht alle Tage Weihnachten ist!« rief sie. »Ich bin fast taub!«

Aber sie machte sich noch immer Gedanken wegen Anna. Vielleicht sollte sie doch gehen und nachsehen, egal, was Ernst sagte. Die Kleine durfte doch nicht völlig ausgeschlossen werden.

Aber da stand Anna wieder im Zimmer – mit ihrem Papierkorb.

19. Alles Liebe, Deine Anna

Er war nicht eingewickelt. Aber Anna hatte sich von Papas Schreibtisch ein unliniertes Blatt Papier genommen. Darauf hatte sie in großer Schrift geschrieben

ALLES LIEBE
DEINE ANNA

Die Buchstaben waren schief und krakelig, obgleich sie sich große Mühe gegeben hatte, ihre Hand beim Schreiben ruhig zu halten. Sie hatte das Blatt Papier gefaltet und über den Rand des Korbes gehängt. Jetzt drückte sie das Ganze ihrer Mutter in die Hand und sagte mit einer Stimme, die fast herausfordernd klang: »Hier. Ich hab ihn in der Schule gemacht.«

Mama starrte auf den Korb und dann auf das Kind, das ihr den Korb in die Hand gedrückt hatte. Ihre Augen waren voll ungläubigen Staunens. Sie öffnete den Mund, brachte aber keinen Ton heraus. Papa, der sich gerade auf einem Stuhl niedergelassen hatte, überlegte, ob er nicht wieder aufstehen sollte. Dann zog ein Lächeln über sein Gesicht, und er ließ sich wieder auf seinen Stuhl fallen. Jetzt war Klara dran.

Schließlich fand Mama ihre Stimme wieder.

»Anna! O mein Liebling, wie wunderschön! Ich kann es gar nicht . . . Ernst, sieh doch! Anna hat uns einen Korb geschenkt. Hast du ihn ganz allein gemacht, Anna?«

»Ja«, sagte Anna, die noch immer kerzengerade vor ihr stand. Sie kam sich riesengroß vor, wie ein durch die Luft se-

gelnder Vogel, wie ein Weihnachtsbaum, an dem alle Kerzen brannten.

Mama wandte sich plötzlich ab von dem kleinen, strahlenden Gesicht vor ihr. Ihre Hände zitterten jetzt auch, als sie den Korb für einen Augenblick auf den Boden stellte. Dann beugte sie sich hinüber und nahm Rudis Blumentopf vom Kaminsims. Wo er gestanden hatte, stellte sie Annas grün und golden leuchtenden Korb hin, und in den Korb stellte sie die Blume. So war der armselige Blumentopf, in dem sie wuchs, nicht mehr zu sehen. Der Weihnachtsstern leuchtete herrlicher denn je.

Niemand bewegte sich im Zimmer. Keiner sprach auch nur ein Wort. Es war Mama, die schließlich das Schweigen brach. Sie stand da, den Blick auf den Korb und die Blume gerichtet, und sagte mit erstickter Stimme: »Ich, ich bin die ganze Zeit blind gewesen. Dr. Schumacher hätte *mir* die Brille verordnen sollen.«

Die Worte waren für Anna ohne Sinn. Mama hatte einwandfreie Augen. Auch ihre Geschwister verstanden nicht, was vor sich ging. Aber Papa sagte schnell: »Nicht nur du, Klara. Wir haben es alle an Scharfblick fehlen lassen.«

Bevor eines der Kinder begreifen konnte, was Papa damit wohl meinen mochte, drehte sich Mama um und riß Anna so schnell an sich, daß sie gar keine Zeit hatte, ihr auszuweichen. Sie drückte ihre kleine Tochter an sich.

»Heute abend ... heute abend bist du das allerliebste Kind«, sagte Mama.

Sie wußte, daß Anna Tränen verabscheute, vor allem, wenn sie ihr galten, aber Mama konnte sich nicht mehr beherrschen. Sie mußte einfach weinen. Was machte es schließlich auch aus? Sie preßte Anna an sich und drückte sie fester, als sie es je getan hatte: als wollte sie Anna mit dieser Umarmung für all die Male entschädigen, wo das Mädchen statt einer Liebkosung eine Abfuhr bekommen hatte.

Anna wand sich.

So war das also! Glanz und Wärme um einen herum und überströmende Gefühle, und doch ein tiefes Unbehagen, denn die anderen waren allesamt ausgeschlossen!

Rudi wird es nicht mögen, daß seine Blume in meinem Korb steht, dachte sie.

Sie mußte auch an Gretchen denken, die ihr angeboten hatte, ein Geschenk für sie zu stricken. Und plötzlich kam ihr die Gewißheit, daß Gretchen es nur gut gemeint hatte.

Und die Zwillinge... Wie war ihnen jetzt wohl zumute? Sie hatten kein Geschenk für Mama gehabt.

»Laß mich, Mama«, knurrte Anna und versuchte sich zu befreien.

Dann kam Rudis Stimme, laut und hart.

»Jemand muß ihr geholfen haben«, sagte er.

Die beiden älteren Mädchen nickten sofort beifällig.

»Das hat Anna nicht selber gemacht«, echote Fritz. »Nie und nimmer.«

Papa war mit furchterregender Plötzlichkeit auf den Füßen. Er stand in seiner vollen Größe vor ihnen, größer und schrecklicher, als sie ihn je erlebt hatten.

Aber Anna kam ihm zuvor. »Ihr habt ganz recht. Es hat mir tatsächlich jemand dabei geholfen«, gestand sie.

Sie hatte sich inzwischen aus Mamas Umarmung gelöst und stand jetzt ihren Geschwistern gegenüber. Ihre Stimme, die noch kurz vorher hell und klar vor Erregung gewesen war, war dumpf, fast heiser geworden. Aber sie sprach weiter und erklärte ihnen, wie das Wunder geschehen war.

»Die Idee stammt von Miß Williams. Sie hat uns auch gezeigt, wie man so einen Korb macht. Dr. Schumacher hat die Binsen und die anderen Sachen gekauft, und irgendwelche anderen Leute haben sie für uns angemalt.«

Sie hob energisch das Kinn.

»Aber geflochten hab ich den Korb ganz und gar selber«, sagte sie.

Papa hörte überhaupt nicht zu. Er nahm sich Rudi als ersten vor.

»Wie hättest du wohl diese Pflanze hier anbringen können, wenn dir Mr. Simmons nicht geholfen hätte, Rudolf?« fragte er.

Rudi hatte darauf keine Antwort. Und selbst wenn er eine gehabt hätte, hätte er kaum gewagt, den Mund aufzumachen.

Papas Stimme klang unheimlich ruhig, aber die Worte trafen ihn wie Messerstiche. Außerdem hatte er Rudolf zu ihm gesagt. Das kam eigentlich nur vor, wenn Rudi ernsthaft in Schwierigkeiten war.

Papa wartete für den Fall, daß Rudi tatsächlich wagen sollte, sich zu rechtfertigen. Seinem Sohn Rudolf schien es jedoch die Stimme verschlagen zu haben. Ernst Solden ließ von ihm ab.

Gretchen wußte, daß sie als nächste dran war. Sie starrte auf den abgewetzten Teppich und wünschte, sie wäre weit weg. Egal, wo! Sie versuchte, nicht daran zu denken, wie Anna ausgesehen hatte, als sie vorhin vor ihnen gestanden hatte.

»Und du, Gretchen, du konntest natürlich schon stricken, als du auf die Welt kamst«, sagte ihr Vater unbarmherzig. »Wer hat dir das Strickmuster geliehen? Und wo hattest du die Wolle her?«

Daran hatten ihre Geschwister gar nicht gedacht. Wolle kostete Geld. Hatte Gretchen welches verdient? Sie warfen ihr kurze, fragende Blicke zu, aber Gretchen starrte weiter beharrlich auf den Boden. Sie wußte, und Papa wußte, daß sie ihn um das Geld gebeten hatte und daß sie heimlich eins von Mamas Strickheften entwendet hatte.

Diesmal wartete Papa nicht einmal.

»Und nun zu euch beiden.« Er wandte sich an Fritz und Frieda. »Wir haben, soviel ich weiß, keine Schneeschaufel. Ihr habt aber mit zwei Schaufeln gearbeitet. Ich dachte, die Nachbarn hätten sie euch geliehen. Aber vielleicht sind sie ja vom Himmel gefallen, hm?«

Die Zwillinge saßen nebeneinander auf dem Sofa.

So etwas Fürchterliches am Heiligabend, jammerte Frieda in sich hinein.

Und lautlos antwortete ihr Fritz mit derselben Niedergeschlagenheit: Das wird das schlimmste Weihnachten in unserem Leben sein.

Als Papa anfing, hatte Mama ihre jüngste Tochter bei den Händen gefaßt und sie auf einen großen Stuhl neben sich gezogen, als habe sie gemerkt, daß Annas Knie ganz weich geworden waren. Ohne die Hand von Anna zu nehmen, begann sie jetzt ihrem Ärger Luft zu machen. Und auch sie war auf Papas Seite! Ihre Zornesblitze trafen die armen Zwillinge, die kleinlaut und jämmerlich dasaßen. Aber Mama interessierte das nicht. Sie dachte nur daran, wie bleich Anna ausgesehen hatte, bevor sie sie auf den Stuhl gedrückt hatte.

»Euer armer Vater war müde und durchgefroren und doch . . . Erinnerst du dich, Fritz? Und du, Frieda, hast du so schnell vergessen, wie er euch unterwegs beim Schneeschaufeln geholfen hat, während ich das Abendessen machte? Oder bilde ich mir das alles bloß ein?«

Niemand behauptete, daß sie sich irgend etwas einbildete. Sie wußten, daß sie gleich wieder in Tränen ausbrechen würde. Wenn das auch nur eine Minute länger so weiterging, würden sie alle losheulen!

Statt dessen begann Papa aber zu lachen. Es war ein merkwürdiges Krächzen, dieses Lachen, aber es war echt. Dennoch wagten sie es kaum zu glauben.

»Was machen wir bloß?« sagte Ernst Solden. Die Schärfe war aus seiner Stimme gewichen, so schnell, wie sie gekommen war. »Lange Gesichter und Streit am Heiligabend! Das geht doch nicht. Und nur, weil Anna uns ein Geschenk gemacht hat. Wir sollten singen und fröhlich sein.«

Er entriß Anna den schützenden Armen ihrer Mutter und stellte sie vor sich hin.

»Komm, Anna, mach ein fröhliches Gesicht«, sagte er zu ihr. »Jeder von uns wäre stolz, wenn er diesen Korb gemacht hätte. Wir können ihn alle gut gebrauchen – er wird uns noch lange gute Dienste tun! Und jeder von uns ist stolz auf dich, selbst wenn dir jemand dabei geholfen hat, weil du dieses Geschenk mit Liebe gemacht hast. Wie hast du es bloß geschafft, es so lange vor uns geheimzuhalten?«

Anna schluckte und versuchte, die Tränen, die ihr in den Augen standen, wegzublinzeln.

Ihre Stimme klang fast wieder normal, als sie antwortete: »Ich hatte ihn bis gestern in der Schule – und dann unter meinem Bett.«

Plötzlich stand Gretchen auch auf. Sie wollte die abscheuliche Szene von vorhin vergessen. Sie stellte sich ganz dicht neben Papa und faßte Anna beim Arm.

»Dein Korb ist großartig, Anna«, sagte sie. Die Kälte war aus ihrem Herzen und aus dem hell erleuchteten Zimmer gewichen.

Frieda und Fritz fingen gleichzeitig an und fielen sich gegenseitig ins Wort.

»Er ist schön . . .«

»Kannst du mir zeigen, wie . . .?«

»Und niemand hat etwas geahnt. Niemand!«

»Auch bei euren Geschenken hat niemand etwas geahnt«, murmelte Anna, hin und her gerissen zwischen Schüchternheit und Entzücken.

Aber Rudi hatte bisher noch keinen Ton gesagt. Für ihn war es nach wie vor ein nichtssagender Korb. Sein Geschenk war immer noch das beste.

Als er den Blick von der Blume nahm, weil er zwangsläufig auch den Korb sehen mußte, wenn er sie bewunderte, bemerkte er, wie ihn seine Mutter beobachtete.

Rudi hustete. Dann fand er zu seiner eigenen Überraschung, daß er neben Anna stand.

»Ich kann gar nicht begreifen, wie du das gemacht hast, Anna«, sagte er aufrichtig überrascht. »Du bist doch noch so klein.«

Die Verwunderung in seiner Stimme brachte sie alle zum Lachen. Sogar Mama, die noch immer in dem großen Stuhl saß, lachte mit. Aber der Blick, mit dem sie Rudi ansah, gab ihm das Gefühl, gewachsen zu sein, größer geworden zu sein und wieder geliebt zu werden. Es war fast wieder wie vorher.

Frieda meldete sich jetzt jammernd zu Wort, und damit war der letzte Rest an Spannung verschwunden.

»Mama, ich hab Hunger«, verkündete sie.

Auch die anderen hatten Hunger und wandten sich erwartungsvoll an ihre Mutter. Sie wußten, daß sie ein Festmahl vorbereitet hatte. Sie hatte sämtliche Abende der letzten Woche mit Backen zugebracht, und heute war sie extra früher nach Hause gekommen und hatte sogar Gretchen aus der Küche ausgesperrt, um die letzten Vorbereitungen allein zu treffen.

Mama blieb, wo sie war. Sie blinzelte ihnen mit ihren dunklen Augen zu. »Noch nicht«, sagte sie.

»Aber Mama . . .«

»Annas Gäste sind noch nicht da«, sagte Klara Solden ruhig.

20. Noch eine Überraschung

»Annas Gäste!«

Rudi, Gretchen, Fritz und Frieda sahen ihre Mutter ungläubig an. Anna hob den Kopf und sah ihren Vater durch ihre runden Brillengläser an.

»O Papa, du hast sie eingeladen!« rief sie.

»Ja, ich habe sie eingeladen«, sagte Papa mit einem Lächeln.

Wie aufgeregt sie war! Er hatte sie noch nie so erlebt, mit glühenden Wangen und leuchtenden Augen. Einer ihrer Zöpfe war aufgegangen, und ihre Brille saß schief. Aber ihre Grübchen! Hatte sie diese Grübchen schon immer gehabt?

Sie ist ein schönes Kind, dachte ihr Vater.

»Wir müssen noch ein bißchen warten«, sagte er, »aber sie werden kommen. Franz bringt sie im Auto mit.« Was war das bloß in Papas Stimme?

»Laß mich los, Papa«, sagte Anna. »Ich will meine Geschenke begucken, bis sie kommen.«

Ihre Geschwister hatten sich noch immer nicht darüber beruhigt, daß Anna Gäste erwartete, aber Anna hätte es keine Sekunde länger ertragen, Mittelpunkt des allgemeinen Interesses zu sein. Sie kniete sich neben dem Weihnachtsbaum auf den Boden und nahm ihr neues Buch in die Hand. Sie schlug es auf und hielt es sich direkt unter die Nase. Gut. Es roch, wie es sich gehörte. Der Geruch eines Buches war wichtig, wenn man kurzsichtig war und es sich so dicht vor die Augen halten mußte.

Sie hatte auch ein Spiel bekommen und die Fäustlinge. Sie zog sie an und strich sich damit wohlig über die Wangen.

Es klingelte.

»Sie sind da, Anna«, sagte Papa. »Geh und mach die Tür auf.«

Sie stand vom Boden auf, zog die Handschuhe aus und griff nach der Hand ihres Vaters.

»Komm bitte auch mit«, flehte sie. »Ich kann's nicht alleine.«

Mama, die mit ihren Gedanken beim Essen war, sah sie ungeduldig an.

»Sei nicht albern«, drängte sie. In ihrer Stimme schwang eine Andeutung von Schärfe mit. »Du läßt sie vor der Tür warten.«

»Das macht doch nichts, Klara. Wen stört denn so eine Belanglosigkeit?« sagte Papa lachend.

Er sah Anna an und entdeckte den entsetzten Ausdruck in ihrem Gesicht. Mit mildem Spott sagte er: »Ich dachte, du seist mein selbständiges Kind, meine Anna, die weiß, was sie will. Du brauchst keine Hand zum Festhalten. Du nicht!«

Und dann lachte er, ihr eigener Papa, der noch nie über sie gelacht hatte!

Bernard tat das inzwischen jeden Tag. Und auch Isobel lachte andauernd über sie.

»Du bist komisch, Anna«, sagte Isobel oft.

Sogar Miß Williams nahm sie gelegentlich auf den Arm.

Und Anna machte es nichts aus. Nicht mehr.

»Bitte, bitte, Papa«, bettelte sie und zupfte ihn dabei am Ärmel. Sie mußte selber lachen, wollte aber dennoch nicht ohne ihn gehen.

»Dann komm halt«, sagte er und gab ihr seine breite Hand.

An der Seite ihres Vaters spürte sie ihren Mut wiederkehren. Sie marschierte stolz zur Tür: sie, Anna, hatte Gäste!

Sie achtete nicht darauf, wo sie ging, und stolperte über eine Falte im Teppich. Sie wäre hingefallen, wenn Papa sie nicht festgehalten hätte.

»Awkward Anna stolpert wieder!« sagte Fritz lachend.

Sie drehte sich um und warf ihm einen bösen Blick zu, aber im gleichen Augenblick klingelte es wieder.

»Er hat es nur im Spaß gemeint«, besänftigte sie Papa und faßte sie fester bei der Hand.

Völlig unerwartet erschienen ihre Grübchen. »Schnell, Papa«, bat sie, als ob es Fritz gar nicht gäbe.

Gemeinsam machten sie Miß Williams und dem Doktor die Tür auf.

»Fröhliche Weihnachten, Anna.«

»Fröhliche Weihnachten, Miß Williams.«

»Oh, es schneit. Schau, Liebling, wie kleine Sterne!«

»Fröhliche Weihnachten, Franz.«

Sie standen im Haus. Die Tür war gegen Kälte und Schnee geschlossen. Anna nahm ihrer Lehrerin den schweren Mantel ab und schleppte ihn zur Garderobe.

Die übrigen Familienmitglieder waren inzwischen ebenfalls im Flur erschienen. Man begrüßte sich. Mitten in den allgemeinen Trubel hinein sagte Mama: »So, Frieda. Jetzt können wir essen.«

Alle lachten über Friedas roten Kopf und folgten ihr langsam ins Eßzimmer.

Für Anna gab es eine Menge Fragen zu beantworten.

»Hat ihnen dein Korb gefallen, Anna?« fragte Miß Williams.

»Ist es eine Überraschung geworden? Hast du's bis zum Schluß geheimgehalten?« fragte der Doktor.

Und ehe sie zu einer Antwort ansetzen konnte, fügte die Lehrerin hinzu: »Und euer Baum, Anna! Ist er tatsächlich so schön, wie du ihn uns beschrieben hast? So schön, daß du nicht einmal versuchen wolltest, ihn zu malen?«

»Ja«, sagte Anna, »ja, ja, ja!«

Sie durften noch nicht gleich essen. Das mußte sie Mama zu verstehen geben. Sie mußten vorher ihren Gästen den Weihnachtsbaum zeigen. Und da war noch etwas, was sie schon so lange hatte sagen wollen, und was sie dann immer wieder vor sich hergeschoben oder vergessen hatte.

Genaugenommen hatte sie es natürlich nicht vergessen. Sie hatte einfach nicht den Mut gehabt.

Das war jetzt anders. Aber vorher mußte sie sich bei ihrer Mutter Gehör verschaffen.

»Mama, Mama, halt, warte!« rief sie laut, als ihre Mutter gerade die Tür zum Eßzimmer öffnen wollte.

Klara Solden drehte sich um. Was sollte das? Sie runzelte die Stirn. Dann fiel ihr jedoch ein, was sie im Laufe des Abends alles erfahren hatte. »Was möchtest du, Anna?« fragte sie.

»Wir müssen vorher ganz kurz zum Weihnachtsbaum hineingehen«, sagte Anna.

Ihre Mutter zögerte.

Aber Papa nickte. »Sie hat recht, Klara«, sagte er.

Mama nahm die Hand von der Klinke und folgte ihnen. Sie standen vor dem Baum. Er leuchtete. Er war noch ebenso schön wie zu Beginn des Abends, als Papa sie in das Zimmer geführt hatte. Miß Williams' Augen waren groß vor Staunen.

»Ich habe noch nie einen Baum gesehen, an dem richtige Kerzen brennen«, sagte sie leise. »Ach, er ist wunderschön.«

Anna war überzeugt gewesen, daß er ihr gefallen würde. Aber jetzt war der Augenblick gekommen für die zweite Überraschung.

»Vielleicht solltest du noch etwas warten«, flüsterte ihr eine innere Stimme zu. »Vielleicht solltest du warten, bis nicht so viele Leute um dich herum sind.« Früher hatte Anna dieser inneren Stimme stets nachgegeben. Jetzt verschloß sie sich gegen sie. »Mama«, sagte sie schnell, bevor sie der Mut wieder verließ, »ich muß dir noch etwas sagen.«

»Nicht noch eine Überraschung«, sagte Mama.

Sie machte sich noch immer Gedanken wegen des Essens, obgleich sie, wenn sie es recht bedachte, wirklich mehr als genug auf den Tisch zu bringen hatte. Aber vielleicht hatte Dr. Schumacher einen Bärenhunger!

Sie wandte sich Anna zu und sah, wie das Mädchen wartete, daß sie ihr richtig zuhörte. Oh, sie mußte sich wirklich mehr Zeit für Anna nehmen! Von jetzt an wollte sie versuchen, sich die Zeit zu nehmen.

»Ja, Anna«, sagte sie, bereit, ihr zuzuhören.

»Ich kann Englisch«, verkündete Anna.

Sie kicherte, weil ihr diese Worte nicht auf englisch, sondern auf deutsch entschlüpft waren. Mama würde nicht so recht wissen, was sie davon halten sollte. Anna machte einen erneuten Versuch, diesmal aber in ihrer neuen Sprache.

»Ich kann jetzt Englisch, Mama. Nicht bloß ein paar Wörter, sondern richtig englisch. In der Schule spreche ich die ganze Zeit nur Englisch. Ich denke inzwischen sogar schon meistens in Englisch. Tatsache . . . ich kann es fast so gut wie du.«

Sie wußte, daß ihr Englisch besser war als Mamas, aber heute abend war sie so voller Liebe zu Mama, daß sie ihr das nicht sagen mochte.

»Englisch!« rief Mama verblüfft und vergaß darüber das Essen völlig. »Aber zu Hause sprichst du doch tagein, tagaus nur deutsch!«

»In der Schule spricht sie tatsächlich englisch«, sagte Miß Williams. »Inzwischen schnattert sie mir schon fast zuviel. Aber daran ist Isobel schuld, die sie zum Schwatzen verleitet.«

»Bist du überrascht, Mama?« wollte Anna wissen. »Freust du dich?«

Klara Solden wußte selbst nicht, wie ihr zumute war. Sie lächelte zwar, aber einen Augenblick lang lag in ihrem Gesicht ein Ausdruck der Trauer. »Jetzt habe ich überhaupt kein deutsches Kind mehr«, sagte sie.

»Sie sind alle deine Kinder«, sagte Papa und legte ihr den Arm um die Schultern. »Sie sind vielleicht kleine Kanadier geworden, aber trotzdem sind sie alle deine Kinder, meine Liebe. Ja, Anna, sie *ist* überrascht, und freuen tut sie sich auch.«

»Hör zu, Mama«, fuhr Anna schnell fort und hörte zum erstenmal in ihrem Leben nicht richtig zu, was Papa sagte. »Hör zu. Ich hab etwas für dich gelernt.«

Sie stand aufrecht und mit hoch erhobenem Kopf da, die Hände auf dem Rücken, die Füße leicht auseinander. Über ihr thronte der Korb mit Rudis Weihnachtsstern auf dem Kaminsims. Sie holte tief Luft und begann zu singen:

»Silent night, holy night«

»Ach, ›Stille Nacht‹!« sagte Mama leise. Sie war wieder den Tränen nahe, aber nur einen Augenblick lang.

Anna sang weiter:
»All is calm, all is bright«
Dann stimmte Gretchen ein, und die Mädchen sangen gemeinsam:
»Round yon Virgin mother and child.«
Bei der nächsten Zeile fielen die anderen Kinder ein:
»Holy infant so tender and mild«
Jetzt sangen auch die Erwachsenen mit, Miß Williams ganz leise auf englisch, Dr. Schumacher, Papa und Mama in der Sprache, in der das Lied ursprünglich geschrieben worden war:
»Schlaf in himmlischer Ruh,
Schlaf in himmlischer Ruh.«
Anna stimmte allen voran die zweite Strophe an. Sie sang voller Hingabe und starrte verzückt auf die Hirten. Ihr Gesicht verriet, daß sie vom Glanz der Engel geblendet war.

Meine Anna *ist* etwas Besonderes, dachte Papa, als er in ihr verzücktes Gesicht blickte. Ich hab es die ganze Zeit gewußt.

Anna freilich dachte nicht an die alten Geschichten. Sie hatte vergessen, daß sie Awkward Anna gewesen war oder daß sie für Miß Williams eine »Herausforderung« war. Sie kostete auch nicht den Augenblick aus, wo sie endlich Mamas »allerliebstes Kind« geworden war.

In ihrem Herzen war Weihnachten.

TERRA

Erdkunde 5
Gymnasium
Bayern

KLETT PERTHES

Stuttgart Düsseldorf Berlin Leipzig Gotha

Herausgeber:
Dr. Lorenz Deuringer, Dillingen
Ulrich Eckert, Deggendorf
Prof. Dr. Gerhard Fuchs, Borgholzhausen

Autoren:
Dr. Lorenz Deuringer, Dillingen
Dr. Günther Dress, Kempten
Ulrich Eckert, Deggendorf
Prof. Dr. Gerhard Fuchs, Borgholzhausen
Helmut Geiger, Sonthofen
Hans Loibl, Moosburg
Dr. Josef Mayer-Theobald, Beilngries
Bernd Raczkowsky, Augsburg
Dr. Wolfgang Roser, Tegernheim
Prof. Dr. Rudolf Schönbach, München

Mit einem Beitrag von
Prof. Dr. Eberhard Kroß

Gedruckt auf Papier aus
chlorfrei gebleichtem Zellstoff,
säurefrei.

1. Auflage

1 8 7 6 5 4 | 2003 2002 2001 2000 99

Alle Drucke einer Auflage können im Unterricht nebeneinander benutzt werden, sie sind untereinander unverändert.
Die letzte Zahl bezeichnet das Jahr dieses Druckes.
© Ernst Klett Schulbuchverlag GmbH, Stuttgart 1992. Alle Rechte vorbehalten.

Redaktion: Ingeborg Vonderstraß und Brigitte Dorp, Verlagsredakteurinnen
Internetadresse: http://www.klett-verlag.de/klett-perthes

Einband: Erwin Poell, Heidelberg
Layoutkonzept: Werner Fichtner, Stuttgart
Karten: Kartographie Klett–Perthes; Peter Blank
Zeichnungen: Rudolf Hungreder; Nadja Nessel, Hans-Joachim Paul
Satz: Setzerei Lihs, Ludwigsburg
Druck: SCHNITZER DRUCK GmbH, 71404 Korb
ISBN 3-12-281650-4

INHALT

ORIENTIERUNG

Zur Schule gehst du in der Gemeinde, in der du wohnst, oder in einem Nachbarort. Am Wochenende machst du einen Ausflug in die Umgebung – an einen See, auf einen Berg, zu einem Waldspielplatz. In den Ferien fährst du vielleicht quer durch Deutschland bis zur Nordsee oder in ein anderes Land in Europa. Über Menschen und Länder in anderen Teilen der Erde kannst du jeden Tag etwas erfahren: zum Beispiel im Fernsehen, im Radio und in der Zeitung.

Du siehst: eigentlich bist du auf der ganzen Welt zu Hause. Aber wie genau weißt du darüber Bescheid, was in anderen Teilen der Erde vor sich geht, wie es dort aussieht und wie die Menschen dort leben?

Im Fach Erdkunde wirst du vieles darüber erfahren. Zunächst ist es aber wichtig, sich in der eigenen Umgebung, im Heimatland und auf der Welt orientieren zu können. Dazu braucht man Stadtpläne, verschiedene Karten, den Atlas und den Globus. Mit ihnen wirst du schon bald richtig umgehen können.

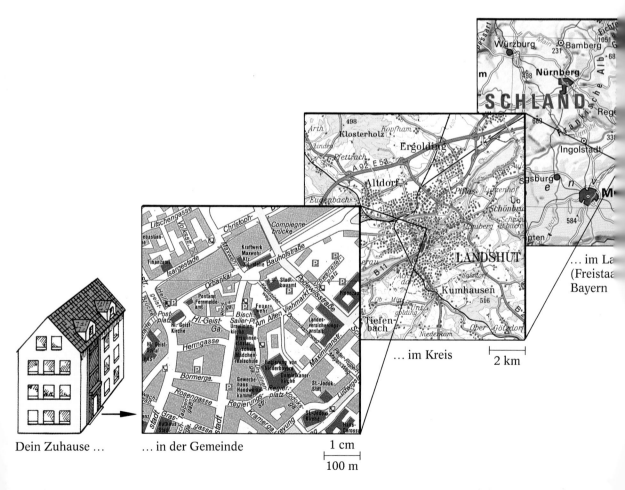

Dein Zuhause …   … in der Gemeinde

1 cm
100 m

… im Kreis

2 km

… im Land (Freistaat) Bayern

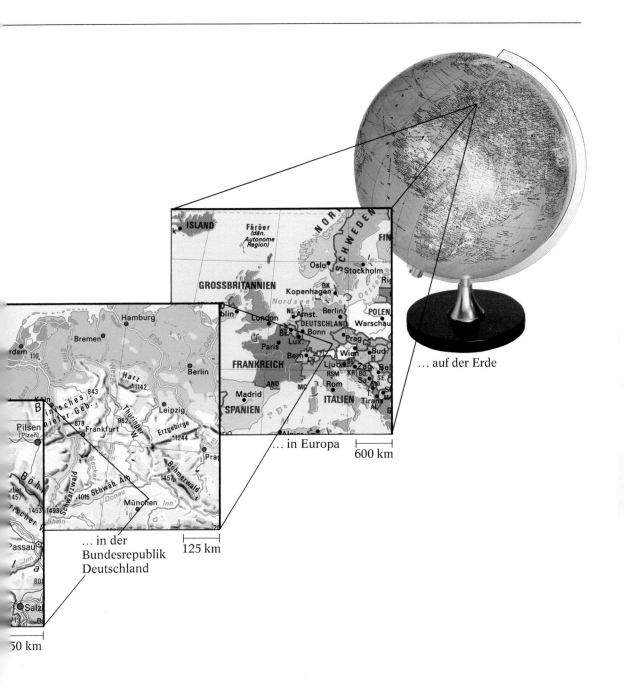

... auf der Erde

... in Europa

600 km

... in der
Bundesrepublik
Deutschland

125 km

50 km

AM SCHULORT

Georg wohnt in Bayreuth in der Wölfel-straße und besucht die 5. Klasse des Graf-Münster-Gymnasiums. Zu Fuß brauchte er von zu Hause bis zur Schule immer über eine Viertelstunde. Seit er aber die Radfahrerprüfung abgelegt hat, darf er mit dem Rad in die Schule fahren. Aus Sicherheitsgründen benutzt er vorwiegend Radwege; mit Hilfe des **Stadtplans** hat er die seiner Meinung nach beste Fahrtstrecke ausgetüftelt und erklärt sie seiner Mutter: „In der Wölfel-straße überquere ich den Zebrastreifen und fahre dann zum Josephsplatz vor. Von dort aus kann ich den kombinierten Fuß- und Radweg entlang dem Hohenzollernring benutzen." „An der Kreuzung Richard-Wagner-Straße mußt du dann aber aufpassen, denn ab dort müssen die Radfahrer auf die Fahrbahn ausweichen", unterbricht ihn seine Mutter. „Weiß ich", fährt Georg fort, „ich paß schon auf. In der Cosima-Wagner-Straße bleibe ich dann auf Höhe der Lisztstraße stehen. Ich schiebe mein Rad dort über die Straße, wenn aus beiden Richtungen kein Verkehr mehr kommt. Von da sind es ja dann nur noch gut hundert Meter bis zur Schule."

Auf dem Heimweg begleitet Georg manchmal seinen Freund, der zu Fuß in die Schule kommt. Sie gehen dann gemeinsam durch den Hofgarten; Georg muß auf diesem Weg sein Rad schieben. Am Neuen Schloß verabschiedet er sich und radelt durch die Ludwig- und Opernstraße heim in die Wölfelstraße.

Georg möchte gerne wissen, wie viele Kilometer er morgens mit seinem Rad zurücklegt. Auf dem Stadtplan mißt er deshalb die einzelnen Teilstücke seiner Fahrroute: 1 cm bis zum Josephsplatz, 5 cm bis zur Einmündung der Richard-Wagner-Straße in den Hohenzollernring, 2 cm bis zur Lisztstraße, dann noch knappe 2 cm bis zum Fahrradabstellplatz der Schule. Georgs Schulweg am Morgen ist also auf dem Stadtplan 10 cm lang. Um auszurechnen, wie viele Kilometer er tatsächlich fährt, muß Georg mit dem **Kartenmaßstab** arbeiten.

Ausschnitt aus dem Stadtplan von Bayreuth

	Bebaute Fläche
	Öffentliches Gebäude
	Grünfläche
	Fluß
	Hauptstraße
	Straße
	Fußgängerzone
	Einbahnstraße
P	Parkplatz
	Eisenbahn

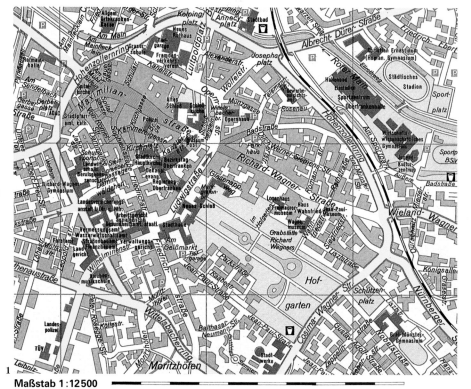

Maßstab 1:12500

0   100   500   1000 m

2 Nordwestlicher Teil des
Graf-Münster-Gymnasiums
an der Zeppelinstraße

Maßstab 1:800

| 10 | 20 | 30 m |

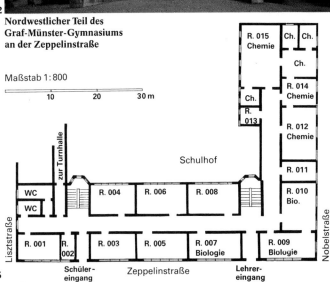

3

**Planausschnitt des
Graf-Münster-
Gymnasiums
Erdgeschoß**

Der abgebildete Stadtplan von Bayreuth hat den Maßstab 1:12500. Das bedeutet: 1 cm auf der Karte entspricht 12500 cm (= 125 m) in Wirklichkeit. Da Georgs Wegstrecke 10 cm lang ist, fährt er am Morgen also 1250 m (= 1 km und 250 m). Luftlinie sind es nur knapp 8 cm von zu Hause bis zur Schule.

Karte und Maßstab

Karten stellen die Wirklichkeit in vereinfachter Form und stark verkleinert dar. Der **Maßstab** gibt das Maß der Verkleinerung an: Maßstab 1:100000 bedeutet dann: 1 cm auf der Karte entspricht 100000 cm = 1000 m = 1 km in Wirklichkeit.
Bei 1:25000 oder 1:50000 spricht man von einem großen Maßstab; Karten, die zum Beispiel einen Maßstab von 1:10 Millionen haben, bezeichnet man als kleinmaßstäbig.

Das Foto und der Planausschnitt zeigen den nordwestlichen Teil des Graf-Münster-Gymnasiums. Im Erdgeschoß von Georgs Schule liegen fünf Klassenzimmer an der Zeppelinstraße. Bis auf eines haben sie alle jeweils fünf Fenster. Auch den Schüler- und den Lehrerausgang kann man auf Plan und Foto gut erkennen. Im Seitenflügel der Schule an der Nobelstraße befinden sich im Erdgeschoß die Fachräume für Biologie und Chemie. Zwei Treppenhäuser führen ins Untergeschoß bzw. zu den oberen Stockwerken der Schule.

Der Plan der Schule hat den Maßstab 1:800. Einem Zentimeter auf dem Plan entsprechen also 800 cm in Wirklichkeit. Wenn Georg am Schülereingang steht und zum Biologiesaal (Raum 010) möchte, hat er einen Weg von etwa 50 Metern zurückzulegen. Auf dem Plan sind dies nur etwa 6 cm.

In allen Schulen hängen in den Klassenzimmern oder auf den Gängen solche Pläne, die den Grundriß des Schulgebäudes zeigen. Auf ihnen sind auch die Fluchtwege eingetragen, die man bei Feuergefahr benützen muß.

Aufgaben

1 Verfolge auf dem Stadtplanausschnitt (1) den Weg, den Georg morgens bzw. mittags zurücklegt.

2 Miß auf dem Stadtplan (1), wie weit das Richard-Wagner-Gymnasium Luftlinie vom Gymnasium Christian Ernestinum entfernt liegt. Berechne mit Hilfe des Maßstabs, wie viele Meter es in Wirklichkeit sind.

3 Wie kommt man mit dem Fahrrad vom Richard-Wagner-Gymnasium am besten zum Städtischen Stadion? Beschreibe den Weg (Stadtplan 1).

4 Wo mußt du bei deinem Schulweg besonders auf den Straßenverkehr achten? Wo besteht erhöhte Unfallgefahr?

5 Auf einer Karte im Maßstab 1:500000 liegen die Städte A und B genau 12 cm auseinander. Wie groß ist die Entfernung zwischen ihnen in Wirklichkeit?

6 Zeichnet einen einfachen maßstabsgerechten Plan eures Klassenzimmers. Tragt auch die Himmelsrichtungen ein.

7

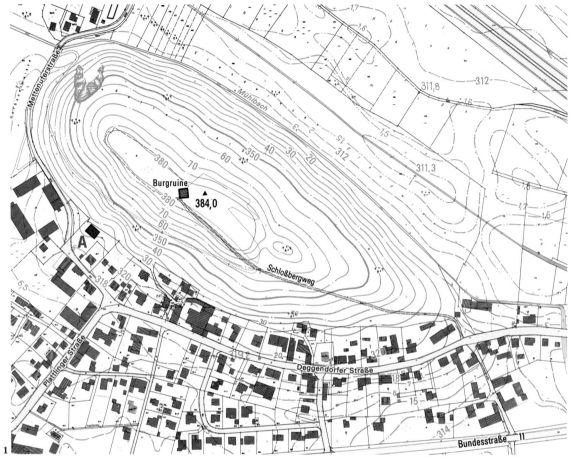

Der Natternberg in einer topographischen Karte
Maßstab 1 : 5000

Die Zeichenerklärung, die sogenannte **Kartenlegende,** gibt darüber Aufschluß, was die einzelnen Zeichen in der Wirklichkeit bedeuten, zum Beispiel:

Gebäude

Weg

Straße

Autobahn

Bach

Höhenlinien, Höhenangaben in m

WIE HOCH IST DER NATTERNBERG?

Der Natternberg bei Deggendorf fällt schon von weitem auf, weil er aus der flachen Donauebene steil emporragt. Nach der Sage soll ihn der Teufel als Felsbrocken dort fallen gelassen haben. Das müßte dann aber schon ein beachtlicher Brocken gewesen sein, wenn man von der heutigen Höhe des Berges ausgeht. Aber wie hoch ragt dieser Berg denn eigentlich aus der Ebene empor? Um dies festzustellen, muß man **topographische Karten** lesen können. Sie verraten uns nämlich auch etwas über die Formen der Erdoberfläche, also über das **Relief.** In der topographischen

Karte (1) siehst du braune Linien, die **Höhenlinien.** Sie verbinden alle Punkte, die genau gleich hoch über dem Meeresspiegel, man sagt auch „über Normal Null" (ü. NN), liegen.
Liegt ein Gebäude 350 m ü. NN, so ist dies die **absolute Höhe.** Als **relative Höhe** bezeichnet man etwa den Höhenunterschied zwischen einem Bergfuß und dem Gipfel.
Wie man zu solchen Höhenlinien kommt, zeigt dir die Zeichnung (3). Wo das Gelände steil ist, liegen die Höhenlinien eng beieinander; ist das Relief flach, dann liegen sie weit auseinander. Wenn man die jeweils zwischen zwei Höhenlinien liegenden Gebiete mit verschiedenen Farben kennzeichnet, erhält man eine Karte mit Höhenschichtfarben (Zeichnung 3 E).

Karten werden immer so gedruckt, daß der obere Rand nach Norden weist. Die in Karte (1) dargestellten Häuser liegen also am Südrand des Natternbergs. Vergleicht man das Foto des Natternbergs mit der Karte, so stellt man fest, daß die Karte manche Einzelheiten nicht genau wiedergibt. Gebäude werden zum Beispiel nur im Grundriß gezeigt, über ihre Höhe erfährt man nichts. Ebenso fehlen manche kleineren Wege. Es wird also die Wirklichkeit auf einer Karte in stark vereinfachter Form wiedergegeben. Die Zeichen, die in der Karte dazu verwendet werden, nennt man **Signaturen.**

Neben den **physischen Karten,** die etwa das Relief, das Gewässernetz und die Siedlungen zeigen, gibt es die **thematischen Karten.** Sie stellen jeweils ein bestimmtes Thema besonders heraus, zum Beispiel die Güte des Ackerbodens.

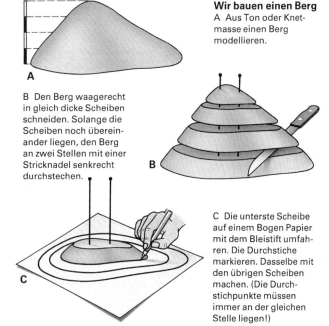

Wir bauen einen Berg
A Aus Ton oder Knetmasse einen Berg modellieren.

B Den Berg waagerecht in gleich dicke Scheiben schneiden. Solange die Scheiben noch übereinander liegen, den Berg an zwei Stellen mit einer Stricknadel senkrecht durchstechen.

C Die unterste Scheibe auf einem Bogen Papier mit dem Bleistift umfahren. Die Durchstiche markieren. Dasselbe mit den übrigen Scheiben machen. (Die Durchstichpunkte müssen immer an der gleichen Stelle liegen!)

D Fertige Kartenskizze mit Höhenlinien
E Höhenschichtkarte

2

Der Natternberg – aus der Luft gesehen

Aufgaben

1 Verfolge auf der Karte (1) den Weg, der zur Burgruine auf dem Gipfel des Natternbergs führt. Da man früher auch mit Pferdegespannen zur Burg hinauffuhr, durfte der Weg nicht zu steil sein. Wie hat man dieses Problem durch eine geschickte Streckenwahl (Trassenführung) gelöst?

2 a) Wie hoch liegt die Burgruine über dem Meeresspiegel?
b) Um welche Art von Höhenangabe handelt es sich?

3 a) Suche das in der Karte (1) rot gekennzeichnete Gebäude A. Wie viele Meter befindet sich die Burgruine über diesem Gebäude?
b) Warum bezeichnet man eine solche Höhenangabe als relative Höhe?

4 Wie hoch liegt der Bahnhof deines Schulortes über NN? (An Bahnhofsgebäuden finden sich häufig Markierungen mit Höhenangaben.)

5 Suche die Autobahn auf dem Luftbild (2) und auf der Karte (1). In welche Himmelsrichtung blickte der Fotograf?

9

Der Kompaß
N Geographischer
Nordpol
● Magnetischer Nord-
pol

Mit dem Kompaß finden wir die Himmelsrichtung: Wie man den Kompaß auch dreht, seine bewegliche Nadel zeigt immer zum magnetischen Nordpol der Erde. Ist die Nadelspitze auf den roten Punkt auf dem Kompaß eingestellt, kann man auch die übrigen Himmelsrichtungen ablesen.
Einnorden einer Karte im Gelände: Bei jeder Karte weist der obere Kartenrand nach Norden. Nun wird die rechte Seitenkante des Kompasses an den rechten Kartenrand gelegt. Beide werden zusammen nun so lange gedreht, bis die Nordrichtung auf dem Kompaß eingestellt ist.

AM WANDERTAG ZUR TEUFELSHÖHLE

Wandertag am Platen-Gymnasium in Ansbach! Die Klasse 5a trifft sich mit ihrem Erdkundelehrer, Herrn Schamberger. Es soll von Pottenstein zur Teufelshöhle gehen, einer Tropfsteinhöhle in der Fränkischen Schweiz.
Am östlichen Ortsausgang von Pottenstein, in der Nähe der Dohlenlochhöhle, teilt der Lehrer Kartenblätter im Maßstab 1:25000 aus. „Wir werden uns die Gegend auf der Karte einmal ansehen." Thomas ist etwas ratlos: „Auf der kenne ich mich ja überhaupt nicht aus! Wo ist denn diese Teufelshöhle?"
Die Karte (1) zeigt einen Ausschnitt aus der amtlichen topographischen Karte mit dem Maßstab 1:25000, das heißt: einem Zentimeter auf der Karte entsprechen 25000 cm (= 250 m) in der Wirklichkeit. „Jetzt messen wir erst mal, wie weit der Eingang zur Teufelshöhle von der Ortsmitte Pottensteins entfernt ist", erklärt Herr Schamberger. „Wie viele Zentimeter sind das denn auf der Karte, Thomas?" Zum Glück hat Bärbel dem Thomas inzwischen die Teufelshöhle auf der Karte gezeigt, so daß dieser nun die wirkliche Entfernung berechnen kann. Jetzt holt der Lehrer seinen Kompaß hervor: „Wir müssen die Kartenblätter zunächst einnorden. Verfolgt dann unseren Weg auf euren Karten! Wir machen nämlich einen kleinen Umweg."
Auf der Südseite des Püttlachtales wandert die Klasse auf einem Fahrweg Richtung Osten. „Warum liegen denn auf der Karte die Höhenlinien entlang dem Tal so dicht beieinander?" fragt Klaus schüchtern. Anja zieht ihn zur Seite und flüstert ihm die Antwort zu. Nach etwa einem Kilometer liegt auf der anderen Talseite der Eingang zur Adamsfelshöhle. Die Klasse biegt nun nach Süden ab. Auf einem Wegweiser ist zu lesen, daß es hier zur Hasenlochhöhle geht. Etwa 400 Meter weit müssen die Schüler durch Nadelwald zu einer Hoch-

54	Bundesstraße	....	Feldweg		Nadel
	sonstige Straße	....	Waldweg		Laubw
	Fahrweg	....	Fußweg		Wiese

1

fläche hinaufsteigen. Schließlich lichtet sich der Wald. Ihr Weg mündet in einen Feldweg ein, der – aus Südosten kommend – von Elbersberg nach Pottenstein führt. „Wir biegen nach rechts ab und laufen bis zur Hofmannskapelle", sagt Herr Schamberger.
Hier oben findet man kaum mehr Wald. Weite Wiesenflächen wechseln ab mit kleineren Äckern. Nach etwa 300 Metern wird der Weg breiter und ist auch besser befestigt. Die Schüler erhalten nun den Auftrag, diesem Weg weiter nach Westen zu folgen, bis ein Fußweg nach links in südöstlicher Richtung abzweigt. „Markus, du führst uns jetzt mit Hilfe von Karte und Kompaß in das Weihersbachtal hinunter", bittet der Lehrer. „Da kommen wir ja unten fast an einem Bad vorbei!" ruft Markus nach einem Blick auf die Karte. „Richtig! Wir biegen aber im Tal nach links in die

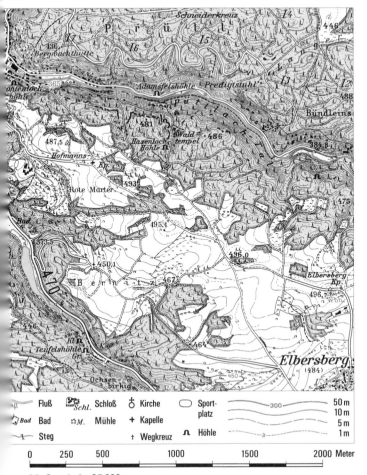

Fluß **Schl.** Schloß **Kirche** **Sport-platz** 50 m

Bad Bad **M.** Mühle **+** Kapelle 10 m

Steg **Wegkreuz** **Höhle** 5 m

1 m

0   250   500   1000   1500   2000 Meter

Maßstab 1 : 25 000

lenbärenskelett hat man hier gefunden! Nach der Besichtigung sammeln sich die Schüler vor dem Höhleneingang. „Wir müssen allmählich wieder in Richtung Pottenstein aufbrechen", meint Herr Schamberger. „Wer möchte die Klasse auf direktem Weg nach Pottenstein zurückführen?" Klaus, der inzwischen gelernt hat, wie man Karten „liest", meldet sich. „Bitte aber besondere Vorsicht, weil wir auf der Bundesstraße zurückgehen", mahnt der Lehrer. „Ihr wißt ja, was wir dort beachten müssen."

Aufgaben

1 Suche die Fränkische Schweiz auf einer Atlaskarte. Wie kann man sich ihre Lage in Bayern merken?

2 Berechne die Entfernung (Luftlinie) zwischen der Ortsmitte von Pottenstein und dem Eingang zur Teufelshöhle.

3 Welche Antwort hat Anja dem Klaus wohl ins Ohr geflüstert?

4 Berechne die Gesamtlänge der Wanderung ab und bis Pottenstein. Verwende hierzu einen feuchten Faden.

5 Suche in der Karte einen anderen Rückweg nach Pottenstein, der über die Fuchslochhöhle und Siegmannsbrunn führen soll.

6 Was müssen Fußgänger besonders beachten, wenn sie eine Bundesstraße benützen?

B470 ein. Auf ihr gehen wir solange Richtung Südosten, bis eine Brücke auf die andere Seite des Tales führt."

Als die Klasse an der Bundesstraße angekommen ist, gibt der Lehrer Anweisungen, wie sie sich auf der verkehrsreichen Bundesstraße zu verhalten haben. Kurz bevor die Brücke erreicht ist, entdecken die ersten Schüler den dunklen schlundähnlichen Eingang zur Teufelshöhle auf der gegenüberliegenden Talseite. Bald darauf ist das Ziel erreicht. Was haben die Schüler im Unterricht über die Teufelshöhle schon alles gehört! Man kann in ihr 1500 Meter weit gehen. Die Höhlenräume sind bis zu 45 Meter hoch. Und Tropfsteine soll es dort geben, die von der Decke und vom Boden her schon seit Jahrtausenden aufeinander zu wachsen. Sogar ein Höh-

2

11

SPUR DURCH BAYERN

Roland war mit seinen Eltern auf einer Tour durch Bayern. Jeder hat Ansichtskarten an Freunde und Verwandte geschickt. Die Absendeorte werden jetzt nicht verraten, aber du kannst die Spur der Reiseroute anhand dessen verfolgen, was sie auf ihren Karten geschrieben haben.

1 … Gleich heute haben wir das Deutsche Museum und das Olympiastadion besucht …

2 … Nach einer langen Fahrt habe ich eine Stadt kennengelernt, deren Altstadt tatsächlich auf einer Insel liegt …

3 … Nach kurzem Abstecher von der Donau Richtung Süden: Grüße aus der Hauptstadt Schwabens! …

4 … Von der großen Burg haben wir einen herrlichen Blick über die zweitgrößte Stadt Bayerns …

5 … Vater interessiert sich für berühmte Kirchen und Klöster. Heute kam er auf seine Kosten! Gleich zwei davon, links und rechts des Mains …

6 … Hier finden jedes Jahr die weltberühmten Richard-Wagner-Festspiele statt. Eines stimmt aber nicht: Der Main ist hier nicht rot! …

7 … Die Baumart, nach der der Name unseres heutigen Aufenthaltsortes klingt, kommt hier am Rande des Oberpfälzer Waldes kaum vor …

8 … Schönsten Sonnenschein hatten wir heute am Regen in …

9 … Fußmarsch auf den höchsten Berg im Bayerischen Wald …

10 … Diese Stadt am Rand der Alpen wurde durch den Salzhandel reich. Daher, sagte der Stadtführer, komme die Endung -hall …

Zu Hause will Roland seine Ferienbilder ordnen und beschriften. Doch sie sind völlig durcheinandergeraten. Viermal eine Stadt an einem Fluß! Roland erinnert sich nur noch, daß sie an der Donau und am Main entlanggereist sind. Beim genauen Hinsehen fallen ihm noch ein paar Einzelheiten ein:

3 … ein großes Schloß über dem Fluß. Hörte der Name der Stadt nicht mit -burg auf?

4 … ein Dom, die Altstadt – und die Steinerne Brücke. Richtig, sie galt im Mittelalter als Bauwunder!

1 … eine Stadt, wo drei Flüsse zusammenkommen. Gleich danach ging es über die Grenze nach Österreich.

2 … auch hier gibt es ein berühmtes Rathaus. Was war noch? Stimmt – die Kugellagerindustrie.

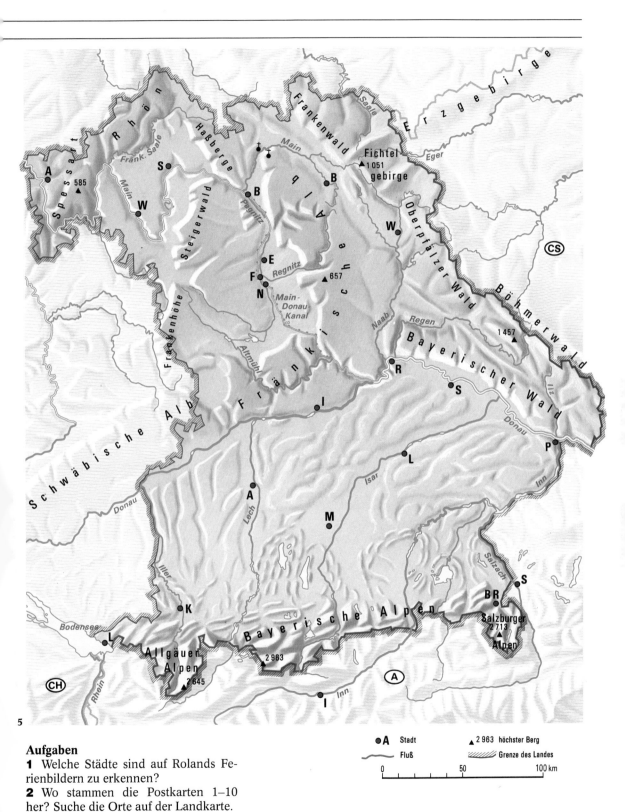

5

Aufgaben

1 Welche Städte sind auf Rolands Ferienbildern zu erkennen?

2 Wo stammen die Postkarten 1–10 her? Suche die Orte auf der Landkarte.

●A	Stadt	▲ 2 963	höchster Berg
⎯	Fluß	▨	Grenze des Landes

0   50   100 km

Das Bundesland Bayern nennt sich Freistaat. Das ist das deutsche Wort für Republik. Nach dem Zerfall des Kaiserreiches 1918 mußte sich nämlich jedes der neuen deutschen Länder eine „freistaatliche Verfassung" geben. In Bayern übernahm man diese Bezeichnung nach dem Zweiten Weltkrieg (1939–1945) auch in die neue Verfassung von 1946. Sie verleiht dem Land zwar keine Sonderstellung, weist aber auf die Eigenstaatlichkeit der Bundesländer in der Bundesrepublik Deutschland hin.

Freistaat Bayern

BUNDESLAND BAYERN

Das heutige Bayern entstand zwischen 1803 und 1806. Damals wurden Altbayern, Franken und Schwaben zum Königreich Bayern zusammengeschlossen. Dieses Königreich bestand von 1806 bis 1918. Danach wurde Bayern ein Land im Deutschen Reich und nannte sich „Freistaat". München, das seit 1255 Residenzstadt oberbayerischer Herzöge war, blieb auch im Freistaat die Hauptstadt.

Das bayerische Staatswappen erinnert an die Entstehung Bayerns: Der goldene Löwe im schwarzen Feld war Kennzeichen des altbayerischen und des pfälzischen Geschlechts der Wittelsbacher und weist jetzt auf die Oberpfalz hin. Der „Fränkische Rechen", ehemals Wappen des Fürstbischofs von Würzburg, steht für die drei fränkischen Regierungsbezirke. Der blaue Panther der Pfalzgrafen von Ortenburg wurde von den Wittelsbachern übernommen und vertritt die altbayerischen Bezirke Nieder- und Oberbayern. Die drei schwarzen Löwen der einstigen Herzöge von Schwaben stehen für diesen Bezirk. Das

Marktgemeinde Oberstdorf bewirbt sich um Weltmeisterschaft

Die Kreisbildstelle Tirschenreuth bleibt am kommenden Mittwoch geschlossen

Am Sonntag werden auch die sieben bayerischen Bezirkstage gewählt

Das Bayerische Landeskriminalamt bittet die Bevölkerung um Mithilfe

Sperrmüllabfuhr mit Schrottabfuhr in der Verwaltungsgemeinschaft Hörnergruppe

Landratsamt Sonthofen weist auf geänderte Öffnungszeiten hin

weiß-blaue Herzschild in der Mitte, einst Wappen der Grafen von Bogen, ist Sinnbild für Bayern als Ganzes.

Wenn man Zeitungsüberschriften wie oben liest, fragt man sich, warum es so viele verschiedenartige Einrichtungen und Behörden gibt. Das hat damit zu tun, daß die Verwaltungsaufgaben im Staat aufgeteilt sind.

Die Verwaltung Bayerns ist in vier Ebenen gegliedert: die unterste Ebene stellen die Kommunen, also die Städte und Gemeinden dar. Sie haben zum Beispiel ein Einwohnermeldeamt. Darüber liegt die Ebene der Landkreise mit ihren Landratsämtern. Die nächsthöhere Ebene bilden die Regierungsbezirke. Sie besitzen zum Beispiel jeweils eine Bezirksplanungsstelle. Die Spitze stellt der Freistaat Bayern mit seinen Ministerien dar.

Die Bundesländer der Bundesrepublik Deutschland 1991

1

14

Die **Gemeinde** ist zwar die kleinste, aber nicht die unbedeutendste Verwaltungseinheit des Staates. Das Selbstverwaltungsrecht besagt nämlich, daß sie all diejenigen Aufgaben zu übernehmen hat, die sie selbst gut erfüllen kann. Was die Gemeinde überfordern würde, ist Sache des **Landkreises.** Er ist unter anderem zuständig für den Bau und Betrieb von Krankenhäusern, die Kfz-Zulassung oder das Ausstellen von Führerscheinen. Diese Aufgaben hat auch eine kreisfreie Stadt. Noch größere Aufgaben sind Angelegenheit der **Regierungsbezirke.** Hierzu gehören zum Beispiel Lawinenschutz, Flurbereinigung, Heimatpflege und die Schaffung von Kultureinrichtungen. Die bayerische Staatsregierung in München fällt schließlich alle Entscheidungen, die das ganze **Land** betreffen. Beispielsweise gäbe es nämlich ein heilloses Durcheinander, wenn jede Gemeinde oder Stadt die Ferienzeiten der Schulen selbst festlegen könnte.

Bayern: Verwaltungsgliederung

Regierungsbezirke:
- Unterfranken
- Mittelfranken
- Oberfranken
- Oberpfalz
- Schwaben
- Oberbayern
- Niederbayern

◉ Landeshauptstadt
◉ Hauptstadt eines Regierungsbezirks
∿ Kreisgrenze
▨ kreisfreie Stadt
AB Kfz-Kennzeichen der Landkreise und kreisfreien Städte

2   Bayern: Verwaltungsaufbau

Freistaat Bayern
Regierungsbezirk
Landkreis/ kreisfreie Stadt
große Kreisstadt
kreisangehörige Stadt Markt kreisangehörige Gemeinde
Mitgliedsgemeinde einer Verwaltungsgemeinschaft

Aufgaben

1 Stelle für deine Heimatgemeinde und deinen Landkreis zusammen: Einwohnerzahl, Fläche, Kreisstadt.

2 Wie heißen deine Nachbargemeinden?

3 Suche auf der Karte (3) deinen Heimatlandkreis oder die kreisfreie Stadt, in der du wohnst, deinen Regierungsbezirk und seine Hauptstadt.

4 Wie heißen die Landkreise und kreisfreien Städte in deinem Regierungsbezirk? Die Autokennzeichen helfen dir.

5 Liste die Namen der Regierungsbezirke und ihrer Hauptstädte auf.

6 Zu welchen Ebenen der Verwaltung gehören die Einrichtungen und Behörden, die in den Zeitungsüberschriften genannt werden?

7 Bis zu welcher Ebene reichen die Behörden in deiner Gemeinde beziehungsweise Stadt? Nenne einige und zähle auf, welche Aufgaben sie ausführen.

8 Franz aus Rosenheim wollte im Schuljahr 1990/91 seinen Freund Karlheinz in Gelsenkirchen besuchen. Mindestens zwei Wochen lang wollten sie zusammen Ferien machen. In welchen Ferien war das möglich?

Schulferien im Schuljahr 1990/91

	Bayern	Nordrhein-Westfalen
Sommer	26. 7.–10. 9. 90	15. 6.–31. 7. 90
Herbst	–	8. 10.–13. 10. 90
Weihnachten	21. 12.– 7. 1. 91	24. 12.– 5. 1. 91
Ostern	25. 3.– 6. 4. 91	25. 3.–13. 4. 91
Pfingsten	21. 5.– 1. 6. 91	21. 5. 91

4

Nordsee

Ostsee

Rostock

Hamburg

Tiefland

8

7

6

Hannover

Berlin

10

Magdeburg

a ✶ 1142

Dortmund

Leipzig

3

b ✶ 841

Dresden

8

Köln

e

Mittelgebirge

c

o

950

q

1244

f 747

n

d

1051

2

4

Würzburg

p

9

g

Mainz

i

r

h

m

Nürnberg

5

1457

t

s

l

Stuttgart

Augsburg

13

14

11

München

11

12

Alpenvorland

Traunstein

j

k

1

1493

Oberstdorf

2563

Hochgebirge

Wichtiger Mittel- gebirgszug

Großlandschaften

Fluß   ✕ 1142 Höchster Berg   Stadt

0   100   200 km

1

VOM MEER ZU DEN ALPEN

Wir fahren mit dem Alpen-See-Expreß quer durch Deutschland. Unterschiedliche Landschaften eilen am Fenster vorbei: das weite Tiefland, das abwechslungsreiche Mittelgebirge …

Aufgaben

1 Welche Landschaften sind auf den Fotos dargestellt? Beschreibe die Fotos und ordne sie den Großlandschaften in der Karte zu.

2 Arbeite an der Karte (und nimm den Atlas zu Hilfe):

a) Bestimme die Namen der Flüsse:
1 = Rhein, 2 = …

b) Bestimme die Namen der Mittelgebirgszüge: a = Harz, b = …

c) Wie heißen die Berge, die in der Karte eingetragen sind? × 1142 = …

3 Welche Stationen der Fahrtstrecken liegen im Mittelgebirge und welche in den Alpen?

2

ALPEN-SEE-EXPRESS

3

Hamburg
Lüneburg
Uelzen
Celle
Hannover
Kreiensen
Göttingen
Bebra
Fulda

Essen Bochum Dortmund
Duisburg
Düsseldorf
Köln
Bonn
Koblenz Wiesbaden
Mainz Frankfurt
Darmstadt
Heidelberg
Stuttgart

Würzburg
Nürnberg

Augsburg
Ulm
München
Garmisch
Kempten Mitten-wald
Oberstdorf
Seefeld (Tirol)
Innsbruck Wörgl Rosenheim Traunstein

**Fahrtstrecken des
ALPEN-SEE-EXPRESS**

4

Nordsee

Ostsee

Schleswig-

Holstein

Nord-Ostsee-Kanal

Helgoland

Kiel

Mecklenburg-

Vorpommern

Hamburg

Hamburg

Schwerin

Bremen

Bremen

Niedersachsen

Elbe

Havel

Berlin

Berlin

Potsdam

Oder

Sachsen-

Brandenburg

Mittelland-kanal

Hannover

Magdeburg

Anhalt

Spree

Neiße

Elbe

Saale

Sachsen

Dresden

Nordrhein-

Ruhr

Düsseldorf

Westfalen

Fulda

Erfurt

Thüringen

Bonn

Lahn

Hessen

Werra

Rheinland-

Wiesbaden

Mosel

Mainz

Main

Pfalz

Main-Donau-Kanal

Saarland

Saarbrücken

Bayern

Altmühl

Baden-

Stuttgart

Neckar

Donau

Isar

Inn

Donau

Württemberg

Iller

Lech

München

Bodensee

0   100 km

Rhein
Ems
Weser

DK
PL
NL
B
L
F
CH
CS
A

◨ Berlin — Hauptstadt der Bundesrepublik Deutschland
Bonn — Regierungssitz der Bundesrepublik Deutschland

● Hauptstädte der Bundesländer (Landeshauptstädte)

18

DEUTSCHLAND FRÜHER UND HEUTE

Als eure Großeltern geboren wurden, sah die Landkarte von Deutschland noch ganz anders aus als heute. Deutschland hieß damals „Deutsches Reich". Die Hauptstadt war Berlin (Karte von 1937).

1945 war der Zweite Weltkrieg zu Ende. Deutschland hatte den Krieg verloren. Es wurde besetzt und aufgeteilt: Alle Gebiete östlich der Oder und der Neiße (Oder-Neiße-Linie) wurden unter polnische oder sowjetische Verwaltung gestellt. Große Teile der deutschen Bevölkerung wurden von dort vertrieben.

Das restliche Gebiet teilten die Siegermächte in vier Besatzungszonen ein: eine amerikanische, eine britische, eine französische und eine sowjetische Zone. Auch die Hauptstadt Berlin wurde in vier Besatzungsgebiete, die Sektoren, geteilt (Karte von 1945).

Nach 1945 haben sich die einzelnen Teile sehr unterschiedlich entwickelt. 1949 entstand aus den drei westlichen Besatzungszonen die Bundesrepublik Deutschland (Karte 1949 bis 1990). Im gleichen Jahr wurde aus der sowjetischen Besatzungszone die Deutsche Demokratische Republik (DDR). Sie war ein kommunistischer Staat unter dem Einfluß der Sowjetunion. Die Bundesrepublik Deutschland dagegen orientierte sich an den freiheitlichen Demokratien Westeuropas und der USA.

Das geteilte Berlin lag wie eine Insel im Gebiet der DDR. Berlin (West) hatte enge Bindungen an die Bundesrepublik Deutschland. 1949 erklärte die DDR Berlin (Ost) zu ihrer Hauptstadt. Bonn wurde im gleichen Jahr vorläufige Hauptstadt der Bundesrepublik Deutschland.

3. 10. 1990: Die beiden deutschen Staaten unterzeichneten den Einigungsvertrag. Die heutige Bundesrepublik Deutschland besteht aus 16 Bundesländern. Berlin ist Hauptstadt und wird künftig auch Regierungssitz sein.

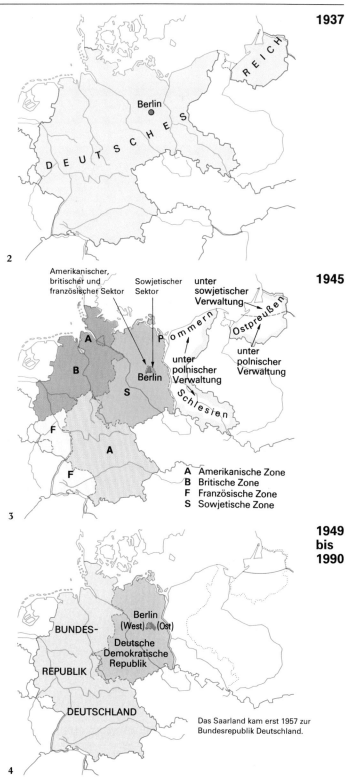

1937

Berlin

DEUTSCHES REICH

1945

Amerikanischer, britischer und französischer Sektor — Sowjetischer Sektor — unter sowjetischer Verwaltung

Pommern

Ostpreußen

A

B

Berlin — unter polnischer Verwaltung

unter polnischer Verwaltung

S

Schlesien

F

A

F

A Amerikanische Zone
B Britische Zone
F Französische Zone
S Sowjetische Zone

1949 bis 1990

Berlin (West) — (Ost)

BUNDES-

Deutsche Demokratische Republik

REPUBLIK

DEUTSCHLAND

Das Saarland kam erst 1957 zur Bundesrepublik Deutschland.

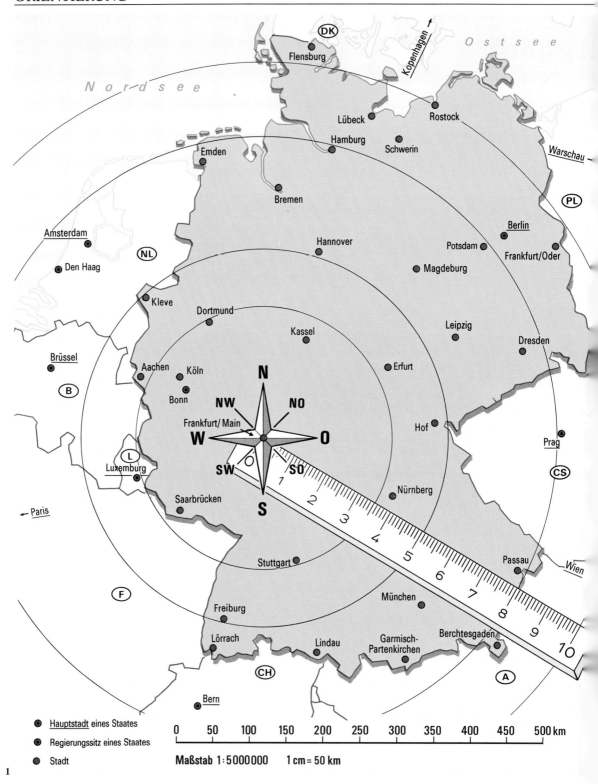

O s t s e e

N o r d s e e

DK
Flensburg

Lübeck
Rostock

Hamburg
Schwerin

Emden

Warschau

Bremen

PL

Amsterdam
NL

Berlin

Den Haag

Hannover
Potsdam
Frankfurt/Oder

Magdeburg

Kleve
Dortmund
Leipzig

Brüssel
Kassel
Dresden

B
Aachen
Köln
Erfurt

Bonn
N

Frankfurt/ Main
NW
NO

W
O
Hof

Prag

L
SW
SO
CS

Luxemburg

S
Nürnberg

Paris
Saarbrücken

F
Stuttgart
Passau
Wien

München

Freiburg

Lörrach
Lindau
Garmisch-
Berchtesgaden

Partenkirchen

CH
A

Bern

- Hauptstadt eines Staates
- Regierungssitz eines Staates
- Stadt

| 0 | 50 | 100 | 150 | 200 | 250 | 300 | 350 | 400 | 450 | 500 km |

Maßstab 1:5000000   1 cm = 50 km

1

Dieses Land liegt südwestlich von Aachen.

30 500 km²
10 Mio. Einwohner

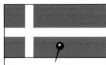

Unser Nachbarland im Norden, über Hamburg zu erreichen.

43 000 km²
5 Mio. Einwohner

Das nördlichste unserer Nachbarländer im Westen

41 000 km²
14,5 Mio. Einwohner

Das Land liegt südlich von Dresden und grenzt auch an Bayern.

79 000 km²
10,4 Mio. Einwohner

Unser Nachbarland im Nordosten. Es grenzt auch an die Ostsee.

313 000 km²
36,5 Mio. Einwohner

NACHBAR-LÄNDER IN STECKBRIEFEN

357 000 km²
79,1 Mio. Einwohner

Deutschland liegt mitten in Europa. Es hat Nachbarländer nach allen Himmelsrichtungen.

Aufgaben

1 Welche Nachbarländer werden mit den Steckbriefen gesucht? (Nimm die Karte und die Autokennzeichen zu Hilfe.)
2 Schreibe auf: Die Namen der Nachbarländer und ihrer Hauptstädte.
3 Ordne die Nachbarländer nach Einwohnerzahl und Flächengröße.
4 Welche Städte sind von Frankfurt ungefähr gleich weit entfernt?
5 Wie heißen die Großstädte in der Abbildung (rechts)?

Entfernungen zu Großstädten in Nachbarländern (Luftlinie)

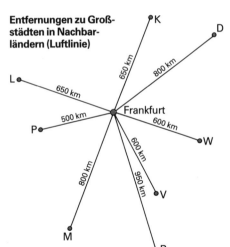

Was die Autokennzeichen bedeuten:

D	Bundesrepublik Deutschland
DK	Dänemark
PL	Polen
CS	Tschechische Republik
A	Österreich (von lateinisch: Austria)
CH	Schweiz (von Confoederatio Helvetica)
F	Frankreich
L	Luxemburg
B	Belgien
NL	Niederlande

Unser kleinstes Nachbarland im Westen

2 600 km²
370 000 Einwohner

Ein Land, von dem große Teile in den Alpen liegen; Passau ist eine deutsche Grenzstadt.

84 000 km²
7,6 Mio. Einwohner

Südlich von Stuttgart und auch Freiburg liegt dieses Land.

41 000 km²
6,5 Mio. Einwohner

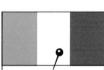

Das größte Nachbarland der Bundesrepublik Deutschland. Es liegt im Südwesten.

547 000 km²
55,5 Mio. Einwohner

1

DIE ERDE: DER BLAUE PLANET

„Unerbittlich raste unser Raumschiff mit 27 000 km/h vorwärts. In 90 Minuten umrundeten wir die Erde. Über dem Horizont der pechschwarze unendliche Weltraum. Unten aber leuchtete unser Planet in Weiß und in Blau ..." So hat der Astronaut Ulf Merbold unseren Heimatplaneten aus der Luke des Space Shuttle gesehen.

Ulf Merbold berichtet weiter: „Hingerissen hat uns alle der Anblick unseres Planeten. Dank unserer Umlaufbahn zwischen 57 Grad nördlicher Breite und 57 Grad südlicher Breite haben wir fast alle Landmassen der Erde ins Visier nehmen können. Manchmal war es allerdings schwierig, sich von dort oben auf den Kontinenten und Ozeanen zurechtzufinden."

Astronauten sehen unsere Erde aus dem Weltraum als „blaue Kugel". Blau erscheint die Lufthülle, die die Erde umgibt. Man bezeichnet sie als **Atmosphäre**. Weiße Wolkenfelder sprenkeln den blauen Planeten, und darunter sind Wasser und braunrötliche Landmassen zu erkennen, die Formen und Flächen der **Meere** und **Kontinente**. Kein anderer uns bekannter **Planet** zeigt diese Färbung. Im endlosen, schwarzen Weltall herrschen extreme, lebensfeindliche Temperaturen. Leben existiert nur auf „unserem" Erdball. Die Atmosphäre, die aus mehreren Schichten besteht, schließt ihn schützend ein und bewahrt uns vor tödlicher Strahlung aus dem All. Sie hat unseren Planeten bewohnbar gemacht und gibt uns die Luft zum Atmen. Eine Atmosphäre mit Sauerstoff gibt es bei keinem anderen uns bekannten Planeten. In der Erdatmosphäre spielt sich das Wettergeschehen ab, das unsere Lebensbedingungen entscheidend prägt. „Unsere Erde ist ein faszinierender Planet", berichtet Ulf Merbold. „Man erkennt bei einem solchen Flug aber auch, wie zerbrechlich sie ist."

Was die Astronauten nicht erkennen können, sind die einzelnen Länder der Erde mit ihren Grenzen. Wo nun genau liegt zum Beispiel Ägypten? Wie weit reicht die Türkei? Wo liegt Deutschland, wo Bayern? Manche Länder sind so klein, daß man sie aus dem Weltraum kaum wahrnehmen kann.

Es dauert nur wenige Minuten, bis ein Raumschiff Deutschland überflogen hat. Dabei erstreckt Deutschland sich von Norden nach Süden über rund 850 Kilometer, von Westen nach Osten über etwa 600 Kilometer.

Damit wir uns die Erde besser vorstellen können, hat man sie verkleinert als **Globus** nachgebaut.

Der Globus ist eine verkleinerte, maßstabgetreue Nachbildung der Erde. Er ist um eine durch die Pole verlaufende Achse drehbar und hat ein Gradnetz zur Orientierung.

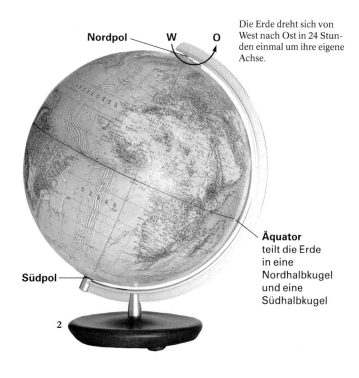

Die Erde dreht sich von West nach Ost in 24 Stunden einmal um ihre eigene Achse.

Nordpol — W O

Äquator
teilt die Erde
in eine
Nordhalbkugel
und eine
Südhalbkugel

Südpol

2

23

Die größte Insel:
Grönland 2 Mill. km²

Der höchste Berg:
Mount Everest 8848 m

Der längste Fluß:
Nil 6670 km

Die größte Meerestiefe:
Marianengraben
(Pazifischer Ozean)
11 022 m

Erkennst du die sieben
Kontinente wieder?

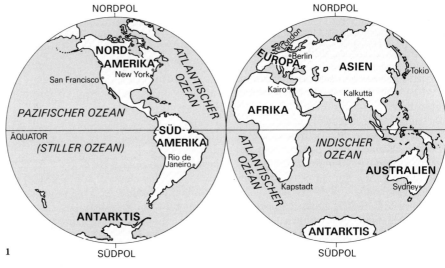

1

1

2

3

4

5

6

7

ORIENTIERUNG AUF DEM GLOBUS

Wenn du den Globus um seine Achse drehst, zeigt er dir verschiedene „Gesichter". Dabei fällt dir bestimmt auf, daß die Festländer und Meere nicht gleichmäßig über die Erdkugel verteilt sind und daß es mehr Wasser- als Landflächen gibt. Die Fläche der Weltmeere ist nämlich um fast das Zweieinhalbfache größer als die der Kontinente.

Erdteile und ihre Flächen

Europa	10 Mio. km²
Asien	44 Mio. km²
Afrika	30 Mio. km²
Nordamerika	24 Mio. km²
Südamerika	18 Mio. km²
Australien und Ozeanien	9 Mio. km²
Antarktis	14 Mio. km²
Landfläche der Erde	149 Mio. km²

2

Weltmeere und ihre Flächen

Pazifischer Ozean (Pazifik)	180 Mio. km²
Atlantischer Ozean (Atlantik)	106 Mio. km²
Indischer Ozean (Indik)	75 Mio. km²
Wasserfläche der Erde	361 Mio. km²

3

Funkwarnung der „International Ice Patrol" an alle Schiffe im Atlantik südlich von Island:

– RIESIGER EISBERG GESICHTET – 59 GRAD 10 MINUTEN NORD, 22 GRAD 30 MINUTEN WEST – GRÖSSTE VORSICHT UND WACHSAMKEIT IST GEBOTEN –

Funker mehrerer Schiffe empfangen die Warnung. Wie wissen sie, ob ihr Schiff betroffen ist, ob der Kapitän den Kurs ändern muß, um eine Kollision mit dem Eisberg zu vermeiden? Wonach können sie sich orientieren?
Erinnere dich doch einfach an das Spiel „Schiffchen versenken". Dabei müssen sich die Spieler, um ein anderes Schiff „treffsicher" zu finden, jeweils das genaue Ziel im Spielfeld des anderen mitteilen. Kannst du erklären, wie das funktioniert? Dann hast du sicher auch eine Idee, wie man eine Kollision mit dem Eisberg verhindern kann.
Richtig! Man braucht auf jeden Fall ein Liniennetz. Auf dem Globus sind diese Linien Kreise. Die Zeichnung (4) verdeutlicht es dir. Man nennt dieses Liniennetz **Gradnetz.** Mit seiner Hilfe kann man die Lage eines Ortes oder die Position eines Eisberges bestimmen.

Die blauen Linien in der Zeichnung sind die **Breitenkreise.** Der längste von ihnen, der Äquator, gilt dabei als Breitenkreis 0° (0 Grad). Vom Äquator aus zählt man nach Norden (N) und Süden (S) jeweils bis 90. Die Breitenkreise 90°N und 90°S sind in Wirklichkeit nur Punkte – es sind die beiden Pole.

Die roten Linien in der Zeichnung sind die **Längenkreise.** Sie verlaufen immer durch beide Pole. Dort schneiden sie sich; am Äquator haben sie alle einen Abstand von 111 Kilometern voneinander. Als Längengrade bezeichnet man dagegen nur die Halbkreise, die von Pol zu Pol verlaufen. Man nennt sie auch Meridiane. Da alle Meridiane gleich lang sind, mußte man sich auf einen 0°-Meridian einigen, damit auf allen Karten gleich gezählt werden konnte. Im Jahr 1884 hat man dafür denjenigen Meridian ausgewählt, der genau durch die Sternwarte von Greenwich (bei London) verläuft. Damals fuhren nämlich die meisten Schiffe auf den Weltmeeren unter britischer Flagge. Von Greenwich aus zählt man je 180° nach Westen (W) und Osten (O). Im Gebiet der Fidschi-Inseln im Pazifischen Ozean treffen sich 180°W und 180°O.

Aufgaben

1 a) Welche zusätzlichen Informationen gibt uns der Globus, die wir dem Foto aus dem Weltall (Seite 22) nicht entnehmen können?
b) Welche auf dem Globus nicht ersichtlichen Informationen zeigen Aufnahmen aus Raumschiffen oder von Satelliten? Überlege, in welchen Bereichen solche Aufnahmen eingesetzt werden.
2 Vergleiche die Nordhalbkugel der Erde mit der Südhalbkugel. Wo ist der Anteil des Festlandes größer? Schaue dazu auch auf den Globus.
3 Ordne die Erdteile nach ihrer Größe und vergleiche sie mit der Fläche der Ozeane.
4 Durch welche Kontinente und Ozeane verläuft der Äquator?
5 Die fünf olympischen Ringe stehen für fünf Kontinente (Nord- und Südamerika wurden früher als ein Kontinent betrachtet). Welche sind es?

Lagebestimmung

Die Lage eines Ortes auf der Erdkugel – und damit auch auf dem Globus oder in der Karte – ist der Schnittpunkt von einem Meridian mit einem Breitenkreis.

Unter nördlicher und südlicher Breite versteht man den Abstand eines Punktes vom Äquator; unter östlicher und westlicher Länge den Abstand eines Punktes vom 0-Meridian.

Sankt Petersburg – das Beispiel in der Zeichnung – liegt also:
60°N (nördliche Breite)
30°O (östliche Länge).

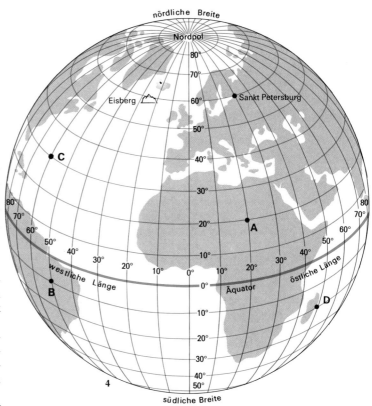

Das Gradnetz
blau: Breitenkreise
rot: Längenkreise

6 Suche auf dem Globus die größte Insel, den höchsten Berg, den längsten Fluß und die größte Meerestiefe. Auf welchen Kontinenten bzw. in welchen Ozeanen liegen sie?
7 Berechne den größten Höhenunterschied auf der Erde.
8 Bestimme – entsprechend dem Beispiel Sankt Petersburg – die Lage der Punkte A, B, C und D in der Zeichnung (4).

25

OBERFLÄCHEN
IN SÜD

Vielfältig sind die Oberflächenformen in Deutschland. Neben ebenen Landschaften gibt es Gebirge, Hügel- und Stufenländer.

Kräfte der Natur haben die Gebirge geschaffen. Ihre Entstehung ging über Millionen von Jahren vor sich. Welche Gewalt dabei die Naturkräfte haben, die im Innern der Erde wirken, zeigen uns

Die Abbildung zeigt ein Panorama der Bayerischen Alpen mit ihrem Vorland südlich von München und Augsburg. Ein Mensch könnte einen solchen Blick gar nicht erleben, denn die Abbildung ist kein Foto. Sie wurde mit Hilfe eines Computers aus einer Satellitenaufnahme und einer Landkarte erarbeitet.

Was könnt ihr alles sehen? Im Hintergrund erstrecken sich die schneebedeckten Bergketten des Karwendel- und des Wettersteingebirges mit Deutschlands höchstem Berg, der Zugspitze (1). Zwischen den beiden Gebirgen tritt die Isar (2) in das Vorland hinaus.

Sogar das schmale Band der Autobahn, die sich von München aus in Richtung Garmisch-Partenkirchen schlängelt, ist zu erkennen. Am rechten Bildrand sieht man den Lech (4) mit dem Wasserspeicher des Forggensees und den vielen Staustufen.

Du kannst noch mehr entdecken. Nimm eine Atlaskarte zur Hand und versuche es.

1 Zugspitze
2 Isar
3 Garmisch-Parten-
  kirchen
4 Lech
5 Ammersee

FORMEN DEUTSCHLAND

immer wieder Vulkanausbrüche und Erdbeben.

Wasser, Eis und Wind arbeiten ständig an der Veränderung der Oberflächenformen, schaffen dadurch neue Formen oder zerstören die vorhandenen.

1
In einem Steinbruch bei Solnhofen

IM STEINBRUCH: EIN BLICK IN DIE ERDGESCHICHTE

Wir unternehmen eine Reise in die Erdgeschichte in einem Steinbruch bei Solnhofen. Das ist ein Ort in der südlichen Fränkischen Alb, auf halbem Weg zwischen Augsburg und Nürnberg. Hier hat die Altmühl ein Tal in die oberen Schichten der Fränkischen Alb geschnitten, so daß die Felswände heute stellenweise fast senkrecht emporragen. Sieht man sich diese Felswände genauer an, so entdeckt man, daß sie aus übereinanderliegenden dünnen Kalkplatten bestehen. Arbeiter lösen meterlange Platten mit Spezialwerkzeugen vorsichtig aus dem Fels, schichten sie aufeinander und beschriften sie mit Kreide.

Ein Arbeiter erzählt: „Unsere Steinbrüche sind weltberühmt. Die dünnen Kalkplatten lassen sich nämlich sehr gut zu Tischplatten, Fußbodenbelägen und Wandverkleidungen weiterverarbeiten. Das Besondere ist aber, daß in ihnen versteinerte Lebewesen, sogenannte **Fossilien,** eingeschlossen sind. Seht euch nur einmal genauer hier um!" Tatsächlich, einige der Platten zeigen deutlich versteinerte Pflänzchen, Ammoniten, ja sogar das Abbild eines zu Stein gewordenen Fisches ist zu erkennen. Fische hier mitten im Fels?

Nahe bei Solnhofen liegt ein Museum, wo wir weitere Auskunft erhalten. Fossilien von Fischen, Muscheln, Ammoniten, Wasserpflanzen, Insekten und selbst ein versteinerter Urvogel sind in den Kalkplatten gefunden worden.

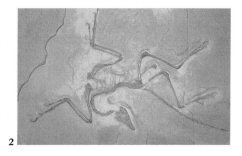

2

Die Kalkschichten sind vor etwa 140 Millionen Jahren entstanden. Damals war das Gebiet des heutigen Bayern von einem riesigen Meer, dem Jurameer, bedeckt. In diesem warmen Ozean wimmelte es von Lebewesen. Viele der damaligen Meeresbewohner, etwa Muscheln, Ammoniten, Korallentiere und Schwämme, bauten sich Schutzgehäuse aus Kalk. So entstanden gewaltige untermeerische Kalkbänke und Korallenriffe. Flüsse schwemmten zusätzlich Sand und Kalk ein. Im Laufe der Zeit zog sich das Meer wieder langsam zurück. Der über viele Jahrtausende abgelagerte Kalk verfestigte sich zu mächtigen Kalksteinschichten und schloß dabei die toten Tiere und Pflanzen ein. So bildete sich auch die mächtige Kalksteinschicht mit ihren Fossilien, die heute in Solnhofen abgebaut wird.

4

Ist das möglich: ein Arbeiter auf dem Meeresboden – mitten in Bayern?

3

Wir machen einen Versuch
– Wir füllen in ein leeres Aquarium etwas Wasser, in das wir vorher Tonerde eingerührt haben.
– Nach zwei Tagen hat sich die Tonerde als Schicht abgesetzt. Das nun noch über der Tonschicht stehende Wasser wird vorsichtig abgepumpt.
– Jetzt wiederholen wir den gleichen Versuch noch zweimal, wobei statt der Tonerde das zweite Mal Sand und das dritte Mal Kalk dem Wasser beigemischt werden.

3 Die Versteinerung eines Ammoniten, eines tintenfischähnlichen Meerestieres

Aufgaben
1 Worauf weist die Tatsache hin, daß in den Solnhofener Steinbrüchen neben Versteinerungen von Meerestieren auch solche von Landtieren und Insekten gefunden werden?
2 Überlege, ob die unter den Solnhofener Plattenkalken liegenden Gesteinsschichten jünger oder älter als die Plattenkalke sind. Begründe deine Entscheidung.
3 Schaue nach, ob du in deiner Umgebung Tischplatten, Fensterbänke, Fußböden oder Treppenstufen aus geschliffenen Kalkplatten entdecken kannst. Sind darin Versteinerungen zu finden?
4 Führe den dargestellten Versuch durch, und beschreibe das Ergebnis.

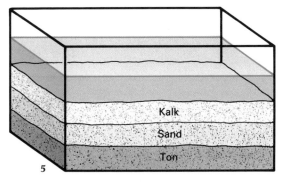

5

5 Erkläre anhand des Versuchs (5), wie Schichtgesteine entstehen. Was entspricht in der Natur zum Beispiel dem Aquarium?

29

Von wegen, wertlose Steine!

6

Welche Steine und mineralischen Baustoffe wurden beim Bau eures Schulgebäudes verwendet?
Dazu gehören Zement, Gips, Beton, Dachziegel …

häufig werden diese kleinen Teilchen von Bächen und Flüssen transportiert und in Seen oder Meeren abgelagert.

Erstarrungsgesteine (magmatische Gesteine) sind aus glutflüssigem Material entstanden. Wo dieses aus dem Erdinneren empordringt und erstarrt, bilden sich zum Beispiel Basalte oder Granite (siehe Seite 45).

Umwandlungsgesteine (metamorphe Gesteine), wie zum Beispiel Gneis (siehe Seite 45) oder Marmor, sind aus älteren Gesteinen entstanden. Wurden diese in größere Erdtiefen gedrückt, so waren sie dem hohen Druck und den zumeist auch hohen Temperaturen, die dort herrschen, ausgesetzt. Die Ausgangsgesteine wurden stark verformt oder sogar aufgeschmolzen.

Jedes Gestein auf der Erdoberfläche wird im Laufe der Zeit wieder in kleinere Bestandteile zerlegt, von Flüssen, Gletschern oder dem Wind in andere Gebiete transportiert und dort abgelagert. So entstehen Lockergesteinsablagerungen, wie etwa Sand, Kies bzw. Schotter, oder in feiner Form auch Lehm und Ton. Da diese Ablagerungen zunächst an der Erdoberfläche liegen, können sie dort vom Menschen leicht abgebaut werden. Häufig verarbeitet man sie zu sogenannten mineralischen Baustoffen.

Hast du schon einmal darüber nachgedacht, wie viele wichtige Baustoffe und andere Erzeugnisse aus scheinbar wertlosen Gesteinen hergestellt werden? Die Fotos unten zeigen dir zwei Beispiele.

Doch Gestein ist nicht gleich Gestein! Sicherlich weißt du, daß Kreidekalk, der zur Herstellung von Kreidestiften verwendet wird, verhältnismäßig weich ist. Granit, den du von Pflastersteinen her kennst, ist wesentlich härter.

Gesteine können auf drei verschiedene Weisen entstehen: als Schichtgesteine, als Erstarrungsgesteine oder als Umwandlungsgesteine.

Schichtgesteine (Sedimentgesteine) werden dadurch gebildet, daß sich nach und nach Gesteinsteilchen (zum Beispiel Sandkörner) übereinander ablagern und sich schließlich zu einer festen Gesteinsschicht zusammenfügen. Sehr

Aufgabe

1 Gibt es in der Nähe deines Wohn- oder Schulortes Kiesgruben oder Steinbrüche? Was verraten sie über die erdgeschichtlichen Vorgänge in deiner Heimat?

Schichtgesteine		**Erstarrungsgesteine**		**Umwandlungsgesteine**	
(Sedimentgesteine)		(magmatische Gesteine)		(metamorphe Gesteine)	
z. B.		z. B.		z. B.	
Kalkstein	Sandstein	Granit	Basalt	Marmor	Gneis
↓	↓	↓	↓	↓	↓
Mauersteine Platten Zement (gebrannt u. gemahlen)	Bausteine Platten	Pflastersteine	Gleisfundament Straßenschotter Mühlsteine	Bausteine Gedenksteine Bildhauerei	Schotter

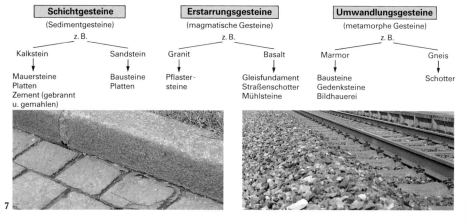

7

Entstehung von Bodenschätzen – Beispiel Salz

Bei dem Wort **Salz** denkt heute wohl niemand an einen wertvollen Bodenschatz. Als es aber noch keine Kühlschränke und Konservendosen gab, spielte Salz für die Konservierung von schnell verderblichen Nahrungsmitteln, vor allem von Fleisch, eine wichtige Rolle. Salz entzieht nämlich Wasser und nimmt damit den zersetzenden Bakterien die Lebensgrundlage. Für das Einpökeln von Fleisch benötigte man große Mengen Salz. Da es nur an wenigen Stellen in Europa Kochsalzvorkommen gab, war Salz eine begehrte und teure Handelsware. Ortsnamen mit „Salz-" oder der Silbe „-hall" („halle" bedeutet mittelhochdeutsch Salzquelle) weisen auf nahegelegene Salzvorkommen hin.

In Bayern gibt es bei Berchtesgaden größere Steinsalzlager. Um Speisesalz zu gewinnen, pumpt man Wasser in künstlich geschaffene unterirdische Kammern. Das Salz löst sich im Wasser auf; Steine und Ton sinken zu Boden. Die salzhaltige Lösung, die Sole, leitet man in Rohrleitungen in das 20 Kilometer entfernte Bad Reichenhall. Hier wird die Sole gereinigt, das Wasser läßt man verdampfen. So erhält man reines Siedesalz.

In der chemischen Industrie spielt eine andere Salzart eine wichtige Rolle. In Nordwestdeutschland haben sich am Ende des Erdaltertums (Perm – siehe Seite 114) große Kalisalzlager gebildet. Hier wird heute das Salz im Untertagebau abgebaut und zum Beispiel zu Kunstdünger verarbeitet.

9 **Meersalzgewinnung bei Manfredonia, Süditalien**

Kochsalzkristalle selber „züchten":
1. In heißem Wasser viel Salz auflösen.
2. Wollfaden in Salzlösung hängen. (Zuvor in Knoten ein Salzkristall drücken.)
3. Offenes Glas auf Heizung oder an warmen Platz stellen, so daß Wasser verdunsten kann. Einige Tage warten.

Wie Salzlager entstanden

Hört man das Wort Salz, denkt man zuerst an Kochsalz. Es gibt aber auch Salze mit anderer chemischer Zusammensetzung.

Wenn salzhaltiges Wasser verdunstet, bleibt Salz zurück. Wird in einem Gebiet mit trockenem und warmem Klima eine Meeresbucht vom offenen Meer abgeschnürt, so steigt hier allmählich die Salzkonzentration. Zunächst scheiden sich am Boden Schichten aus schwerer löslichen Salzen ab. Verdunstet noch mehr Wasser, kristallisieren auch leichter lösliche Salze aus, wie etwa das Kochsalz. Ist dann das gesamte Wasser verdunstet, so ist eine neue Salzlagerstätte entstanden. Wenn sie mit wasserundurchdringlichen Schichten nach oben abgedichtet wird, bleibt sie erhalten.

Aufgaben

2 Suche auf einer Karte am Alpenrand liegende Orte mit der Silbe „Salz-" oder „-hall". Gewinnt man in ihrer Nähe heute noch Salz?

3 Erkläre anhand der Abbildung (8), wie in einer Meeresbucht Salz auskristallisieren kann. Warum geschieht dies heute nicht in Nord- oder Ostsee?

4 Suche auf einer Karte des Nahen Ostens das Tote Meer. Es hat einen so hohen Salzgehalt, daß ein Mensch dort beim Baden nicht untergeht. Warum ist wohl gerade dieses Meer so salzhaltig?

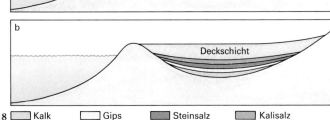

a gelegentliches Überströmen — Verdunstung

offenes Meer

b — Deckschicht

8 ☐ Kalk   ☐ Gips   ☐ Steinsalz   ☐ Kalisalz

1 Auch in Deutschland wackeln die Wände: bei Hechingen auf der Schwäbischen Alb
2 Ein Erdbeben in Norditalien zerstörte den Ort

ERDBEBEN UND VULKANISMUS

Bisher 812 Tote geborgen
(10. Mai 1976) Starke neue Erdstöße haben im norditalienischen Katastrophengebiet Friaul in der Nacht zum Sonntag wieder Tote und Verletzte gefordert. Rettungsmannschaften bargen 812 Tote aus den Trümmern. Man rechnet damit, daß 1000 Menschen umgekommen sind. 150 000 Menschen wurden obdachlos. Bei den Sucharbeiten stoßen die Helfer immer noch auf Überlebende. An verschiedenen Orten herrscht Wassermangel. Um der Gefahr von Epidemien zu begegnen, werden Massenimpfungen durchgeführt.
(Aus einem Zeitungsbericht)

3

Immer wieder erreichen uns Schreckensnachrichten von verheerenden Erdbeben, zum Beispiel aus Japan, China, Kalifornien und aus Südeuropa. Die dabei entstehenden Schäden sind oft unvorstellbar groß; innerhalb weniger Sekunden werden ganze Städte zerstört, Straßen und Gebäude meterweit gegeneinander verschoben, Erdspalten reißen auf, aus zerborstenen Rohren strömt Gas aus und verursacht Feuersbrünste, umstürzende Hauswände begraben Menschen unter sich.

Auch Vulkanausbrüche können fürchterliche Folgen für die Menschen haben. Eine der folgenschwersten Katastrophen in der Menschheitsgeschichte verursachte am 24. August des Jahres 79 n. Chr. der Ausbruch des Vulkans Vesuv in der Nähe der heutigen italienischen Stadt Neapel.

So funktioniert ein einfacher Seismograph (Meßgerät, das Erdbeben aufzeichnet): Wenn sich der Boden auf und ab bewegt, folgt die schwere Kugel mit dem Zeichenstift dieser Bewegung zeitverzögert, weil die Feder die Stöße dämpft. Auf einem Papierstreifen, der mit der Vorrichtung verbunden ist und über Rollen am Zeichenstift vorbeigeführt wird, kann so das Beben aufgezeichnet werden.

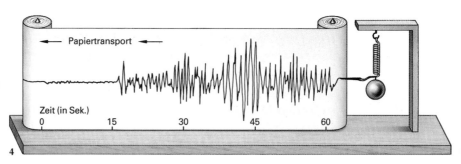

Papiertransport

Zeit (in Sek.)
0   15   30   45   60

4

Ein römischer Geschichtsschreiber berichtet über den Ausbruch des Vesuv und die Zerstörung von Herculaneum, Pompeji und anderen Städten:
„Plötzlich erschütterten Erdbeben das Gebiet. Der Gipfel des Berges riß auf, und eine riesige, dunkle, brodelnde Wolke quoll hervor. Asche, kleine Lavabrocken und Felstrümmer verschütteten die umliegenden Städte bis zu sieben Meter hoch. 20–30 Meter hohe Schlammströme aus Asche und Wasser wälzten sich zu Tale. Unter ihnen wurde die Stadt Herculaneum begraben. Sicher konnten sich viele Bewohner der Städte retten, aber einer großen Anzahl, wir schätzen mehrere tausend, gelang dies nicht."

6

Pompeji. Im Hintergrund der Vesuv

5

Glühende Lava am Ätna auf Sizilien

Wie entstehen Erdbeben? Wie kommt es zu Vulkanismus?

Wissenschaftler haben herausgefunden, daß Erdbeben ebenso wie Vulkanismus nicht an jeder beliebigen Stelle der Erdoberfläche auftreten, sondern nur in ganz bestimmten Gebieten. Diese liegen in bandförmigen Zonen, die sich wie ein Netz über die Erdoberfläche verteilen.
Heute weiß man, daß die Erdkruste aus vielen einzelnen großen und kleineren Bruchstücken besteht – sogenannten Platten. Sie treiben auf der heißen, zähflüssigen Schicht des darunterliegenden Erdmantels. Dort, wo die Platten aufeinandertreffen, entsteht in der Erdkruste eine starke Reibung und Spannung. Die Reibung setzt Kräfte frei, die zu Erdbeben führen. Aufgeschmolzenes Gesteinsmaterial bricht entlang von Spalten häufig bis zur Erdoberfläche durch – Vulkane entstehen.

Aufgaben
1 Erkläre anhand der Zeichnung (7), wie Erdbeben und Vulkanausbrüche entstehen können.
2 Beschreibe den Verlauf des Erdbebens, das vom Seismographen (Abbildung 4) aufgezeichnet wurde. Beachte die Zeitangaben und unterscheide zwischen Vor-, Haupt- und Nachbeben.
3 Schlage in einem Lexikon den Begriff Richterskala nach. Bei welchem Wert dieser Skala sind Wohnhäuser einsturzgefährdet?
4 Im Atlas gibt es eine Weltkarte zum Thema Erdbeben und Vulkanismus. Beschreibe, wo sich Gebiete befinden, in denen beide Erscheinungen besonders stark auftreten.

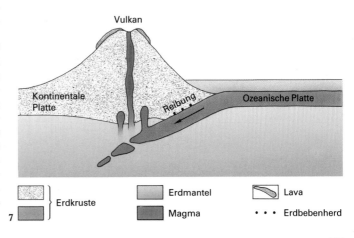

7

Vulkan

Kontinentale Platte

Reibung

Ozeanische Platte

Erdkruste

Erdmantel

Magma

Lava

• • • Erdbebenherd

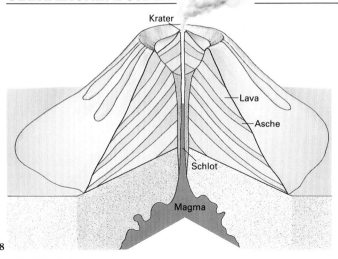

Krater

Lava

Asche

Schlot

Magma

8

Schnitt durch den Vulkan Vesuv. Bei seinem Ausbruch im Jahre 79 n. Chr. begrub er die römische Stadt Pompeji unter einer bis zu sieben Meter hohen Ascheschicht.

Schichtvulkane, die abwechselnd Lava und Asche auswerfen, lagern diese Materialien nach und nach an ihren Flanken ab, so daß ihre Vulkankegel mit der Zeit immer höher werden. Diese Vulkanberge sind steil und hoch.

Es gibt noch andere Vulkanformen auf der Erde: **Schildvulkane** entstehen, wenn besonders heiße und dünnflüssige Lava austritt. Sie fließt dann sehr schnell (manchmal 50 km pro Stunde) und breitet sich bis weit vom Kraterrand entfernt aus. Die so entstandenen Vulkanberge sind flacher, aber sehr breit. Wir finden sie beispielsweise auf den Inseln von Hawaii und auf Island.

In manchen Gebieten der Erde zieht man aus dem Vulkanismus auch Nutzen. Vulkanische Asche verwittert und kann im Laufe der Zeit zu fruchtbarem Boden werden. Mit dem heißen Wasser aus Quellen beheizt man in Island Treibhäuser und Wohnungen. In Gebieten, in denen die vulkanische Tätigkeit

In den Gebieten der Erde, in denen die Erdkruste von tiefen Rissen durchzogen ist, müssen die Menschen mit Vulkanausbrüchen rechnen. Glühendes Magma, Gesteinsschmelze aus dem Erdmantel, quillt in die Erdkruste. Es fließt aus der Öffnung des Vulkans, dem Krater, als **Lava** heraus. Bevor Lavaströme langsam erkalten und dabei erstarren, walzen sie häufig ganze Ortschaften nieder.

Explosionsartig ausgeworfene Felsbrokken durchschlagen Hausdächer, heiße Asche begräbt Städte unter sich. Die

9 Krater des Ätna
10 Heiße Wasserfontäne eines Geysirs in Island
11 Gemündener Maar und Totenmaar bei Daun

10

9

nachgelassen hat, bleibt der obere Bereich der Erdkruste noch viele Jahrzehnte lang warm. Diese Erdwärme wird zur Energiegewinnung in Kraftwerken genutzt. Dabei pumpt man kaltes Wasser in die heißen Gesteinszonen. Dort wird es so stark erhitzt, daß es verdampft. Der Dampf treibt Turbinen an, mit deren Hilfe man elektrische Energie gewinnen kann.

Deutschland – ein Vulkangebiet?

Hättest du vor einigen Millionen Jahren gelebt, dann wärst du Zeuge von Vulkanausbrüchen auch im Gebiet des heutigen Deutschland gewesen! Vulkane gab es in der Eifel und in der Rhön, im Hessischen Bergland und im Westerwald, auf der Schwäbischen Alb, in der Oberpfalz und auch im Hegau. Heute sind diese Vulkane alle nicht mehr tätig; die meisten sind bereits seit Millionen von Jahren erloschen.

In der Eifel finden wir noch weitere Zeugen des Vulkanismus. Es sind runde Vertiefungen, in denen oft ein See entstanden ist: die Maare. Meist war es nur ein Gasausbruch, der dort vor etwa

In einem Basaltsteinbruch bei Kemnath/Oberpfalz.
Basalt erstarrt meist zu sechseckigen Säulen. Wegen seiner Härte wird er als Baustoff, Gleisschotter und zur Befestigung von Dämmen an der Küste verwendet.

12

1

Aufgaben

5 Suche im Atlas die genannten Vulkanlandschaften Deutschlands.

6 Erkläre anhand der Abbildung (13), wie die Vulkanlandschaft im Hegau entstanden ist.

7 a) Erläutere die Unterschiede zwischen Schichtvulkanen und Schildvulkanen.
b) Ordne den Vesuv (Foto 6) einem der Vulkantypen zu.

8 Warum sind viele alte Vulkane Deutschlands eine wichtige „Rohstoffquelle"?

10 000 Jahren explosionsartig Gestein emporschleuderte. Rings um diese Explosionstrichter fielen die Gesteinstrümmer wieder herab und bildeten einen ringförmigen Wall, in dem sich das Wasser zu Seen sammelte.

Viele Bergkuppen zum Beispiel im Hegau oder auf der Schwäbischen Alb waren am Anfang gar keine Vulkanberge. Das Magma war zwar bis dicht unter die Erdoberfläche aufgestiegen, aber nicht durchgebrochen. Erst im Laufe vieler Jahrtausende ist dann das umgebende weichere Gestein abgetragen worden. Das harte Basaltgestein ragt heute als Bergkuppe heraus.

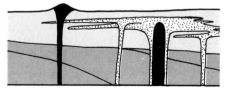

So ist die Vulkanlandschaft im Hegau entstanden.

Hegaulandschaft vor 15 Millionen Jahren

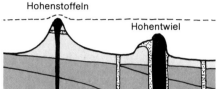

Hohenstoffeln

Hohentwiel

Hegaulandschaft heute

Hegaulandschaft mit Hohenstoffeln

13

35

1
Die Zugspitze

DIE ALPEN – EIN HOCHGEBIRGE

Drei Schüler haben in ihren Ferien Bergwanderungen in den Alpen gemacht. Dabei ist ihnen an den Steinen etwas Besonderes aufgefallen. Sie berichten:
Hans: „Wir waren in Südtirol, in den Dolomiten. Wo wir wohnten, soll früher Meeresboden gewesen sein. Man sagte uns, die steil aufragenden Bergmassive, wie zum Beispiel der Schlern, seien Reste von riesigen Korallenriffen, wie es sie heute noch in warmen Meeren der Südsee gibt."
Bernd: „Ich habe einige Steine mit Abdrücken von Muscheln, Seeigeln und Schnecken gefunden. Diese Meerestiere sollen vor Millionen Jahren gelebt haben. Nun findet man solche Fossilien in 1000 Metern Höhe über dem Meeresspiegel. Wie kommen die Tiere in solche Höhen?"
Christian: „Wir haben Steine gesehen, die lagen in einzelnen Schichten richtig in Falten. Auch bei einigen Felswänden waren ganze Schichten verbogen. Irgendeine gewaltige Kraft muß sie zusammengeschoben haben."

Die Faltung von Gestein kann man auch am kleinen Handstück beobachten.

Was sagen solche Beobachtungen über die Entstehung der Alpen aus? Geologen – das sind Wissenschaftler, die die Entwicklungsgeschichte unserer Erde erforschen – erklären die Entstehung der Alpen so:
Wo heute das Hochgebirge liegt, erstreckte sich vor mehr als 200 Millionen Jahren ein ausgedehntes Meer. In ihm lebten viele Schalentiere, wie Muscheln und Schnecken. In seichten Becken bauten Korallentiere gewaltige Riffe auf. Vom nördlichen Festland brachten die einmündenden Flüsse Schlamm, Geröll und Sand, das Abtragungsmaterial benachbarter Gebirge, zum Meer. Zusammen mit den Kalkschalen abgestorbener Meerestiere lagerte sich diese Fracht auf dem Meeresboden ab.
Da sich der Boden unter dem zunehmenden Gewicht der Ablagerungen langsam senkte, konnte sich Schicht auf Schicht legen. So bildeten sich im Laufe von Millionen Jahren Ablagerungen, die viele hundert Meter mächtig wurden. Sie verfestigten sich allmählich zu Gestein. Aus Sand wurde Sandstein, Kalk wurde zu Kalkstein, aus feinem Material wurde Mergel. Diese Gesteinsschichten lagen zunächst waagrecht übereinander.

Ein Gebirge entsteht

Du hast schon erfahren, daß die Erdkruste aus riesigen Platten besteht, die sich allmählich verschieben. So schoben sich im Bereich der heutigen Alpen zwei Platten langsam gegeneinander. Dabei wurde das Meeresbecken mit den darin abgelagerten Schichten in der Tiefe zusammengedrückt. Vor allem von Süden her war der Druck groß.

Bei hohem Druck verhält sich selbst hartes Gestein so, als ob es plastisch wäre. Wie ein zäher Teig läßt es sich „kneten" und verfalten. Allerdings geht dies fast unvorstellbar langsam vor sich. Durch den ständigen Druck wurden die mächtigen Ablagerungen in der Tiefe verbogen und meist zu Falten zusammengepreßt. Auch wurden ganze Schichtpakete übereinander geschoben und viele Kilometer weit nach Norden gedrückt. Nun nahmen die ursprünglich waagrecht gelagerten Gesteine nur noch einen Teil der Fläche ein, die sie vorher hatten. Die Geologen schätzen, daß das Meeresbecken samt seinem Untergrund 150–200 Kilometer zusammengeschoben wurde.

Die gefalteten und verschobenen, oft steil gestellten Schichten wurden schließlich emporgehoben. Ein junges Gebirge, die Alpen, stieg langsam aus dem Meer empor.

Sobald die ersten Gipfel des jungen Gebirges als Inseln aus dem Meer auftauchten, begann auch schon die Zerstörung und Abtragung ihres Gesteins. Nur weil die Hebung des Gebirges rascher erfolgte als seine Abtragung, konnten die Alpen ihre jetzige Höhe erreichen – sie sind ein **Hochgebirge** mit Gipfeln von über 4000 Meter Höhe. Heute kann man mit Laser-Geräten die Alpen auf den Millimeter genau vermessen und stellt dabei fest, daß sie sich immer noch heben. In den letzten 100 Jahren waren es etwa drei Zentimeter.

Außer den Alpen entstanden in jenem Erdzeitalter noch weitere Gebirge auf der Erde – in ähnlicher Weise. Beispiele sind die Pyrenäen, die Karpaten, der Kaukasus und das höchste Gebirge der Erde, der Himalaja.

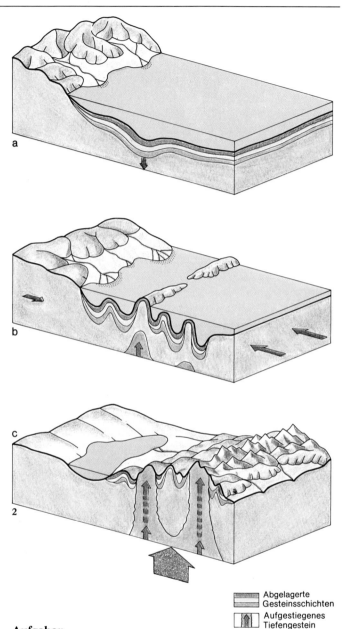

Abgelagerte Gesteinsschichten

Aufgestiegenes Tiefengestein

Aufgaben

1 Beschreibe anhand der Zeichnungen (2a, b, c) die Entstehung eines Gebirges.
2 Mit welchen Abschnitten der Alpenentstehung haben die Beobachtungen von Hans, Bernd und Christian zu tun?
3 Verfolge auf einer Weltkarte im Atlas den Verlauf der „Kette" junger Hochgebirge von Europa nach Asien. Beschreibe die Lage der im Text genannten Gebirge.

Die Drei Zinnen in den Dolomiten

1

AUCH GEBIRGE VERGEHEN

„Achtung, Steinschlag!" Auf Straßen, die durch die Alpen führen, warnen häufig solche Verkehrsschilder. Gesteinsbrocken auf der Fahrbahn lassen nicht daran zweifeln, daß man diese Warnung ernst nehmen muß. Auch der Bergwanderer stößt immer wieder auf Hänge, die mit Gesteinstrümmern übersät sind.

Die Natur baut nicht nur neue Gebirge auf; sie arbeitet auch an ihrer Zerstörung. Von einem einst hochragenden Gipfel bleiben so schließlich nur noch Gesteinstrümmer übrig.

Die Zerstörung beginnt mit der **Verwitterung** der Gesteine. Das kann auf unterschiedliche Weise geschehen:

– In höheren Gebirgslagen lassen die Temperaturunterschiede zwischen Tag und Nacht im Gestein feinste Risse entstehen. Es wird allmählich mürbe.

2 Die Reuß bei Göschenen, Schweiz

– Bestimmte Stoffe im Regenwasser können die Oberfläche der Gesteine angreifen und zersetzen. Im Kalkstein löst das Wasser den Kalk und vergrößert so die Gesteinsklüfte. Einzelne Felsbrocken können sich lösen und zu Tal stürzen.

– Steht in den Gesteinsklüften Wasser,

dann wird es beim Absinken der Temperatur unter den Gefrierpunkt zu Eis. Da Eis ein größeres Volumen hat als Wasser, kommt es zur Frostsprengung. Auch hierbei lockern sich die Gesteinsteile.

Abgebrochene Gesteinstrümmer sammeln sich meist als Schutt am Fuße des Berges oder der Felswand. Nach Unwettern wälzen sich oft auch Muren aus durchweichter Erde, Wasser, Steinen und Felsblöcken in das Tal.

Da die Gesteine unterschiedlich widerstandsfähig gegenüber der Verwitterung sind, geht auch die Abtragung unterschiedlich schnell vor sich. Vor allem Bäche und Flüsse arbeiten ständig an der **Abtragung,** man sagt dazu auch **Erosion,** des Gebirges. Sie transportieren den Gesteinsschutt weg. Dabei graben sie ihr Bett immer tiefer in das Gebirge ein.

Im Gebirge entstehen zunächst häufig **Kerbtäler.** Wegen ihrer abgeschrägten Talseiten nennt man sie auch V-Täler.

2

Ihre Hänge sind zumeist von Rinnen und Bächen zerschnitten. Das Abtragungsmaterial, das sich am Talboden sammelt, wird vom Fluß forttransportiert.

Der Neckar bei Bietig-heim

Die Steine erhalten durch den Transport im Flußwasser ihre besondere Form. Jeder hat bestimmt schon die schön gerundeten Kieselsteine am Ufer eines Flusses gesehen! Während des Transports prallen nämlich die Steine aneinander, schlagen auf dem Grund des Flusses auf und runden sich dabei ab. Je weiter talabwärts sie gelangen, desto kleiner werden sie.

Nimmt das Gefälle ab, so verringert sich auch die Fließgeschwindigkeit des Wassers. Der Fluß beginnt zu „pendeln" und bildet Schlingen **(Mäander).** Daß er langsamer fließt, hat Folgen: Die Transportkraft des Wassers erlahmt, und der Fluß lagert das Geröll ab, das er bis dahin mit sich führte. Zuerst bleiben die schweren Steine liegen, dann die leichteren und kleinen. Im Flußbett bilden sich Kies- und Sandbänke: der Fluß **sedimentiert.**

Sand und allerfeinstes Material (Schluff) kann der Fluß am weitesten transportieren – bis zu einem See oder bis zum Meer. Dort, wo der Fluß mündet, werden die Sedimente häufig fächerförmig abgelagert. Ein **Delta** entsteht.

Aufgaben

1 Erkläre die Vorgänge, die jeweils zu den Landschaftsformen in den Fotos (1–4) geführt haben.

2 Die Wirkung der Erosion hängt auch davon ab, wie schnell das Wasser fließt. Wo im Verlauf eines Flusses werden Abschnitte mit besonders starker Erosion sein?

3 Erosion und Sedimentation kannst du nach einem starken Regenguß auch im Garten oder auf den Feldern beobachten. Beschreibe ein solches Beispiel.

Die Mündung der Tiroler Ache in den Chiemsee

GLETSCHER UND EISZEIT

Die Schweiz ist das Land der Gletscher. Mehr als 1800 Gletscher hat man dort gezählt, darunter den größten Gletscher Europas, den Aletsch. Er ist 25 Kilometer lang; seine Eismassen bedecken ein Gebiet, das viel größer ist als der Chiemsee. Wie können solche Eisriesen in den Alpen entstehen?

In Höhen über 3000 Meter steigt auch während des Sommers die Temperatur nur kurze Zeit über den Gefrierpunkt. Deshalb fallen dort auch in der warmen Jahreszeit die Niederschläge meist als Schnee. In weiten Mulden unterhalb der steilen Gipfel legt sich so während des ganzen Jahres eine Schneeschicht über die andere. Im Lauf der Zeit entsteht aus dem Schnee **Gletschereis**.

Die schweren Eismassen des Gletschers bewegen sich langsam talwärts. Je nach Gefälle und Mächtigkeit des Eises liegt die „Geschwindigkeit" zwischen wenigen Metern und 100 Metern im Jahr. Dabei bilden sich an der Oberfläche Risse und tiefe Spalten. Ihre Überquerung ist für Bergsteiger sehr gefährlich, vor allem dann, wenn sie von Schnee überdeckt sind.

Der obere Teil des Gletschers wird reichlich mit Schnee „genährt". In diesem **Nährgebiet** fällt während des Jahres mehr Schnee, als dort an warmen Tagen abtauen kann. Der untere Teil mit der **Gletscherzunge** ist das **Zehrgebiet**. Hier schmilzt das Eis; in Gletscherbächen fließt das Schmelzwasser ab.

Der Gletscher schleppt Schuttbrocken und Sand mit sich. Er hat Gesteine vom Untergrund losgerissen, oder sie sind seitlich von den Hängen auf die Eisfläche gestürzt. Die vielen im Eis eingelagerten Steinbrocken hobeln den Untergrund ab, wenn sich der Gletscher talwärts bewegt. Wo das Eis abtaut, bleibt der Gesteinsschutt liegen. Er türmt sich am Gletscherrand zu hohen Wällen auf, den **Moränen**. Im Zehrgebiet wird die Gletscherzunge von Seitenmoränen begleitet. Am unteren Ende lagert sich das mitgeführte Material als Endmoränen ab.

An der Lage von Seiten- und Endmoränen kann man ablesen, wie breit die Gletscherzunge in früherer Zeit war, und wie weit sie in das Tal hinabreichte.

Trogtal in den Zillertaler Alpen, Österreich

2

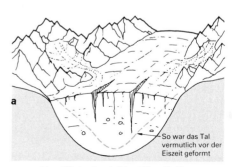

a

So war das Tal vermutlich vor der Eiszeit geformt

Das Gletschertal im Eiszeitalter

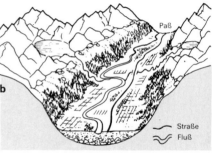

b

Paß

Straße
Fluß

3 **Das Trogtal heute**

5

Wie Gletschereis entsteht

Neuschnee

Durch wiederholtes Auftauen und Frieren entsteht körniger Altschnee, der **Firn**

Im Laufe der Zeit entsteht daraus **Firneis**

Weitere Schneeablagerungen pressen das Firneis zusammen. Nach einigen Jahren entsteht **Gletschereis**

Der Tschiervagletscher im Berninamassiv im südlichen Engadin, Schweiz

Die Alpen im Eiszeitalter

Zu einer Zeit, als es auf der Erde viel kälter war als heute, bedeckten große Eismassen weite Teile Europas. In den Alpen muß es damals so ausgesehen haben wie heute am Südpol; nur die Gipfel der höchsten Berge ragten aus einem „Meer von Eis" heraus. Die gewaltigen Eisströme, die sich langsam die Berghänge und Täler hinabbewegten, wirkten wie riesige Hobel. Sie machten die Täler tiefer und breiter. So entstanden die Trogtäler mit ihrem U-förmigen Querschnitt. Auch die meisten Seen der Alpen verdanken ihre Entstehung den Gletschern des Eiszeitalters.

Aufgaben

1 In dem Foto (4) sind einzelne Teile des Gletschers mit Buchstaben gekennzeichnet. Benenne die mit A, B, C und D bezeichneten Bereiche.

2 Die Zeichnungen (3a, 3b) zeigen dir, wie der Gletscher die Talform verändert hat.

a) Beschreibe die Talform vor und nach der Vergletscherung.

b) Wie mag das Tal zur Eiszeit ausgesehen haben? Lege ein Transparentpapier über das Foto (2) und zeichne die ungefähre Lage des ehemaligen Gletschers ein.

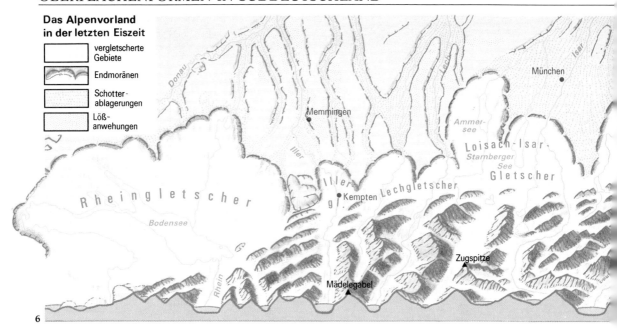

**Das Alpenvorland
in der letzten Eiszeit**

	vergletscherte Gebiete
	Endmoränen
	Schotter-ablagerungen
	Löß-anwehungen

6

Innerhalb von zwei Millionen Jahren waren die Gletscher viermal bis in das Alpenvorland vorgedrungen und hatten dort ihre Spuren hinterlassen. Man nennt diesen Zeitraum der jüngeren Erdgeschichte das **Eiszeitalter.**

Noch vor etwa 20000 Jahren reichten die Gletscher weit in das Vorland hinaus. Es war die letzte Eiszeit. Damals war auch ganz Nordeuropa von einer mächtigen Eisschicht bedeckt, wie wir sie heute noch in Grönland und in den Polargebieten finden. Die von Norden vorrückenden Gletscher reichten zeitweise bis an den Nordrand der deutschen Mittelgebirge. So entstand zum Beispiel in Mecklenburg eine ähnliche Eiszeitlandschaft wie im Alpenvorland.

7

Spuren der Eiszeit im Alpenvorland

Wo das Alpenvorland von Eismassen bedeckt war, erstreckt sich heute die abwechslungsreiche **Grundmoränenlandschaft** mit Wiesen, Mooren und kleinen Seen. Die Landwirtschaft findet dort zum Teil gute Bodenverhältnisse, denn am Grund der Gletscher wurde unter dem Gewicht der wandernden Eismassen Gestein zu feinkörnigem Gesteinsmehl zermahlen.

Wo sich die schweren Eismassen langsam in das Vorland hinausschoben, schürften die Gletscherzungen auch tiefe, meist langgestreckte Becken aus. Darin entstanden nach dem Abschmelzen des Eises große **Zungenbeckenseen,** wie der Chiemsee, der Starnberger See, der Ammersee und der Bodensee.

Am Inn, an der Isar und an der Salzach hatten sich ebenfalls solche Seen gebildet; doch vor langer Zeit durchbrach das gestaute Wasser die hohen Endmoränenwälle. Nur weite Ebenen erinnern noch daran, daß sich dort einst Zungenbeckenseen befanden. Aber auch die heute noch bestehenden Seen werden allmählich kleiner, weil einmündende Flüsse mitgeführtes Gesteinsmaterial im Seebecken ablagern.

Aufgaben
3 Beschreibe, was die Karte (6) über die Entstehung der Landschaftsformen im Alpenvorland aussagt:
a) Wie sah die Landschaft im ehemals vergletscherten Gebiet in der Eiszeit aus?
b) Auf welche Weise hat im Gebiet vor den Endmoränen das austretende Schmelzwasser die Landschaft geprägt?
4 Arbeite mit der Zeichnung (8).
a) Lege ein Transparentpapier auf und trage ein, aus welcher Richtung der Gletscher kam und wie weit er in der Eiszeit reichte.
b) Ordne den Buchstaben A, B, C und D die richtigen Begriffe zu. A = …

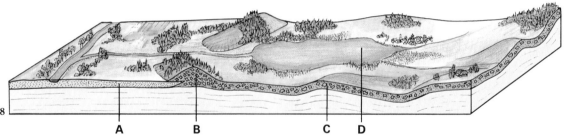

8   A   B   C   D

Starnberger See

Vor den **Endmoränen** schütteten die Schmelzwasserflüsse ausgedehnte Flächen aus Kies und Sand auf. Die Landeshauptstadt München liegt auf einer solchen ebenen **Schotterplatte**.

Aus den weiten Schotterflächen haben heftige Stürme feinen Gesteinsstaub ausgeblasen. Wo er sich absetzte, entstanden Lößablagerungen. Ein Beispiel ist der Dungau (siehe Karte S. 78).

In dem unwirtlichen Land vor den Gletschern lebten in der letzten Eiszeit bereits Menschen. Sie waren Jäger und Sammler. Funde in Kies- und Sandgruben Südbayerns belegen, daß in jener Zeit Mammutherden das Land durchzogen. Moschusochsen und Säbelzahntiger waren ebenfalls Bewohner der Eiszeitlandschaft. 9

1 Bayerischer Wald bei Schönberg

ALTE MITTEL-GEBIRGE IN SÜD-DEUTSCHLAND

Der Frankenwald im Norden Bayerns ist viel niedriger als die Alpen: er ist ein **Mittelgebirge.** Aber nicht nur in der Höhe unterscheidet er sich von diesem Hochgebirge: Seine Bergkuppen sind sanft gerundet, und Wald bedeckt die Höhen. In kleinen, oft steilwandigen Tälern streben zahlreiche Flüßchen und

Mittelgebirge und Stufenländer in Süddeutschland. Diese Kartenskizze kannst du auch selbst anfertigen – schau nach auf Seite 110.

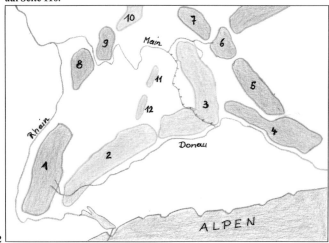

2

Bäche rasch der Saale und dem Main zu. Auf den Höhen liegen auch Dörfer mit ausgedehnten Wiesen und Feldern. Die Bauern können allerdings nicht mit hohen Erträgen rechnen. Die Böden sind steinig und karg. Das Wetter ist besonders im Winter rauh und kalt.

So wie im Frankenwald sieht es in den meisten Mittelgebirgen Süddeutschlands aus, zum Beispiel im Bayerischen Wald, im Oberpfälzer Wald oder im Schwarzwald.

Man möchte kaum glauben, daß diese Gebirge die gleiche Entwicklungsgeschichte durchlaufen haben wie später die Alpen! Das war noch viele Millionen Jahre, bevor es die Alpen gab.

Vor etwa 300 Millionen Jahren, im Erdaltertum, entstand nämlich in Europa ein gewaltiges Hochgebirge, das vom Osten des heutigen Frankreich bis ungefähr nach Polen reichte. Millionen Jahre lang war es der Verwitterung und der Abtragung ausgesetzt. Flüsse transportierten das Abtragungsmaterial in die Randmeere. Dort lagerte es sich in Schichten ab und wurde zu Gestein, aus dem später neue Gebirge entstanden.

Schließlich war das alte Gebirge völlig verschwunden. Das eingeebnete Gebiet war zuletzt mit mächtigen Schichten von Sand, Geröll und auch Meeresablagerungen zugedeckt.

44

Zur Zeit, als die Alpen gehoben wurden, war die Erdkruste in Bewegung. Teile des alten, abgetragenen Gebirges wurden aus dem Untergrund in die Höhe gedrückt. Sogleich setzte wieder die Abtragung ein; die Schichten, die sich auf dem alten Gebirge abgelagert hatten, sind heute fast restlos verschwunden. Deshalb ist in den Mittelgebirgen das **Grundgebirge** mit seinen alten Gesteinen, vor allem Gneis und Granit, wieder zum Vorschein gekommen.

Im Grundgebirge finden sich auch wichtige Erzlagerstätten von Kupfer, Blei, Zink oder Silber. Wo sich ihr Abbau lohnte, entstanden in früheren Jahrhunderten Bergwerke und Erzschmelzen zur Metallgewinnung.

Granit

Gneis

3

Aufgaben

1 Erstelle mit Hilfe des Atlas eine Liste der Mittelgebirge, die in der Kartenskizze (2) eingezeichnet sind.

Name	höchster Berg	Höhe
Bayerischer Wald	Großer Arber	1457 m
....	....	....

2 Vergleiche das Foto vom Bayerischen Wald (1) mit dem Foto aus den Alpen (Seite 36). Worin unterscheidet sich das Mittelgebirge vom Hochgebirge?
Beachte die wichtigsten Merkmale: Höhe, Formen der Gipfel und der Täler, Gestein, Pflanzenwuchs.

3 Beschreibe, wie sich der Oberrheingraben seit seiner Entstehung verändert hat (Abbildung 4).

Wie der Oberrheingraben entstand

In der Zeit, als Teile des alten Grundgebirges in die Höhe gedrückt wurden, entstand in Süddeutschland zugleich auch ein großer Grabenbruch. Am auffälligsten ist er zwischen Basel und Mainz ausgebildet: Hier durchfließt der Oberrhein diesen Grabenbruch.

Er entstand dadurch, daß das Grundgebirge mit seinen mächtigen Deckschichten an dieser Stelle nicht einfach nur herausgehoben wurde. Es wölbte sich vielmehr wie eine Kuppe und riß dann an der höchsten Stelle auf. Ein Streifen des Gebirges brach ein und sank mit seinen Gesteinsschichten langsam in die Tiefe. Die Randgebiete dagegen stiegen weiter auf, und ihre Deckschichten wurden abgetragen. Das alte Grundgebirge nahm nun die am höchsten gelegenen Gebiete ein. Es bildet heute große Teile der Gebirge zu beiden Seiten des Oberrheingrabens, wie zum Beispiel Schwarzwald und Vogesen.

Zwischen den Gebirgen wurden auf der Sohle des Grabens Sedimente abgelagert, sie bilden heute eine weithin ebene Fläche. In diese hat sich der Rhein eingetieft.

Schnitt von West nach Ost durch die Gesteinsschichten des Oberrheingrabens

a

vor ca. 50 Millionen Jahren

b

Oberrhein

Kaiserstuhl

heute

	jüngere Gesteine		Keuper		Buntsandstein		junge
4	Jura		Muschelkalk		Grundgebirge		Ergußgesteine

Landschaftsquerschnitt und geologischer Schnitt vom Spessart zum Oberpfälzer Wald

Spessart   Gäuland   Steigerwald

Würzburg 167 m

Lößdecke

Keuper

Muschelkalk

Buntsandstein

1

Spessart	**Gäuland**	**Steigerwald**	**Regnitzsenke**
Waldgebirge auf	Würzburger und Ochsenfurter Gäu	Schichtstufe des Keuper	Vorwiegend sandige Gebiete
Buntsandstein	Löß liegt auf Muschelkalk und Keuper	Waldgebiet auf Sand-	Verdichtungsraum Nürnberg
Fremdenverkehr	Fruchtbares Ackerland	stein	Verkehrswege (Main-
	Im Maintal Weinbau	Fremdenverkehr	Donau-Kanal)

NORD-BAYERISCHES STUFENLAND

Fährt man auf der Autobahn A 3 von Frankfurt/Main nach Nürnberg und dann auf der E 50 weiter nach Osten, so durchquert man zunächst den Spessart. Hinter Würzburg steigt dann das Land stufenförmig an. Ist die Höhe einer Stufe erreicht, fällt die Strecke allmählich nach Osten wieder ab – bis man zum Anstieg der nächsten Stufe gelangt. Wir sind im **Schichtstufenland.**

3

2

Eine Fahrt durch das Stufenland in Nordbayern ist zugleich eine Reise durch die Erdgeschichte – und zwar durch das „Mittelalter" der Erde. In jener Zeit entstanden gewaltige Gesteinsschichten. Nach ihrer Entstehungszeit hat man das Erdmittelalter gegliedert:

Buntsandstein: Seine Schichten entstanden aus Sand, den Flüsse in weiten Niederungen ausbreiteten. Dort verfestigte sich in trockenem Klima das Material zu Sandstein verschiedener Färbung.

Muschelkalk: Die Schichten des Muschelkalks lagerten sich über dem Buntsandstein ab, als das Land von einem Meer überflutet wurde. Fossilien beweisen, daß das Kalkgestein aus Meeressedimenten entstanden ist.

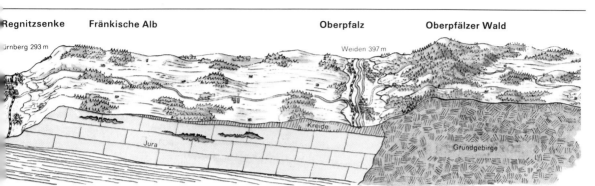

Regnitzsenke   Fränkische Alb   Oberpfalz   Oberpfälzer Wald

ürnberg 293 m   Weiden 397 m

Kreide

Jura

Grundgebirge

Fränkische Alb
Schichtstufe des Jura
Wasserdurchlässiges Kalkgestein
Wasserarmut an der Oberfläche
Höhlen
Fremdenverkehr (Fränkische Schweiz)

Oberpfalz
Übergang vom Sandstein (Kreide) zum
Grundgebirge (Granit/Gneis)
Altes Bergbau- und Industriegebiet

Oberpfälzer Wald
Waldgebirge auf Granit
und Gneis
Fremdenverkehr

Keuper: Über dem Muschelkalk lagerten sich verschiedenartige Gesteine ab: Tone, Sandsteine und Schiefer. Auch hier finden wir viele Fossilien, vor allem von Pflanzen und Fischen.

Jura: Wieder wurde das Gebiet des heutigen Stufenlandes von einem Meer überflutet. Kalk lagerte sich ab. Steile Felswände erinnern daran, daß hier Korallen und andere Meerestiere gewaltige Riffe aufgebaut haben. Sie trotzen

4

noch heute der Abtragung. Berühmt sind die Fossilfunde im Solnhofener Plattenkalk, wie zum Beispiel der Abdruck des Urvogels.

Kreide: In dieser Zeit lagerten sich Tone, Sandsteine und Kiese ab, als es zu einer erneuten Meeresüberflutung kam. Die Schichten sind nicht besonders

mächtig, da die Meeresbedeckung nicht lange dauerte.

Die Schichten des Erdmittelalters waren auf dem Sockel des alten, eingeebneten Gebirges abgelagert worden. Sie lagerten ursprünglich waagrecht.

Als der Oberrheingraben entstand, wurden sie schräg gestellt. Da im Westen die Hebung stärker war, sind dort die obersten (und damit jüngsten) Schichten als erste wieder abgetragen worden. Dabei wurden die tieferliegenden, älteren Gesteine freigelegt.

Eine besondere Attraktion sind die Tropfsteinhöhlen in der Jurastufe. Ausgedehnte Höhlensysteme früherer unterirdischer Flüsse hat man dort entdeckt.

Aufgaben

1 Das Landschaftsprofil (1) zeigt zwei Schichtstufen. Welche sind es?

2 Verfolge das Landschaftsprofil auf einer Atlaskarte.

a) Nenne die höchsten Berge im Spessart, auf der Fränkischen Alb und im Oberpfälzer Wald.

b) Wie heißen die Flüsse, die im Profil dargestellt sind?

3 Verfolge den Verlauf der Keuper- und Jurastufe auf der Atlaskarte. Welche Gebirge bilden sie?

4 Ordne die Fotos den entsprechenden Landschaften im Profil (1) zu.

47

Aufgaben

1 Diese Landschaft (2) findest du so nur im Buch. Aber du kannst vieles darin entdecken, was du bereits über Oberflächenformen gelernt hast. Ordne den Buchstaben und Zahlen die richtigen Begriffe zu:

A = Hochgebirge
B = ...
1 = Gletscher
2 = ...

2 a) Fließendes Wasser trägt ab und läßt Sedimente entstehen. Welche Nummern in der Zeichnung haben damit zu tun?

b) Erosion und Sedimentation kannst du auch „im Kleinen" selbst beobachten. Beschreibe das Foto (1), und nenne noch weitere Beispiele.

3 Steinbruch und Kies-/Sandgrube – das ist nicht das gleiche. Beschreibe die Unterschiede und versuche, sie zu erklären.

4 Im nordbayerischen Schichtstufenland gibt es verschiedene Gesteinsschichten, zum Beispiel: Keuper–Muschelkalk–Jura–Buntsandstein. Ordne sie nach dem Alter und beginne mit der ältesten.

5 Tropfsteinhöhlen sind beliebte Ausflugsziele. Wo kann man solche Höhlen finden?

6 Zwei Namen bezeichnen keine Mittelgebirge. Welche sind es?

Allgäu – Rhön – Schwäbische Alb – Spessart – Dungau – Steigerwald – Bayerischer Wald

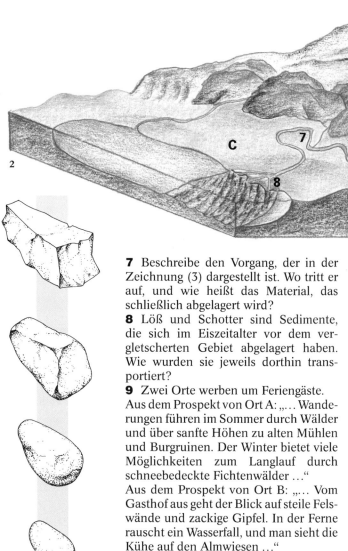

2

C

7

8

7 Beschreibe den Vorgang, der in der Zeichnung (3) dargestellt ist. Wo tritt er auf, und wie heißt das Material, das schließlich abgelagert wird?

8 Löß und Schotter sind Sedimente, die sich im Eiszeitalter vor dem vergletscherten Gebiet abgelagert haben. Wie wurden sie jeweils dorthin transportiert?

9 Zwei Orte werben um Feriengäste.

Aus dem Prospekt von Ort A: „... Wanderungen führen im Sommer durch Wälder und über sanfte Höhen zu alten Mühlen und Burgruinen. Der Winter bietet viele Möglichkeiten zum Langlauf durch schneebedeckte Fichtenwälder ..."

Aus dem Prospekt von Ort B: „... Vom Gasthof aus geht der Blick auf steile Felswände und zackige Gipfel. In der Ferne rauscht ein Wasserfall, und man sieht die Kühe auf den Almwiesen ..."

Wo in Bayern könnten die Orte A und B liegen? Begründe deine Entscheidung.

1

3

10 Kalkstein, Basalt und Sandstein sind häufig vorkommende Gesteine. Welcher Stein ist aus vulkanischem Magma entstanden, welcher aus Meeresablagerungen, welcher hat sich aus Material gebildet, das vom Wind oder vom Wasser zusammengetragen wurde?

11 Was „erzählen" die Churfirsten (Schweiz) über die Entstehung der Alpen? Beschreibe das Foto (4).

Vulkanische Asche zieht um die Welt
Umweltkatastrophe nach …?

10 000 Obdachlose in der Türkei

Schlammflut tötete 19 000 Menschen am Nevado del Ruiz

Heftige Erdstöße erschüttern San Francisco

Pinatubo erneut ausgebrochen

8000 m hohe Rauchsäule verdunkelte den Himmel …

Beben löste Flutwelle aus

12 In verschiedenen Gebieten der Erde ereignen sich immer wieder Vulkanausbrüche und Erdbeben. Sammle im Laufe des Schuljahres Berichte über solche Ereignisse, und lege eine Mappe an.

49

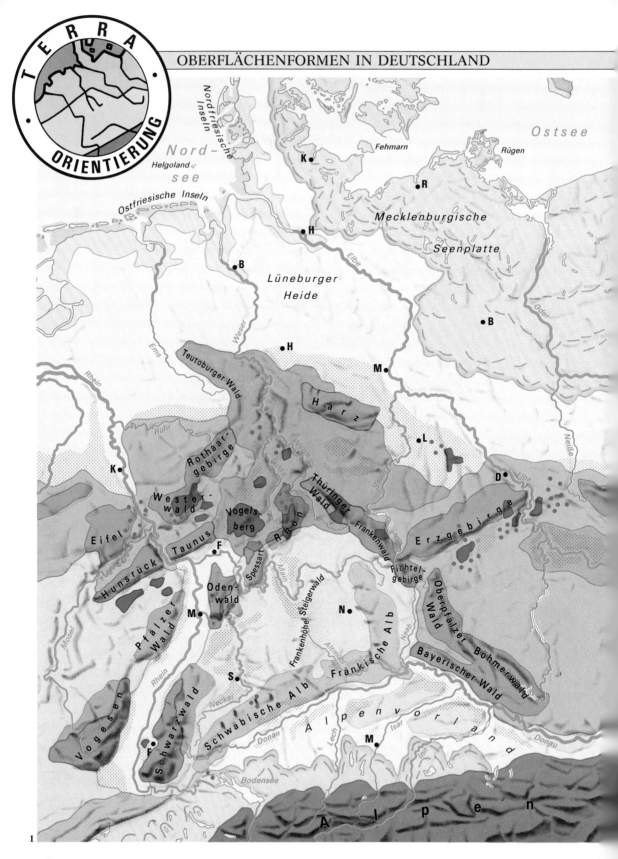

TERRA
ORIENTIERUNG

Ostsee

Nord-
see

Nordfriesische
Inseln

Helgoland

Ostfriesische Inseln

Fehmarn

Rügen

K

R

H

Mecklenburgische

Seenplatte

B

Lüneburger
Heide

Oder

Elbe

Weser

Ems

Rhein

H

M

Neiße

Teutoburger Wald

Ruhr

H a r z

L

Rothaar-
gebirge

D

Elbe

K

Wester-
wald

Werra

Thüringer
Wald

Erzgebirge

Eifel

Vogels-
berg

Rhön

Fulda

Frankenwald

Taunus

F

Hunsrück

Spessart

Main

Fichtel-
gebirge

Oberpfälzer
Wald

Böhmerwald

Oden-
wald

Mosel

Pfälzer
Wald

M

Frankenhöhe Steigerwald

N

Altmühl

Fränkische Alb

Naab

Bayerischer Wald

Rhein

S

Schwarzwald

Neckar

Schwäbische Alb

Fränkische Alb

Alpenvorland

Isar

Donau

Vogesen

F

Donau

Lech

Bodensee

M

Inn

A l p e n

1

50

Wattenmeer. Durch Ebbe und Flut gestalteter Küstenbereich.

Marsch. Küstengebiet, das durch Eindeichung und Landgewinnung zu Festland wurde.

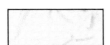

Altmoränenland. Flachwelliges Gebiet, das von den Ablagerungen der vorletzten Eiszeit geprägt wurde. Alte Grundmoränen, Sander, Schotter, Moorgebiete.

Jungmoränenland. Hügeliges Gebiet aus Grund- und Endmoränen der letzten Eiszeit. Zahlreiche Seen und auch Moorgebiete.

Lößgebiete. Überdeckt von feinem Gesteinsstaub (Löß), der aus eiszeitlichen Schotterflächen ausgeblasen wurde.

Mittelgebirge

– als **Schichttafelland**: Flachlagernde Sedimentschichten bilden ebene Gebirgshöhen.

– als **Schichtstufenland**: Die Sedimentschichten bilden nach Schrägstellung eine Stufenlandschaft.

– als **Grundgebirge**: Durch Kuppen oder lange Höhenzüge geprägte Bergländer aus alten Gesteinen (z. B. Gneis, Granit, alter Sandstein).

Oberrheingraben. Tiefebene des Grabenbruchs zwischen Schwarzwald und Vogesen.

Tertiär-Hügelland. Bergland im nördlichen Alpenvorland, das im Erdzeitalter des Tertiär (s. Anhang S. 114) entstand.

Hochgebirge (Alpen). Teilweise vergletschertes Gebirge mit komplizierter Faltung der Schichten.

Vulkangebiete (ehemalige). Heute Bergländer mit Basaltgesteinen oder einzelne Basaltkuppen.

2

Die Oberflächenformen zwischen nördlichem Alpenrand und Main hast du bereits kennengelernt. Nördlich des Mains geht es weiter mit vielgestaltigen Mittelgebirgen; dann treffen wir auf die Spuren der Eiszeit … Auf der Karte (1) gibt es einiges zu beobachten und zu entdecken. Lege eine Atlaskarte daneben und vergleiche.

Aufgaben

1 Welche Oberflächenformen gibt es nur im Süden, welche nur im Norden Deutschlands?
2 Welche Landschaften finden sich sowohl im Norden als auch im Süden Deutschlands?
3 Vergleiche die beiden Mittelgebirge Fränkische Alb und Bayerischer Wald. Nenne wichtige Merkmale und Unterschiede.
4 Auch in Süddeutschland gab es Vulkane! Nenne Beispiele.
5 Aus welchen Landschaften stammen die beiden Fotos?

3

Landwirtschaft betrifft uns alle. Als Verbraucher kaufen wir Nahrungsmittel wie Brot, Milch, Fleisch, Käse, Gemüse, Kartoffeln, Obst, Zucker oder Wein. Die Erzeugung dieser Produkte beginnt im landwirtschaftlichen Betrieb.

Obwohl in Deutschland nur etwa drei von hundert Erwerbstätigen in der Landwirtschaft arbeiten, produzieren sie doch mehr als drei Viertel der in Deutschland benötigten Nahrungsmittel.

Landwirtschaftliche Betriebe können sehr verschiedenartig sein. Manche haben große Flächen, andere wiederum nur kleine. Auf manchen Höfen wird Vieh gehalten, in anderen Betrieben baut man Getreide oder Zuckerrüben an. In manchen Gebieten herrschen günstige Anbaubedingungen vor, in anderen weniger günstige.

Moderne Maschinen machen es heute möglich, daß in den meisten Betrieben nur noch ein bis zwei Arbeitskräfte tätig sind. Viele Landwirte mit wenig Land müssen daneben sogar einen zweiten Beruf ausüben, um ein ausreichendes Einkommen zu haben.

FT IN
DEUTSCHLAND

DER TAFELMAIER-HOF

Wenn Sebastian Tafelmaier senior heute zuschaut, wie sein Sohn allein mit vielen Maschinen den Hof bewirtschaftet, muß er an seine Jugendzeit denken. 1920 war er gerade zwanzig Jahre alt, und damals sah das Leben auf dem Hof noch ganz anders aus. Viele Maschinen gab es nicht, dafür aber viele Arbeitskräfte. Bauer und Bäuerin, Knechte und Mägde, aber auch die Kinder mußten hart arbeiten. Mähen, Füttern, Ernten, Melken, Misten ... fast alles mußte mit der Hand gemacht werden. Er erinnert sich zum Beispiel an die Heuernte: „Schon bei Sonnenaufgang waren wir auf der Wiese. Zusammen mit den Knechten habe ich das Gras mit der Sense gemäht. Dann wurde es mit dem Rechen von den Frauen und Kindern mehrmals gewendet, bis es trocken war. Zuletzt luden wir es mit Heugabeln auf den Leiterwagen und brachten es mit dem Pferdegespann auf den Hof. Schließlich kam es auf den Heuboden. Fast alles, was wir an Futter für die Tiere brauchten oder auch zur Ernährung der Familie, wurde auf dem Hof selbst produziert. Und das Wort ‚Urlaub‘ kannten wir noch nicht. Das ist heute alles anders!"

In der Landwirtschaft hat sich in den letzten Jahrzehnten viel verändert. Viele

Bodennutzung 1955

Weizen
Wald
Gerste
Hafer
Grünland
Kartoffeln
Futterrüben

insgesamt: 23 ha LF
1   5 ha Wald

Arbeit in der Landwirtschaft vor rund 50 Jahren

Der Tafelmaier-Hof 1927

Betriebsgröße	23 ha LF
	5 ha Wald
Anbau	Weizen, Gerste, Hafer
	Kartoffeln, Futterrüben
	Grünland
Viehbestand	11 Milchkühe
	4 Kälber
	3 Ochsen
	4 Pferde
	6 Schweine
	35 Hühner
	14 Gänse
Arbeitskräfte	8 ständige Arbeitskräfte
	(Bauer, Bäuerin, Mägde, Knechte)
Maschinenbestand	halbautomatischer Heuwender
	Dreschmaschine
	Pflug
Ernteerträge	Weizen etwa 30 dt/ha
	Gerste etwa 25 dt/ha
	Kartoffeln etwa 180 dt/ha

Menschen sind vom Land in die Städte gezogen, um in der Industrie oder in Büros zu arbeiten. Dort können sie mehr verdienen, haben eine geregelte Arbeitszeit und auch Urlaub und Freizeit.

Die Landwirte brauchten mehr Maschinen, um die fehlenden Arbeitskräfte zu ersetzen. Das waren teure Anschaffungen. Außerdem mußten sie immer mehr produzieren, und eine gute Qualität sollten die Erzeugnisse auch haben. Viele Landwirte konnten sich dieser Entwicklung nicht anpassen und haben seither aufgegeben. Andere bewirtschaften ihre Höfe nur noch im **Nebenerwerb**. Das heißt, sie haben einen anderen Beruf und betreiben die Landwirtschaft nur noch nebenher.

2

4

Der Tafelmaier-Hof
heute
1 Wohnhaus
2 Garage, Werkstatt,
Lager
3 Traktorengarage
4 Scheune
5 Stallung
6 neue Stallung
7 Güllesilo

Landwirtschaftlich
genutzte Fläche
(LF)
Ackerland
Grünland
/   \
Wiese   Weide

1967 hat Sebastian Tafelmaier junior den Hof von seinem Vater übernommen. Er wollte **Vollerwerbslandwirt** bleiben, also den Lebensunterhalt für sich und seine Familie weiterhin auf dem Hof erwirtschaften. „Ich stand damals vor einer ganz schwierigen Entscheidung. Sollte ich den Hof aufgeben oder alle Mittel in eine Umstellung und Modernisierung stecken? Denn eins war klar: so, wie wir bisher den Hof bewirtschaftet hatten, konnte es nicht weitergehen. Das war nicht mehr rentabel. Zu viel Arbeit mußte immer noch von Hand erledigt werden, und dazu fehlten die Arbeitskräfte. Wir hatten zu wenig Maschinen. Immer noch wurden unsere Felder sowohl mit Getreide und Kartoffeln als auch mit Futterpflanzen bestellt. Und in den Stallungen mußten wir Pferde, Milchkühe, Schweine und Hühner versorgen. Sogar unsere Kälber haben wir selbst großgezogen. Und das Einkommen, das wir insgesamt erwirtschaften konnten, wurde von Jahr zu Jahr geringer. Wenn ich mit dem Betrieb überleben wollte, dann ging das nur mit mehr Maschinen und weniger Anbauprodukten, außerdem brauchte ich moderne Anlagen und Gebäude."

Aufgaben
1 Ein landwirtschaftlicher Betrieb mußte sich früher weitgehend selbst versorgen. Die meiste Arbeit wurde von Hand oder mit Tiergespannen erledigt. Woran kannst du dies alles im Betriebsspiegel von 1927 erkennen?
2 Das Foto (4) zeigt dir den modernen Betrieb Tafelmaier. Worin zeigt sich das?
3 Sebastian Tafelmaier junior ist ein Vollerwerbslandwirt. Was unterscheidet ihn von einem Nebenerwerbslandwirt?

1 Hektar (ha)

Sebastian Tafelmaier bei
der Feldarbeit heute

5

Der Tafelmaier-Hof heute

Sebastian Tafelmaier wagte die notwendige Umstellung. Viele andere in seiner Lage haben aufgegeben, besonders wenn sie Kleinbetriebe besaßen. Seit 1950 hat die Zahl der landwirtschaftlichen Betriebe im westlichen Teil Deutschlands um die Hälfte abgenommen.

Ein erster wichtiger Schritt war, daß Sebastian Tafelmaier junior seinen Hof aus der beengten Lage im Dorf aussiedelte und neue Gebäude errichtete. Seine Felder konnte er weitgehend zusammenlegen, so daß sie jetzt vom Hof aus schnell erreichbar sind.

Er berichtet: „Das Landwirtschaftsamt hat uns damals eine **Spezialisierung** auf Getreideanbau und Schweinemast empfohlen. Deshalb habe ich die Milchkuhhaltung und die Kälberaufzucht aufgegeben. Die Ferkel, die ich nun in meinem neuen Stall mäste, kaufe ich von einem Nachbarbetrieb, der sich auf Sauenhaltung und Ferkel spezialisiert hat. Wenn sie 25 kg schwer sind, werden sie geliefert. Nach vier Monaten haben sie bereits das ideale Schlachtgewicht von 110 kg und werden verkauft. Meine Getreideanbauflächen habe ich durch Zupacht erheblich vergrößert. Jetzt lohnt sich auch der Mähdrescher, den ich mir angeschafft habe. Als Mitglied in einem Maschinenring habe ich einen zusätzlichen Verdienst. Ich ernte nämlich das Getreide für einige Nachbarn; es sind vor allem Nebenerwerbslandwirte. Mein Mähdrescher ist dadurch besser ausgelastet."

Bodennutzung 1990

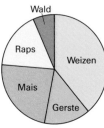

insgesamt: 57 ha LF
5 ha Wald

6

7 Sebastian Tafelmaier beim Spritzen eines Weizenfeldes
8 Sebastian Tafelmaier am Computer

7

Der Tafelmaier-Hof 1990

Betriebsgröße	57 ha LF (davon 25 ha Pachtland)	
	5 ha Wald	
Anbau	Weizen, Gerste	
	Mais, Raps	
Viehbestand	400 Mastschweine	
	20 Truthähne	
Arbeitskräfte	2 Arbeitskräfte	
	(Ehepaar Tafelmaier)	
Maschinenbestand	Mähdrescher	
	moderne, computergesteuerte Fütterungsanlage	
	automatische Schwemmentmistung	
	2 Traktoren	
	Ladewagen	
	Bodenbearbeitungsgeräte	
Ernteerträge	Weizen	60 dt/ha
	Gerste	46 dt/ha
	Kartoffeln	332 dt/ha
	Raps	30 dt/ha

8

Auf dem Tafelmaier-Hof hat die moderne Technik Einzug gehalten. Statt Pferden hat man jetzt zwei Traktoren. Im Stall gibt es nur noch wenig Handarbeit: Hier steht eine moderne computergesteuerte Fütterungsanlage, und gereinigt wird mit Hilfe einer automatischen Schwemmentmistung. Das alles kostete viel Geld. Aber nur so kann Sebastian Tafelmaier den Hof mit seiner Frau allein bewirtschaften. Die Kosten für die **Mechanisierung** vermag er nur abzuzahlen, weil er jetzt mehr produzieren kann. Andererseits muß er aber auch immer mehr produzieren, weil seine Unkosten ständig weiter steigen. Um erfolgreich wirtschaften zu können, braucht Herr Tafelmaier eine gute Ausbildung. Er muß sich ständig auf neue Entwicklungen in der Landwirtschaft einstellen. So gibt es zum Beispiel laufend neue, leistungsfähigere Saatgutarten und verbesserte Anbautechniken. Aber auch bei der Schweinehaltung werden immer wieder Neuerungen eingeführt. Das alles hat zur Folge, daß die Erträge im Betrieb steigen. Man bezeichnet eine solche Entwicklung als **Intensivierung** der landwirtschaftlichen Produktion.

Darüber hinaus sind die steigenden Forderungen des Umweltschutzes zu berücksichtigen. Das ist besonders beim Düngen und beim Ausbringen von Pflanzenschutzmitteln wichtig.

Sebastian Tafelmaier produziert für den **Markt**. Er verkauft seine Produkte an Betriebe, die diese dann weiterverarbeiten oder weiterverkaufen. Hier werden auch die Preise festgelegt, die er für seine Produkte erhält. Einen wichtigen Einfluß auf die Preise hat dabei die EG (Europäische Gemeinschaft). Früher versorgten sich die Landwirte zum größten Teil selbst mit den Nahrungsmitteln, die von ihrem Hof stammten. Den Überschuß verkauften sie an den Händler oder auf dem nahen Wochenmarkt. Heute trifft man nicht selten die Bäuerin im Supermarkt, wo sie Butter, Eier, Milch oder Brot kauft.

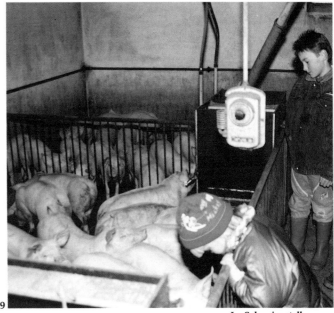

9

Im Schweinestall

Aufgaben

4 Vergleiche den Betriebsspiegel von 1990 mit dem von 1927. Erläutere:
a) daß sich der Betrieb spezialisiert hat,
b) daß der Betrieb mechanisiert wurde.

5 Höhere Erträge werden durch eine Intensivierung der Produktion erreicht. Was ist damit gemeint?

6 Der Tafelmaier-Hof produziert für den Markt. Erläutere dies mit Hilfe der Zeichnung (10).

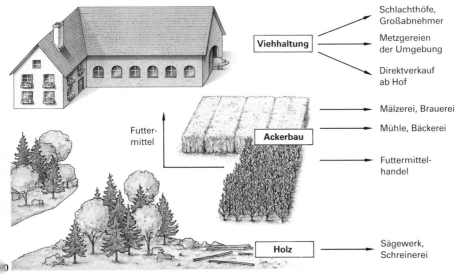

Vermarktung der Produkte des Tafelmaier-Hofs

10

AUF DEN STAND-ORT KOMMT ES AN

Blumenerde 1 | Blumenerde 2 gegossen | Sandboden 1 | Sandboden 2 gegossen | Sandboden 3 gegossen und gedüngt

Jeder von euch hat sicher schon folgendes beobachtet: Sobald man eine Stadt oder ein Dorf verläßt, bietet die Landschaft ein buntes Bild. Getreidefelder wechseln mit Rüben- und Kartoffeläckern, Wiesen oder Maisfeldern. In manchen Gegenden kommen Weinberge, Hopfengärten oder Gemüsefelder hinzu. Je höher wir im Bergland hinaufkommen, desto seltener gibt es Getreidefelder und um so häufiger sehen wir Wiesen und Wälder.

Die verschiedenartige Nutzung hat mit den natürlichen Bedingungen für das Pflanzenwachstum zu tun; die wichtigsten sind **Boden, Temperatur** und **Niederschlag.** Jede Pflanze stellt bestimmte Ansprüche. Die Weinrebe zum Beispiel gedeiht zwar auf unterschiedlich guten Böden, braucht aber lange, warme Sommer mit nicht zu viel Niederschlag. Allerdings verträgt sie keinen Frost, wenn sie erst einmal ausgetrieben hat. Die Zuckerrübe verlangt einen besonders guten Boden und Wärme über einen langen Zeitraum. Gras hingegen wächst auf fast allen Böden, auch bei kühleren Temperaturen, doch benötigt es öfter ergiebige Niederschläge.

Die natürlichen Voraussetzungen für das Pflanzenwachstum sind in den einzelnen Landschaften Deutschlands sehr unterschiedlich. Jeder Landwirt kennt die Ansprüche, die Nutzpflanzen an ihren Standort stellen; er weiß also, womit er seine Flächen bebauen kann.

In einem kleinen Experiment (Versuch rechts) läßt sich der Einfluß von Bodenbeschaffenheit und Bodenfeuchtigkeit auf das Pflanzenwachstum verdeutlichen. Der Versuch zeigt allerdings nicht, welch wichtige Rolle dabei auch die Temperatur spielt.

Erst wenn im Frühling die Durchschnittstemperatur am Tag 5 °C erreicht, können die meisten Samen keimen. Dann beginnt für die jeweilige Pflanze die **Wachstumszeit.** In langen und warmen Sommern wachsen die Pflanzen

Ein Versuch zum Pflanzenwachstum

Dazu brauchen wir: fünf gleich große Gläser, Sand für drei Gläser, Blumenerde für zwei Gläser, etwas Blumendünger, Saatweizenkörner, fünf Zettel zum Kennzeichnen der Gläser

1. Drei Gläser mit Sand und zwei Gläser mit Blumenerde füllen.

2. Gleich große Anzahl von Weizenkörnern, die sich zuvor zwei Stunden im Wasser befanden, in die oberste Sand- bzw. Erdschicht legen (etwa 0,5 cm tief).

3. Gläser beschriften mit „Blumenerde 1", „Blumenerde 2 gegossen", „Sandboden 1", „Sandboden 2 gegossen", „Sandboden 3 gegossen und gedüngt".

4. Alle Gläser an einen hellen Platz stellen, an dem Zimmertemperatur herrscht.

5. Sandboden 1 und Blumenerde 1 nicht gießen und nicht düngen,
Sandboden 2 und Blumenerde 2 regelmäßig gießen,
Sandboden 3 regelmäßig gießen und etwas düngen.

Zwei bis drei Wochen die Entwicklung der Weizenpflanzen beobachten, dann die Ergebnisse in einer kleinen Tabelle festhalten.

Tabelle zum Versuch:

Boden und Behandlung	Höhe der Pflänzchen	Farbe der Pflänzchen	Anzahl der Pflänzchen
. . . .	. . . .	. . . .	. . . .

schnell und bringen reife Früchte; kurze, kühle Sommer bewirken das Gegenteil. Kälteempfindliche Pflanzen vertragen keinen Frost. Sie können deshalb nur in wärmeren Gebieten angebaut werden, in denen während des Wachstums kein Nachtfrost zu erwarten ist. Deshalb spielt auch die Höhenlage eine besondere Rolle. Je höher wir steigen, desto kälter wird es nämlich. Wärmeliebende Pflanzen, wie etwa Zuckerrübe, Körnermais, Weinrebe oder bestimmte Obstsorten, gedeihen daher nicht in den Höhenlagen der deutschen Mittelgebirge.

In Deutschland gibt es Gebiete, in denen fast alle landwirtschaftlichen Nutzpflanzen gut gedeihen. Solche Gebiete bezeichnet man als **Gunstgebiete.** Gegenden, in denen viele Nutzpflanzen nur schlecht gedeihen, nennt man **Ungunstgebiete.**

Aufgaben

1 Überlegungen zum Versuch (1):
a) Warum macht man den Versuch mit Sand und mit Blumenerde?
b) Was kann der Dünger bewirken?
2 Arbeite mit dem Kartenausschnitt (2).
a) Beschreibe jeweils die Lage der Gebiete mit der längsten und mit der kürzesten Wachstumszeit.
b) Wo liegen die Gebiete, die sich für Zuckerrüben- oder Weinanbau eignen?
c) Ist euer Schulort in dem Kartenausschnitt zu finden? Wie lang dauert dort die Wachstumszeit?
d) Wenn euer Schulort nicht darin zu finden ist, dann überlegt, welche Zone im Kartenausschnitt ihm am ehesten entspricht.
3 Suche in deinem Atlas die Karte über den Frühlingseinzug (Beginn der Apfelblüte). Vergleiche zum Beispiel Freiburg i. Br. mit dem Großen Arber.
4 Stelle auf einer Bodennutzungskarte von Deutschland fest, wo größere Zuckerrübenanbaugebiete liegen. Welche Angaben findest du für diese Gebiete über den Boden und die Durchschnittstemperatur im Juli?

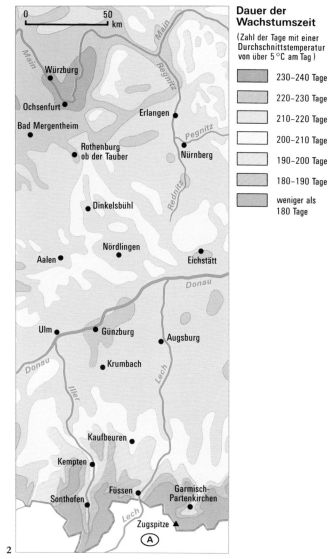

Dauer der Wachstumszeit

(Zahl der Tage mit einer Durchschnittstemperatur von über 5 °C am Tag)

230–240 Tage
220–230 Tage
210–220 Tage
200–210 Tage
190–200 Tage
180–190 Tage
weniger als 180 Tage

Wärmeansprüche von Kulturpflanzen

Kartoffel
Wachstumszeit:
70–140 Tage
mäßig warm

Zuckerrübe
Wachstumszeit:
mind. 200 Tage
mäßig warm bis warm

Sommerweizen
Wachstumszeit:
150–180 Tage
mäßig warm

Weinrebe
Wachstumszeit:
mind. 220 Tage
warm

ACKERBAU IM GÄU

Ein besonders fruchtbares Ackerbaugebiet bezeichnet man in Norddeutschland als Börde und in Bayern als Gäu oder Gau. Zwischen Regensburg und Vilshofen erstreckt sich entlang der Donau ein solches Gebiet, das man niederbayerisches Gäu oder Dungau oder auch Gäuboden nennt. Aufgrund der Beckenlage ist das Klima hier milder als etwa im nördlich angrenzenden Bayerischen Wald. Der Boden entstand aus fein zerriebenem Gesteinsstaub, dem **Löß**. Dieser wurde gegen Ende der letzten Eiszeit, also vor über 10 000 Jahren, im Alpenvorland von Stürmen aufgewirbelt und nach Nordosten geweht. Pflanzen bremsten den Wind, und so lagerten sich die Staubkörnchen schichtweise auf dem Untergrund ab. Mit der Zeit verwitterte der kalkhaltige Lößstaub zu fruchtbarem Lößlehm.

Herr Huber, ein Landwirt aus der Nähe von Straubing, dem Mittelpunkt des Gäubodens, erklärt: „Unserem guten Lößboden haben wir die hohen Ernteerträge hier im Gäu zu verdanken. Er ist nämlich ein besonders nährstoffreicher, lockerer und feinkrümeliger Boden. Man braucht nur einmal ein bißchen Lößlehm zwischen den Fingern zu zerreiben – ganz mehlig fühlt er sich an. Und er enthält alle wichtigen Nährstoffe für die Pflanzen. Außerdem ist er luftdurchlässig und speichert sehr gut das Wasser. Da es im Sommer bei uns recht trocken sein kann, spielt die Wasserspeicherung eine große Rolle. Der Lößboden läßt sich zudem ausgezeichnet mit Maschinen bearbeiten."

1

2

Aufbau eines Lößbodens

A Oberboden
Reich durchwurzelter, lockerer Boden mit vielen Lebewesen und einem hohen Anteil an abgestorbenen, verrottenden Pflanzenteilen (Humus)

B Unterboden
Teilweise verwittertes Ausgangsmaterial; z.T. durchwurzelt, geringer Humusanteil

C Untergrund
Kaum verwittertes Ausgangsmaterial (im Foto nicht abgebildet)

Fruchtfolge auf einem Flurstück
1. Jahr: Zuckerrüben
2. Jahr: Weizen
3. Jahr: Gerste
4. Jahr: Zuckerrüben

Was ist Boden?

Wußtest du schon, daß es in einer Handvoll Gartenerde mehr Lebewesen gibt als Menschen auf der Erde? Hierzu gehören zum Beispiel Würmer, Schnecken, Larven, Insekten, aber auch Algen, Pilzgeflechte, verschiedenartige Bakterien und Kleinstlebewesen (Mikroorganismen). Sie erzeugen viele für die Pflanzen wichtige Nährstoffe. Boden ist in Jahrtausenden entstanden: Er ist die oberste, verwitterte Schicht der Erdoberfläche. Durch Schadstoffe wie Öl oder Gift kann er unfruchtbar werden. Und schon ein Platzregen kann in einer Stunde von einem unbewachsenen Acker so viel Oberboden abschwemmen, wie in tausend Jahren entstanden ist.

Landwirtschaftliche Bodennutzung

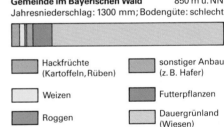

Gemeinde im Dungau 330 m ü. NN
Jahresniederschlag: 750 mm; Bodengüte: sehr gut

Gemeinde im Bayerischen Wald 850 m ü. NN
Jahresniederschlag: 1300 mm; Bodengüte: schlecht

Hackfrüchte (Kartoffeln, Rüben)

sonstiger Anbau (z. B. Hafer)

Weizen

Futterpflanzen

Roggen

Dauergrünland (Wiesen)

3

Im Dungau gedeihen so anspruchsvolle Pflanzen wie etwa Zuckerrüben. Sie bringen hier hohe Erträge. „Ich selber", fährt Herr Huber fort, „baue die Zuckerrüben im Wechsel mit Weizen und Braugerste an. Auf eine sinnvolle **Fruchtfolge** muß man schon genau achten, damit Schädlinge und Pflanzenkrankheiten nicht überhandnehmen. Außerdem würde der Boden bei einer einseitigen Nutzung mit nur einer Pflanzenart zu stark ausgelaugt und wäre bald nicht mehr fruchtbar. Manche meiner Nachbarn bauen im Wechsel mit Zuckerrüben und Getreide auch Feldgemüse und Kartoffeln an."

Zuckerrübenernte

In Börden und Gäulandschaften wird ein Großteil unserer Zuckerrüben erzeugt. Früher mußte man das Unkraut zwischen den Rüben mit einer Hacke mühsam entfernen („Hackfrüchte"). Heute ist der Zuckerrübenanbau von der Aussaat bis zur Ernte voll mechanisiert. Die Ernte beginnt Ende September. Große Rübenvollernter erledigen in einem Arbeitsgang das „Köpfen", Einsammeln und Vorreinigen der Rüben. In großen Zuckerfabriken werden die angelieferten Rüben dann während der etwa 100 Tage dauernden Kampagne weiterverarbeitet. Aus 100 kg Rüben gewinnt man 13 bis 16 kg Zucker.

Aufgaben

1 In der Karte (5) sind bedeutende Börden und Gäulandschaften mit den Zahlen 1 bis 10 gekennzeichnet. Arbeite mit dem Atlas und ordne den Zahlen folgende Namen zu: Soester Börde – Jülicher Börde – Kraichgau – Magdeburger Börde – Warburger Börde – Hildesheimer Börde – Rheinhessen – Ochsenfurter Gäu – Dungau – Thüringer Becken.

2 Die beiden Balkendiagramme zeigen, wie die Landwirte in einer Gemeinde im Dungau und in einer Gemeinde des Bayerischen Waldes jeweils ihren Boden nutzen. Beschreibe die wesentlichen Unterschiede und begründe sie.

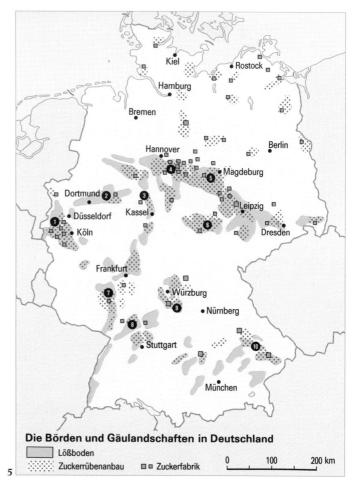

Die Börden und Gäulandschaften in Deutschland

Lößboden

Zuckerrübenanbau   Zuckerfabrik

0   100   200 km

61

1 Alpenvorland und Allgäuer Alpen

GRÜNLAND-WIRTSCHAFT IM ALLGÄU

Betrieb Burkhart, Außerlengenwang bei Seeg
Höhenlage: 800 m
Jahresniederschlag: 1600 mm
Bodennutzung:
50 ha Grünland
(davon 30 ha Pachtland)
2 ha Wald
Viehbestand:
40 Milchkühe
(je Kuh im Durchschnitt 6000 l Milch/Jahr)
50 Stück Jungvieh
Futter: Heu, Grün- und Silofutter, Kraftfutter
Zuerwerb:
1 Ferienwohnung mit 8 Betten

Grünland – so weit das Auge reicht! Im Allgäu, zwischen Bodensee und Lech, prägen heute Wiesen, Weiden und kleine Wäldchen die Landschaft. Verstreut liegen darin die Allgäuer Bauernhöfe. Die meisten Landwirte halten Milchkühe und betreiben **Grünlandwirtschaft**. Paul Burkhart mit seinem Hof in Außerlengenwang bei Seeg ist einer von ihnen. Zusammen mit seiner Frau und seinen Eltern bewirtschaftet der Landwirtschaftsmeister einen modernen Grünlandbetrieb.

Täglich holt der Milchsammelwagen die Milch vom Hof ab. Sie wird in die Molkerei nach Biessenhofen geliefert, wo sie zum Beispiel zu Kondensmilch weiterverarbeitet wird. Andere Bauern liefern die Milch an Käsereien. Neben der Milch spielt der Verkauf von Zuchtvieh für den Hof Burkhart eine wichtige Rolle.

Die Landschaft im Allgäu war nicht immer so grün wie heute: Noch im vorigen Jahrhundert mußten die Bauern auch Ackerbau betreiben, um sich selbst mit Nahrungsmitteln zu versorgen. Das Wirtschaften war mühsam und wenig ertragreich. So steht es schon in einer Pfarrchronik aus den Jahren 1795/96:

„Korn und Roggen gedeihen hier nicht, sondern nur Gerste und Haber und auch Flachs, aber auch diese reifen nicht immer aus, manchmal bleibt alles grün. Der viele Regen bekommt dem Getreide nicht. Nur Wiesen und Viehweiden sind vorzüglich. Die kühlen und regenreichen Sommer lassen zwar Unkraut und Gras vorzüglich gedeihen, nicht aber Korn."

Der Flachs war neben dem Brotgetreide eine wichtige Pflanze. Daraus konnte man Garn spinnen und dann Leinen weben. Weil er hellblau blühte, sprach man damals vom „blauen" Allgäu. Ende des vorigen Jahrhunderts erhielt das Leinentuch Konkurrenz durch billige Baumwollstoffe. Der Flachsanbau lohnte sich nun nicht mehr.

Doch eine neue Entwicklung bahnte sich an: Man begann, nach Schweizer Vorbild Emmentalerkäse herzustellen.

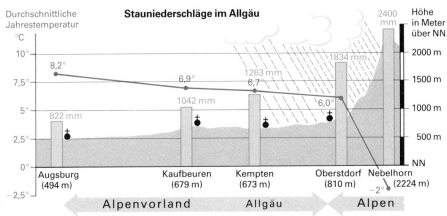

2

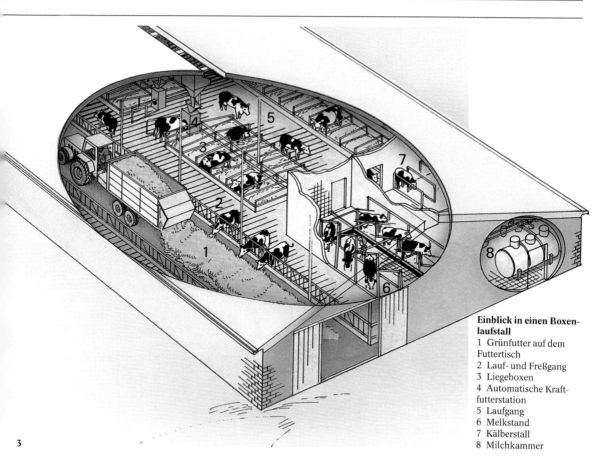

3

Einblick in einen Boxen-laufstall
1 Grünfutter auf dem Futtertisch
2 Lauf- und Freßgang
3 Liegeboxen
4 Automatische Kraft-futterstation
5 Laufgang
6 Melkstand
7 Kälberstall
8 Milchkammer

Andere Milchprodukte kamen hinzu. Nach dem Ausbau der Eisenbahnlinien konnten die Erzeugnisse in die wachsenden Städte transportiert werden. Jetzt begannen überall im Allgäu die Bauern, sich auf Milchwirtschaft umzustellen. Immer mehr Ackerland wurde zu **Dauergrünland** umgewandelt. Heute halten die meisten Landwirte das Milchvieh das ganze Jahr über im Stall. Herr Burkhart zum Beispiel besitzt einen modernen Boxenlaufstall. Früher war das anders: Das Vieh weidete einen Teil des Jahres in der Nähe des Hofes. Wer von den Bauern auch Weideflächen in größerer Höhenlage hatte, ließ das Vieh im Sommer für einige Monate dort auf der **Alm** (im Allgäu: Alp). So konnte man auf dem Grünland beim Hof Heu für den Winter gewinnen.
Heute treibt man meist nur noch das Jungvieh (Galtvieh) auf die Almen. Dort finden die Tiere wertvolles Futter, und

sie werden widerstandsfähiger. Vor allem braucht man nur noch wenig Personal zum Hüten. Die Tiere auf der Alm halten das Gras kurz, so daß weniger Schäden durch Erosion oder Lawinenabgänge entstehen.

Aufgaben
1 Das bayerische Allgäu liegt südlich von Kempten, Kaufbeuren, Schongau. An welchen Landschaften hat es Anteil?
2 Lies nach, was der Text der Chronik über das Klima im Allgäu sagt. Vergleiche die Aussagen mit den Werten in der Zeichnung (2).
3 a) Das Milchvieh wird heute im Allgäu meist ganzjährig im Stall gehalten. Erläutere die Abbildung (3).
b) Welche Vorteile hat diese Tierhaltung?
4 Man sagt, das Allgäu habe sich vom „blauen" zum „grünen" Allgäu gewandelt. Was ist damit gemeint?

Alpwirtschaft im Allgäu
1990 gab es 670 Alpen, davon 30 Sennalpen (Milchkuhalpen)
Tierbestand ingesamt:
28 125 Stück Jungvieh
3 136 Kühe
671 Kälber
1 000 Schafe
105 Ziegen
22 Pferde
Von der auf der Alp erzeugten Milch wurden ¾ ins Tal gebracht, ⅕ auf der Alp verkäst, der Rest auf der Alp verbraucht (Touristen).

1 Hopfenanbau in der Hallertau
2 Hopfenernte

SONDER-KULTUREN

Hopfengärten fallen schon von weitem durch ihre hohen Drahtgerüstanlagen auf. Die Pflanzen schlingen sich um die Steigdrähte bis in acht Meter Höhe. Bei der Ernte im August werden die grün-gelben Fruchtstände der Pflanzen, die Dolden, maschinell gepflückt. Man muß sie sofort in Hopfendarren sorgfältig trocknen, um sie lagern und dann an Brauereien verkaufen zu können. Die Dolden enthalten Gerb- und Bitterstoffe sowie Harze, die dem Bier Haltbarkeit und seinen typischen Geschmack verleihen. Auch für medizinische Zwecke verwendet man bestimmte Bestandteile des Hopfens.

Hopfen ist keine gewöhnliche Nutzpflanze. Sein Anbau erfordert ein trocken-warmes Klima und einen humus- und nährstoffreichen Boden. Außerdem ist eine besondere Pflege wichtig – deshalb hat jeder Hopfenbauer nur einen kleinen Teil seiner landwirtschaftlich genutzten Fläche mit Hopfen bebaut. Gründliche Fachkenntnisse sind für ihn bei dieser **Sonderkultur** eine wichtige Voraussetzung.

Trotz des Einsatzes von speziellen Maschinen muß man für einen Hektar Hopfen pro Jahr mit mindestens 300 Arbeitsstunden rechnen (bei einem gleich

großen Getreidefeld sind es nur etwa 25 Stunden). Die Neuanlage eines Hopfenfeldes erfordert viel Geld und Zeit: In Reihen werden etwa alle acht Meter sieben bis acht Meter hohe Fichtenstangen aufgestellt. Über sie zieht man die Spanndrähte, an denen die Steigdrähte befestigt werden. Im Frühjahr müssen dann die austreibenden Pflanzentriebe an den Steigdrähten festgebunden und immer wieder nachgeleitet werden. Ständig muß man das Unkraut entfernen, den Boden lockern, düngen und gegen Schädlingsbefall spritzen. „Der Hopfen will jeden Tag seinen Herrn sehen", sagt ein Sprichwort.

Das größte Hopfenanbaugebiet Deutschlands liegt in der Hallertau. Weitere Anbaugebiete befinden sich südlich von Nürnberg bei Spalt und am Bodensee. Deutschland steht bei der Erzeugung von Hopfen noch vor den USA an erster Stelle auf der Welt.

2

Das einzige Weinanbaugebiet Bayerns liegt in Franken. An den klimatisch begünstigten Hängen des Mains und seiner Nebenflüsse gedeihen die ursprünglich aus dem Mittelmeerraum stammenden Weinreben so gut, daß die Trauben den nötigen Zuckergehalt für die Wein-

kelterung erreichen. Vor allem an wind-
geschützten Südhängen und auf wärme-
speichernden Böden erzeugen die
Weinbauern, auch Winzer genannt, in
Franken Spitzenqualitätsweine, die
hohe Preise erzielen.

Aber auch der Weinanbau ist – ähnlich
wie der Hopfenanbau – sehr arbeits-
intensiv. Die Weinpflanzen – man nennt
sie Rebstöcke – werden an Drähten
hochgezogen. Sie müssen immer wieder
geschnitten und festgebunden werden.
Im Weinberg muß der Winzer sich aber
auch ständig um die Bodenbearbeitung,
Düngung und um den Pflanzenschutz
kümmern. Ein hoher Arbeitsaufwand
und spezielle Fachkenntnisse sind auch
bei der Sonderkultur Wein Voraussetzungen für einen guten Ertrag. Fröste
während der Blüte oder im Herbst, Ha-
gelschauer sowie regnerische und kühle
Spätsommerwochen können die Ernte
erheblich schädigen oder sogar voll-
ständig vernichten. Der Weinanbau ist
ebenso wie der Hopfenanbau voller
Risiken. Viele Winzer, die nur kleine
Betriebsflächen besitzen, betreiben den
Weinanbau im **Nebenerwerb**. Den
größten Teil ihres Einkommens verdienen sie zum Beispiel als Fabrikarbeiter.
Auch im Weinanbau hat man sich um
Arbeitserleichterungen bemüht. Zahlreiche Maschinen helfen heute, Arbeitskräfte einzusparen. Viele Winzer sind in
Genossenschaften zusammengeschlossen und können so gemeinsam günsti-
ger wirtschaften und ihre Weine ver-
markten.

Aufgaben

1 Suche das fränkische Weinanbaugebiet auf einer Atlaskarte.

2 Nenne mit Hilfe der Karte (Seite 78)
andere bedeutende deutsche Weinbaugebiete.

3 Die Sonderkulturen Wein und Hopfen haben einiges gemeinsam. Denke an
die natürlichen Voraussetzungen und
an die Arbeitsweise der Landwirte. Berichte.

4 Welche weiteren landwirtschaftlichen Produkte wird man ebenfalls zu
den Sonderkulturen rechnen? Begründe.

Klimaansprüche der Weinrebe
– Mittlere Jahrestempe-
ratur mindestens 9 °C
– Jahresniederschläge
nicht über 900 mm
– Wachstumszeit min-
destens 220 Tage
– Höhenlage nicht
über 400 m ü. NN

3

Weinbau bei Volkach am Main

Unter Sonderkulturen versteht man den Anbau von Pflanzen, die
– besondere Ansprüche an Klima
und Boden stellen,
– meist als mehrjährige Nutzpflanzen angebaut werden,
– einen hohen Arbeitseinsatz und
intensive Pflege verlangen,
– rasch weiterverarbeitet und ver-
marktet werden müssen,
– einen hohen Verkaufserlös pro
Anbaufläche bringen.

4

SUPPENGRÜN STATT GETREIDE

Herr Uhl ist Gärtner. Sein Betrieb liegt im Norden von Augsburg. Als sein Großvater vor vielen Jahren das Anwesen kaufte, war es noch ein Bauernhof außerhalb der Stadt. Man hielt Vieh und erzeugte auf den Äckern Kartoffeln, Rüben und Getreide. Wegen der Nähe der Stadt baute der Großvater später auch Gemüse an, denn es ließ sich auf dem Markt in der Stadt zu einem guten Preis verkaufen.

Heute hat sein Enkel sich spezialisiert und den ehemaligen Bauernhof in einen **Gartenbaubetrieb** umgewandelt. Der damalige Viehstall dient jetzt als Lager und Waschraum für Gemüse, das Herr Uhl auf dem Freiland und in den **Gewächshäusern** anbaut.

Der Betrieb von Herrn Uhl ist heute von Wohnhäusern umgeben, denn am nördlichen Stadtrand von Augsburg ist in den letzten Jahren viel gebaut worden. Einer der neuen Nachbarn ist die Familie von Doris. Sie ist erst vor kurzem nach Augsburg gezogen; Doris besucht die 5. Klasse eines Gymnasiums in der Stadt. Obwohl sie fast jeden Tag an der Gärtnerei vorbeikommt, weiß sie nicht, was dort angebaut wird. Von der Straße aus kann sie nämlich nicht erkennen, was in den Gewächshäusern gedeiht, und die Pflanzen auf den Feldern sind ihr unbekannt. Als es im Erdkundeunterricht darum geht, einen landwirtschaftlichen Betrieb zu erkunden, schlägt Doris die Gärtnerei vor. Es trifft sich gut, daß man von der Schule aus mit einem Linienbus dorthin fahren kann.

Dienstag, 9 Uhr, in der Gärtnerei Uhl: Herr Uhl führt die Klasse durch seine Felder und Gewächshäuser und beantwortet geduldig zahlreiche Fragen der Mädchen und Buben. „Ungefähr zehn Hektar groß sind die Flächen, auf denen ich Gemüse anbaue", berichtet Herr Uhl. „Dabei helfen mir meine Frau, ein Landwirtschaftsingenieur, zwei Gärtner und drei Aushilfskräfte. Von Mai bis

1

Im Gewächshaus wird Basilikum in Töpfen herangezogen

Oktober brauche ich dann noch zusätzlich vier Aushilfskräfte für den Verkauf."

Claudia möchte wissen, was Herr Uhl denn alles erzeugt. „Früher habe ich auf meinen Feldern vielerlei Gemüse angebaut, heute sind es nur noch Schnittlauch, Petersilie, Sellerie, Lauch und gelbe Rüben. Die Hausfrau kauft das zusammen als Suppengrün." „Was wächst denn in den Blumentöpfen, die da drüben in dem Gewächshaus stehen?" fragt Monika. „In meinen Gewächshäusern kultiviere ich seltenere Küchenkräuter, wie Rosmarin, Thymian oder Basilikum. Diese werden dann als Topfkräuter verkauft. Gerade die Gewächshäuser sind für meinen Betrieb sehr wichtig."

„Könnten Sie nicht noch mehr davon gebrauchen?" erkundigt sich Peter. „Du hast recht", meint Herr Uhl, „hier liegt aber das Problem für die Zukunft meines Betriebes. Alle Grundstücke in der Nachbarschaft sind schon mit Häusern bebaut, so daß ich meinen Betrieb nicht mehr erweitern kann."

Basilikum

Petersilienernte im Freiland

Rosmarin

2

Die Gärtnerei Uhl verfügt über zwei Typen von Gewächshäusern. In den **Glashäusern** gibt es keinen Winter, weil sie beheizt werden können. Große Lampen sorgen dafür, daß die Tage auch im Winter lange hell bleiben und die Pflanzen dadurch besser wachsen können. Auch die Luftfeuchtigkeit wird reguliert; so kann Herr Uhl in den Glashäusern das für seine Pflanzen günstigste Klima künstlich schaffen. Allerdings kosten die Glashäuser von Herrn Uhl zusammen mit der Inneneinrichtung etwa eine Million Mark. Für die Heizkosten muß er jährlich ca. 100 000 Mark ausgeben. Billiger sind da schon die **Folienhäuser.** Aber sie halten die Wärme nicht so gut und können deshalb nur für kurze Zeit

Das **Freiland** nutzt Herr Uhl ähnlich intensiv wie seine Gewächshäuser. Solange es die Witterung erlaubt, werden hier Pflanzen für das Suppengrün angebaut. Dabei achtet man auf eine sinnvolle Fruchtfolge; es dürfen nämlich die gleichen Pflanzen nicht immer wieder auf denselben Flächen stehen. Einen Teil seiner Produkte verkauft Herr Uhl direkt ab Gärtnerei an die Kunden. Wichtigere Abnehmer sind aber zahlreiche Metzgereien und Supermärkte im Umkreis von etwa 50 km, die täglich mit Suppengrün beliefert werden. Schließlich hat Herr Uhl noch einen Verkaufsstand auf dem Stadtmarkt in Augsburg, wo vor allem die Kräuterpflanzen guten Absatz finden.

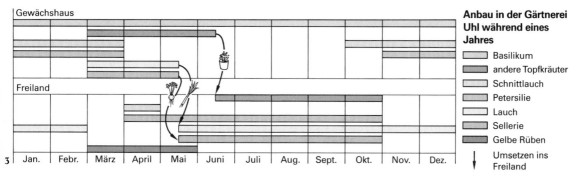

Anbau in der Gärtnerei Uhl während eines Jahres

- Basilikum
- andere Topfkräuter
- Schnittlauch
- Petersilie
- Lauch
- Sellerie
- Gelbe Rüben
- Umsetzen ins Freiland

3 | Jan. | Febr. | März | April | Mai | Juni | Juli | Aug. | Sept. | Okt. | Nov. | Dez.

im Herbst etwas beheizt werden.
Herr Uhl benutzt seine Treibhäuser, also die Glas- und Folienhäuser, vor allem zur Aufzucht. Wenn die jungen Pflanzen kräftig genug sind und das Klima günstig ist, werden sie bis zum Verkauf ins Freie gebracht, um anderen Pflanzen Platz zu machen.

Aufgaben
1 Erstelle einen Fragebogen, in den alle Auskünfte, die Herr Uhl über seinen Betrieb gegeben hat, eingetragen werden können. Zum Beispiel:
a) Wie groß ist der Betrieb?
b) Auf welche Pflanzen hat man sich spezialisiert?
c) …
2 Arbeite mit der Abbildung (3) und beschreibe die Nutzung der Flächen im Gewächshaus und auf dem Freiland im Verlauf eines Jahres.
3 Erkläre, warum Herr Uhl von Mai bis Oktober zusätzliche Arbeitskräfte benötigt.
4 Viele Gärtnereien liegen an Stadträndern oder nahe bei einer Stadt. Nenne Gründe dafür.
5 Zähle einige Punkte auf, in denen sich ein Gartenbaubetrieb von einem anderen landwirtschaftlichen Betrieb unterscheidet.

67

LANDWIRTSCHAFT – WIE SIEHT DIE ZUKUNFT AUS?

Wie könnte ein landwirtschaftlicher Betrieb im nächsten Jahrhundert aussehen? Viele Bauern haben selbst noch keine rechte Vorstellung davon. Aber eines scheint sicher: Verändern werden sich die Betriebe erheblich. Und bestimmt gibt es auch in Zukunft ganz unterschiedliche Formen der landwirtschaftlichen Produktion. Immer weniger Landwirte werden immer mehr Nahrungsmittel erzeugen, das heißt, die einzelnen Betriebe werden größer, wirtschaften intensiver und spezialisieren sich auf wenige Erzeugnisse oder gar nur ein einziges Produkt.

Eine solche Entwicklung zeichnet sich heute zum Beispiel schon in Südoldenburg im Gebiet zwischen den Städten Oldenburg und Osnabrück ab. Dort gibt es mittlerweile Betriebe mit **Massentierhaltung,** die mehr als 5000 Schweine oder 200000 Masthähnchen in ihren Stallungen haben. Die Geflügel- und Schweinezuchtbetriebe vergrößern sich aber auch in anderen Teilen Deutschlands. Bei manchen von ihnen ist schon jetzt der gesamte Arbeitsablauf in den Ställen automatisiert. Computer steuern das Füttern der Tiere sowie das Entmisten, die Beleuchtung und auch die Klimatisierung der Ställe. Die Tiere werden ständig von Tierärzten überwacht und regelmäßig geimpft, denn ansteckende Krankheiten könnten sonst rasch den ganzen Bestand eines Betriebes vernichten.

Solche Großbetriebe haben mit dem Bild vom alten Bauernhof nichts mehr gemeinsam. Sie funktionieren mit ihrem hohen Einsatz von Technik wie Industriebetriebe; deshalb nennt man sie auch „Agrarfabriken". Sieht so die Zukunft aus?

2

1 **Schweinemaststall für Jungschweine**
2 **Massentierhaltung bei Legehennen**

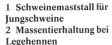

1

Massentierhaltung in der Bundesrepublik Deutschland (alte Bundesländer):

Schweinehaltung

Jahr	Anzahl der Betriebe	
	mit 100–600 Tieren	mit über 600 Tieren
1971	17977	448
1983	28661	2531
1989	49100	6600

Hühnerhaltung

Jahr	mit 500–50000 Tieren	mit über 50000 Tieren
1971	9993	73
1983	5694	130
1989	5272	91

3

In der Magdeburger
Börde

4

In der ehemaligen DDR
gab es etwa 4000 LPG.
1100 davon waren auf
Pflanzenproduktion
spezialisiert. Sie hatten
durchschnittlich 4600 ha
Fläche.
In den alten Bundeslän-
dern gibt es etwa 6500
große Familienbetriebe
mit über 100 ha Fläche.

Agrarfabriken können eine erhebliche
Belastung der Umwelt verursachen. So
fällt zum Beispiel bei der Massentierhaltung meist viel mehr Gülle an, als auf
den Flächen eines solchen Betriebes
verteilt werden darf. Wird auf Feldern
zu viel Gülle ausgebracht, kann dies zu
einer Verseuchung des Grundwassers
führen und die Trinkwassergewinnung
gefährden. Mit viel technischem und
finanziellem Aufwand müssen deshalb
Großbetriebe versuchen, ihre Umwelt-
belastung möglichst gering zu halten.
Agrarfabriken anderer Art hat es bis
1991 in der ehemaligen DDR, also auf
dem Gebiet der neuen Bundesländer,
gegeben: die landwirtschaftlichen Pro-
duktionsgenossenschaften (LPG). Nach
1950 waren nämlich in der DDR alle
privaten Bauernhöfe zwangsweise zu
Großbetrieben zusammengefaßt worden; der Boden wurde von Genossenschaften oder Staatsbetrieben nach
staatlichen Anweisungen (Planwirt-
schaft) bewirtschaftet. In der Magdeburger Börde zum Beispiel entstanden
auf diese Weise LPG mit über 5000 ha
Fläche (große Betriebe im Westen
Deutschlands haben nur selten mehr als
100 ha). Über 200 Menschen waren in
einer solchen LPG beschäftigt. Spezial-
abteilungen waren für den Maschineneinsatz, das Düngen oder die Schädlingsbekämpfung zuständig. Die meisten
LPG spezialisierten sich entweder auf
Tierhaltung oder nur auf Ackerbau.
Nach der Vereinigung beider deutscher
Staaten wurden diese Großbetriebe zum
Teil wieder aufgelöst. Manche Bauern
gründen Familienbetriebe, andere ehemalige LPG werden als Genossenschaften weitergeführt.

Aufgaben
1 Vielleicht führt die zukünftige Entwicklung zum landwirtschaftlichen
Großbetrieb. Überlegt:
a) Welche Vorteile ergeben sich für den
einzelnen Betrieb?
b) Welche Probleme können auftreten?
2 Die Massentierhaltung wird von vielen Menschen kritisch gesehen. Welche
Gründe bringen sie wohl dagegen vor?
3 Gibt es in der Nähe eures Schulortes
einen großen, spezialisierten landwirtschaftlichen Betrieb? Versucht zu erkunden, wie er wirtschaftet.

69

Aus kontrolliert-
biologischem Anbau

Landwirt Bichler sieht die zukünftige Entwicklung ganz anders. Er glaubt nicht, daß sich nur „Agrarfabriken" durchsetzen werden. Seit Jahren beobachtet er, daß immer mehr Verbraucher auch danach fragen, wie die landwirtschaftlichen Produkte erzeugt wurden. Sie lehnen Lebensmittel ab, die zum Beispiel aus „Agrarfabriken" stammen oder aus Betrieben, die chemische Mittel einsetzen. Manche Landwirte in Stadtnähe haben sich deshalb schon darauf eingestellt. Meist verkaufen sie ihre Erzeugnisse direkt ab Hof.

Herr Bichler bezeichnet sich als „Bio-Bauer". Landwirte wie er haben meist kleinere Betriebe und nennen ihre Wirtschaftsweise „biologisch" oder „ökologisch". Herr Bichler erklärt dies: „Wir achten darauf, möglichst naturnah und umweltschonend zu produzieren. Wenn man gesunde und hochwertige Nahrungsmittel erzeugen will, muß man Boden, Pflanzen, Tiere und den Menschen in einer Art Kreislauf sehen. Mein Boden ist fruchtbar, obwohl ich keinen

Kunstdünger benutze. Statt dessen verwende ich Stallmist und Gründünger. So wird auch das Grundwasser nicht belastet."

Bio-Landwirte achten besonders auf einen sinnvollen Fruchtwechsel, um Pflanzenkrankheiten zu vermeiden und die Bodenfruchtbarkeit zu erhalten. Sie verzichten weitgehend auf Pflanzenschutzmittel und erhalten so auch die Lebensmöglichkeiten für natürliche Schädlingsvertilger, wie zum Beispiel Marienkäfer. Unkraut beseitigen sie nicht mit Spritzmitteln, sondern rücken ihm mit mechanischen Mitteln wie Hacke oder speziellen Maschinen zuleibe. Wichtig sind ihnen auch eine gesunde Ernährung ihrer Tiere und eine artgerechte Stallhaltung; auf Medikamente wird weitgehend verzichtet.

Betriebe, die ökologisch wirtschaften, können sich kaum spezialisieren; sie brauchen nämlich Vieh, um Dünger zu gewinnen. Vielseitiger Fruchtwechsel verlangt auch den Anbau unterschiedlicher Pflanzen. Und das bedeutet: mehr Arbeit. „Außerdem", so Herr Bichler, „sind bei mir die Hektarerträge niedriger, da ich ja keinen Kunstdünger und keine Spritzmittel verwende. Wenn ich überleben will, muß ich also meine Produkte teurer verkaufen als meine Nachbarn. Im übrigen ist es doch nur gut, wenn auf diese Weise weniger erzeugt wird. Denken Sie nur an die Überproduktion von Milch, Fleisch und Getreide in der EG."

1990 waren von den insgesamt 630 000 landwirtschaftlichen Betrieben in Deutschland nur etwa 3000 ökologisch wirtschaftende Betriebe. Werden im nächsten Jahrhundert die Verbraucher mehr als heute von Bio-Bauern erzeugte Nahrungsmittel kaufen, und wird es dann viel mehr Bio-Betriebe geben?

Mit ihrer extensiven Produktionsweise tragen die ökologisch wirtschaftenden Betriebe in besonderer Weise zur Erhaltung der natürlichen Lebensgrundlagen bei und unterstützen die Entlastung der Agrarlandschaft.
(Aus dem Agrarbericht 1991 der Bundesregierung, S. 38)

5

BIO-HOF BICHLER

6

7

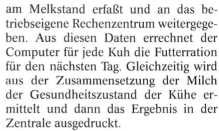

am Melkstand erfaßt und an das betriebseigene Rechenzentrum weitergegeben. Aus diesen Daten errechnet der Computer für jede Kuh die Futterration für den nächsten Tag. Gleichzeitig wird aus der Zusammensetzung der Milch der Gesundheitszustand der Kühe ermittelt und dann das Ergebnis in der Zentrale ausgedruckt.

Werden die Landwirte der Zukunft vom Rechenzentrum aus Tiere halten und Milch produzieren? Wird man mit ferngesteuerten Fahrzeugen den Boden bearbeiten, säen und ernten?

Auch die hochspezialisierten landwirtschaftlichen Betriebe und die sogenannten Agrarfabriken versuchen, die Verbraucherwünsche nach besseren Nahrungsmitteln zu erfüllen. Dabei setzen sie eine immer bessere landwirtschaftliche Technik ein.

Um eine Vorstellung von der Agrartechnik der Zukunft zu erhalten, versetzen wir uns in das Jahr 2050 und besuchen einen landwirtschaftlichen Betrieb zwischen Leipzig und Dresden. Herr Schmidt hat sich auf Milchviehhaltung spezialisiert. Er begrüßt uns vor seinem Betrieb, der sich äußerlich kaum von einer Fabrik unterscheidet. Da er sehr beschäftigt ist, führt er uns sofort in die Zentrale, ein geräumiges Büro mit großer Computeranlage. Während wir in bequemen Sesseln sitzen, zeigt er uns auf großen Farbbildschirmen seine Stallungen mit 3000 Kühen, die er mit Videokameras überwacht. Jede Kuh hat am Ohr einen Minisender befestigt, der mit Fütterungsdaten gespeichert ist. Sobald die Kuh an einen der Fütterungsautomaten tritt, gibt der Sender die gespeicherten Daten weiter, und der Automat schüttet eine genau berechnete Menge Futter aus, kein Gramm mehr oder weniger. Herr Schmidt macht uns auf einen Melkstand aufmerksam, der auf einem Monitor erscheint, und verkündet stolz, daß das Melken mit Hilfe von Sensoren inzwischen vollautomatisch erledigt werde. Die Daten über die Milchleistung einer jeden Kuh werden

Moderner Melkstand. Die Milchleistung jeder Kuh wird elektronisch angezeigt.

Die Landwirtschaft der Zukunft?
Ein Traktor wird vom Computer und mit Hilfe eines Satelliten gesteuert. Er fährt dezimetergenau und streut eine exakt berechnete Menge Dünger.

Aufgaben

4 Worin unterscheidet sich die Arbeitsweise eines „biologisch" wirtschaftenden Landwirts von der üblichen Landbewirtschaftung?

Lege eine Liste an und trage die wichtigsten Unterschiede ein:

Übliche Landwirtschaft	„Biologischer" Anbau
Düngen mit Kunstdünger	…
…	…

5 Ein ökologisch wirtschaftender Betrieb kann sich nicht stark spezialisieren. Gib eine Erklärung.

6 Vergleiche den Tafelmaier-Hof (Seite 55–57) mit dem Betrieb von Herrn Schmidt. Wird in Zukunft jeder Landwirt so wirtschaften können wie Herr Schmidt?

7 Die Verbraucher können über ihre Nachfrage Einfluß darauf nehmen, wie die Nahrungsmittel produziert werden. Wie kann sich das auf einen landwirtschaftlichen Betrieb auswirken?

8

1

Gemeinde Unterhasel-
bach im Landkreis
Straubing-Bogen 1979 –
vor der Flurbereinigung

LANDWIRTSCHAFT GESTALTET DIE LANDSCHAFT

Mehr als die Hälfte der Fläche Deutschlands ist heute landwirtschaftlich genutzt. Das war nicht immer so.

Vor 2000 Jahren waren Gebirge und Flachländer noch von Wald bedeckt. Die Täler waren wegen der vielen Fluß-schlingen und Überschwemmungen versumpft und schwer passierbar. Wer siedeln und den Boden bebauen wollte, mußte den Wald roden. Das geschah an-

fangs in den Ebenen und in Gebieten mit fruchtbaren Böden und milderem Klima. Erst im Mittelalter, als die Bevöl-kerungszahl anstieg, drang man zur Rodung der Wälder auch in die Mittel-gebirge vor, etwa in den Bayerischen Wald. Und erst im vorigen Jahrhundert (ab 1830) wurden das Donauried und zahlreiche andere Moorgebiete trocken-gelegt, so daß man auch dort Landwirt-schaft betreiben konnte. Die heutige **Agrarlandschaft** ist also eine in Jahr-hunderten vom Menschen (um)gestal-tete Kulturlandschaft.

Die Agrarlandschaft hat viele Gesichter: in den **Ackerbaugebieten** streifen- oder blockförmige Felder, an feuchten Stand-orten oder auf den Höhen der Mittel-gebirge **Grünland.** Es gibt **Parzellen** von der Größe mehrerer Fußballfelder in den Gäulandschaften sowie kleine und klein-ste Parzellen in den Gebieten mit arbeits-intensiven Sonderkulturen. Dörfer oder Einzelhöfe prägen das Siedlungsbild.

Auch das Aussehen und die Größe der Parzellen änderte sich. Entweder wurde der Hof als Ganzes an den Hoferben übergeben (Anerbenrecht), oder der Be-sitz wurde auf alle Erben verteilt (Real-teilung). Dadurch entstanden immer kleinere Parzellen, die verstreut in der Flur lagen. Die Wege zu den Feldern sind hier lang, große Maschinen kann man kaum einsetzen.

Mit der Industrialisierung im vorigen Jahrhundert wurde die Landwirtschaft vor zusätzliche Probleme gestellt. Immer mehr Arbeitskräfte verließen die Bauern-höfe und gingen in die neu gegründeten Fabriken. Viele Dorfbewohner zogen in die Städte; dort stiegen die Einwohner-zahlen rasch an und der Nahrungsmittel-bedarf nahm zu. Die Landwirte mußten deshalb
– auf ihren Flächen mehr als früher er-zeugen, also den Anbau **intensivieren,**
– Arbeitskräfte durch Maschinen erset-zen, also **mechanisieren.**

Nach dem Zweiten Weltkrieg mußte die Wirtschaft in der Bundesrepublik Deutschland neu organisiert werden. Um die Landwirtschaft leistungsfähiger zu machen, wurden ab 1950 staatliche Programme zur **Flurbereinigung** geschaffen. Es sollte vor allem eine „maschinengerechte" Flur entstehen mit festen Wegen, begradigten Bächen und großen Feldern. Dazu mußten auch viele Landwirte Teile ihres Besitzes mit anderen tauschen. Wo es möglich war, verlegte man den Hof aus der Dorfmitte in die Flur (Aussiedlung).

Über viele Jahre hat die Flurbereinigung die Agrarlandschaft stark verändert: Man beseitigte Hecken, Buschreihen und Ackerraine, weil sie den Maschineneinsatz behinderten; Bachläufe wurden begradigt und Feuchtgebiete trockengelegt.

Mittlerweile hat man dazugelernt. Begradigte Bäche hatten nämlich ihre Ufer untergraben. Zahlreiche Kleintiere und Vogelarten waren in der maschinengerechten Agrarlandschaft verschwunden. Heute geht man bei der Flurbereinigung behutsamer vor. Bachbetten behalten ih-

ren ursprünglichen Verlauf, Feuchtwiesen bleiben bestehen. Einzelne Biotope, das sind Lebensräume für bestimmte Pflanzen- und Tiergesellschaften, werden eingeplant. Flurbereinigung soll auch heute noch dem Landwirt helfen. Dabei versucht man aber gleichzeitig, die natürliche Umwelt so weit wie möglich zu erhalten und den Forderungen des Naturschutzes gerecht zu werden.

Aufgabe

Vergleiche die beiden Luftbilder der Gemeinde Unterhaselbach.

a) Ordne die eingedruckten Zahlen 1, 2 und 3 folgenden Maßnahmen der Flurbereinigung zu:

– Bau neuer Straßen und Wege

– Verlegung und Begradigung von Bächen

– Zusammenlegung von Flurstücken

b) Suche weitere Beispiele.

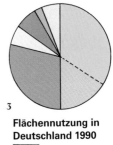

3

Flächennutzung in Deutschland 1990

- Ackerland
- Grünland
- Wald
- Verkehr
- Gebäude
- Gewässer
- Ödland und sonstiges

Gemeinde Unterhaselbach 1991 – nach der Flurbereinigung

LANDWIRTSCHAFT UND UMWELT

Der Boden dient den Pflanzen als Speicher für Wasser, Nährstoffe, Luft und Wärme. Die Nutzung durch die Landwirtschaft bleibt daher nicht ohne Folgen. So pressen zum Beispiel die Reifen der Traktoren und schweren Maschinen die lockere Bodenkrume zusammen und verdichten sie. Für die Lebewesen, die die Bodenkrume lockern, durchlüften und fruchtbar machen, verändert sich so der Lebensraum.

Wenn es regnet, kann das Wasser kaum einsickern und staut sich schon an der Oberfläche. Bereits auf leicht geneigten Feldern wird bei Regen der Boden abgetragen und weggeschwemmt. Jeder Landwirt kann das beobachten, wenn er Mais oder Hackfrüchte anbaut, weil die Pflanzen erst spät im Jahr den Boden bedecken.

In Gebieten mit intensivem Ackerbau gibt es noch weitere Probleme. Wenn sich Betriebe auf wenige Feldfrüchte spezialisieren, bleibt die Fruchtfolge wenig abwechslungsreich. Der Boden verarmt schneller an Nährstoffen. Schädlinge und Pflanzenkrankheiten können sich rascher ausbreiten und oft sogar die Ernte vernichten. Der Landwirt muß eingreifen. Er setzt Mineraldünger und chemische Mittel zur Schädlingsbekämpfung ein. Aber diese Mittel ver-

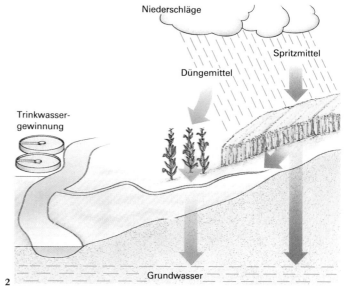

2

Entwicklungen in der Landwirtschaft der Bundesrepublik Deutschland (alte Bundesländer)

		1950	1980	1990
Anzahl der Schlepper		140 000	1,3 Mio.	1,2 Mio.
Düngemittelverbrauch (kg/ha) Stickstoff (Nitrate) Phosphate		25 30	116 68	125 50
Verbrauch an Pflanzenschutzmitteln (Wirkstoffmenge in t)		12 000	33 000	30 000

3

Acker nach starkem Regen

1

nichten häufig auch nützliche Kleinlebewesen im und auf dem Boden. Zur Zeit werden etwa 400 chemische Mittel in der Landwirtschaft verwendet. Einige der Produkte, die über die Pflanzen in den menschlichen Körper gelangen können und die Gesundheit gefährden, sind mittlerweile verboten worden.

Dünger und Schädlingsbekämpfungsmittel belasten auch die Gewässer und das Grundwasser – und damit unser Trinkwasser. Der vermehrte Nährstoffeintrag führt vor allem in den stehenden Gewässern (Seen, Teiche) zu einem übermäßigen Pflanzenwachstum. Da beim Abbau der Pflanzen viel Sauerstoff verbraucht wird, stirbt auch das Wasser mit seinen Organismen allmählich ab.

Die im Grundwasser angereicherten Giftstoffe sind zum Teil nicht mehr abbaubar. Sie können jahrhundertelang Grundwasser und Boden belasten.

Landwirt: Schaut Euch doch um, wie viele Bauern in der Umgebung schon aufgegeben haben. Von uns verlangt man, daß wir kostengünstig Weizen anbauen oder Schweinefleisch liefern. Aber die Preise für unsere Produkte sinken ständig. Wir müssen also immer mehr produzieren, damit wir die steigenden Betriebskosten bezahlen können. Und das geht nicht ohne Chemie und Dünger.

Bürger: Ich bin besorgt um unsere Gesundheit! Meine Kinder sollen keine Lebensmittel bekommen, in denen vielleicht giftige Rückstände sind. Wir wollen auch kein ungenießbares Trinkwasser. Das alles darf unseren Geldbeutel aber nicht zu sehr belasten.

Politiker: Aber den Bauern kommt doch eine entscheidende Rolle bei der Pflege und Erhaltung unserer Landschaft zu. Darüber hinaus ist es unser Interesse, möglichst viele Nahrungsmittel in unserem Land selbst herzustellen, um nicht zu stark vom Ausland abhängig zu sein.

Naturschützer: Wir können einfach nicht tatenlos zusehen, wie unsere Landschaft immer gleichförmiger wird und die Artenvielfalt in der Natur zugrunde geht. Pflanzen und Tiere sind bereits ausgestorben. Muß denn unbedingt jeder Quadratmeter Boden landwirtschaftlich genutzt werden?

Beauftragter des Wasserwirtschaftsamtes: Wir sind dafür zuständig, daß das Wasserhaushaltsgesetz eingehalten wird. Bäche und Flüsse sollen sauber gehalten werden. Dabei arbeiten wir mit den Landwirten zusammen. Wir überwachen und kontrollieren die Schadstoffbelastung. Leider müssen wir dabei immer wieder Verstöße feststellen.

4

Aufgaben

1 Welche Folgen hat die moderne Landbewirtschaftung für den Boden?

2 Beschreibe den Zusammenhang zwischen Schädlingsbekämpfung, Düngemitteleinsatz und Trinkwasserbelastung. Werte dazu die Abbildung (2) und die Tabelle (3) aus.

3 Streit um die Landwirtschaft:

a) Berichte in eigenen Worten über die Standpunkte der Diskussionsteilnehmer (Zeichnung 4).

b) Bilde dir eine eigene Meinung, und begründe sie.

4 Jeder ist aufgerufen, das Wasser sauber zu halten. Suche Beispiele, wo du selbst dazu beitragen kannst.

Das **Wasserhaushaltsgesetz** verpflichtet jeden:

„... die Gewässer so zu bewirtschaften, daß sie dem Wohl der Allgemeinheit und im Einklang mit ihm auch dem Nutzen einzelner dienen und daß jede vermeidbare Beeinträchtigung unterbleibt ... Außerdem ist jedermann verpflichtet, eine Verunreinigung des Wassers zu verhüten."

5

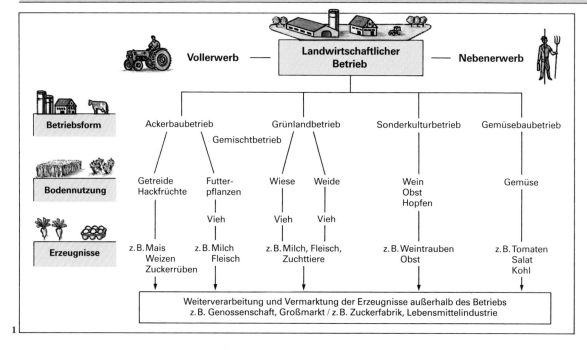

Landwirtschaftlicher Betrieb				
Vollerwerb —			— Nebenerwerb	

Betriebsform	Ackerbaubetrieb	Grünlandbetrieb	Sonderkulturbetrieb	Gemüsebaubetrieb
	Gemischtbetrieb			
Bodennutzung	Getreide Hackfrüchte / Futter-pflanzen	Wiese / Weide	Wein Obst Hopfen	Gemüse
	Vieh	Vieh / Vieh		
Erzeugnisse	z. B. Mais Weizen Zuckerrüben / z. B. Milch Fleisch	z. B. Milch, Fleisch, Zuchttiere	z. B. Weintrauben Obst	z. B. Tomaten Salat Kohl

Weiterverarbeitung und Vermarktung der Erzeugnisse außerhalb des Betriebs
z. B. Genossenschaft, Großmarkt / z. B. Zuckerfabrik, Lebensmittelindustrie

1

Aufgaben

1 Arbeite mit dem Schema (1):
a) Ordne den Tafelmaier-Hof (Seite 54–57) und den Betrieb Burkhart (Seite 62–63) in das Schema ein.
b) Die meisten Erzeugnisse werden außerhalb des landwirtschaftlichen Betriebes weiterverarbeitet. Nenne dafür zwei Beispiele.

2 Von einem landwirtschaftlichen Betrieb kennst du nur folgende Angaben:
Landwirtschaftlich
genutzte Fläche   32 ha
  davon Wiesen   32 ha
Wald   2 ha
Viehbestand:
44 Milchkühe, 50 Stück Jungvieh
a) Ordne den Betrieb in das Schema ein.
b) Wo in Bayern könnte er liegen?

3 Landwirt A ersetzt Arbeitskräfte und Handarbeit durch Maschinen. Landwirt B stellt seinen Betrieb auf wenige Anbauprodukte um.
In welchem Fall spricht man von Spezialisierung, in welchem von Mechanisierung? Ordne zu.

4 a) Sonderkulturen werden auch Intensivkulturen genannt. Warum?
b) Nenne fünf Beispiele für Sonderkulturen.

5 Das Pflanzenwachstum hängt außer vom Klima besonders vom Boden ab. Betrachte die beiden Bodenprofile (2 a, b).
a) Warum ist der Boden in der Fränkischen Alb für das Pflanzenwachstum ungünstiger als der im Dungau?
b) Aus welchem Ausgangsmaterial haben sich die beiden Böden gebildet? Begründe auch mit Hilfe der Orientierungskarte Seite 50.
c) Wo sonst in Deutschland könnte man ähnliche Böden finden?

Bodenprofil aus dem Dungau

Bodenprofil aus der Fränkischen Alb

2   a   b

6 Mehr als die Hälfte der landwirtschaftlichen Betriebe in Bayern sind Nebenerwerbsbetriebe.

a) Durch welches wesentliche Merkmal unterscheidet sich ein Nebenerwerbsbetrieb von einem Vollerwerbsbetrieb?
b) Welche Gründe gibt es dafür, einen Hof in dieser Form zu bewirtschaften?

7 Grünlandbetriebe am Alpenrand haben einen Teil ihres Jungviehs im Sommer gelegentlich noch auf den Almen.

a) Was sind Almen?
b) Welche Vorteile bringt eine Viehhaltung auf der Alm?

8 Der Betrieb des Landwirts F. hat sich in den letzten 15 Jahren sehr verändert:

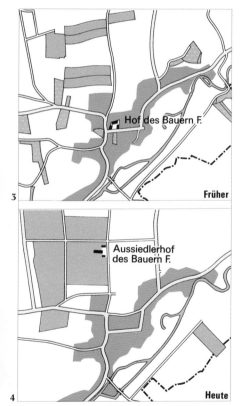

Straße
Weg
Gemarkungsgrenze
Ackerland
Grünland
Siedlungsfläche

0   500
m

weitere Ackerparzellen außerhalb des Kartenausschnitts

3   Früher

4   Heute

a) Vergleiche die beiden Karten und beschreibe die wichtigsten Veränderungen.
b) Welche Vorteile ergeben sich für den neuen Betrieb F.?
c) Suche jeweils eine kurze, aussagekräftige Kartenüberschrift.
d) Bauer F. hat seinen Betrieb auch spezialisiert. Woran ist das zu erkennen?

9 Angaben zur Landwirtschaft in Bayern:

	Landwirtschaftliche Betriebe	Durchschnittl. Betriebsgröße
1949	438 592	8,7 ha
1987	234 066	14,6 ha
1989	224 794	15,1 ha

Anbauflächen (in 1000 ha)

	1950	1987	1989
Weizen	348	501	502
Silomais	22	367	363
Zuckerrüben	17	77	79
Kartoffeln	304	68	62

Ernteerträge (in dt/ha)

	1950	1987	1989
Weizen	22,2	53,6	65,8
Zuckerrüben	349,0	547,4	579,4

a) Welche Veränderungen beobachtest du bei der Zahl der landwirtschaftlichen Betriebe und bei der Betriebsgröße?
b) Vergleiche, wie sich die Anbauflächen für die verschiedenen Feldfrüchte verändert haben.
c) Die Ernteerträge sind gestiegen. Wie ist das zu erklären?

10 Ein Landwirt konnte 1950 mit seinen Erzeugnissen acht Menschen ernähren. Heute versorgt er im Durchschnitt 59 Menschen. Wie wurde das möglich?

11 Die deutsche Landwirtschaft bekommt immer mehr Konkurrenz aus dem Ausland. Sprecht darüber am Beispiel des Obst- und Gemüseangebotes auf dem Foto (5).

5

Nord-
see

Ostsee

(DK)

Marsch Geest

Eiderstedt K

Marsch R

Marsch L

Marsch H S

Altes O B
Land Lüneburger

Uckermark

Geest Heide Havelland

Oder (PL)

(NL)

H BERLIN

Rhein O B M Fläming

Ruhrgebiet M Magdeburger P
Börde

Soester Warburger H a r z
Börde Börde

E D K Thüringer H L D

Jülicher D Rothaar- Becken
Börde Sauerland gebirge E C
A K Thüringer Wald Erzgebirge
Zülpicher
Börde Rhön

(B) Westerwald

Eifel Wetterau Elb

Mosel Hunsrück W F Spessart (CS)

(L) Rheinhessen Franken
Berg- I
(F) Rhein- straße W
pfalz Odenwald Fränkische
Kraich- N Alb Bayerischer
gau Württemberg R Wald

Schwarzwald K Dungau

Neckar Baden S Donau (A)

Ober-rheinische Tiefebene A

Kaiser- M
stuhl F Alpenvorland

(CH) Bodensee A l p e n Inn Donau

Überwiegende
Bodennutzung

Ackerbau auf
guten Böden

Ackerbau auf
geringeren Böden

Grünland
(Wiesen und Weiden)

Wald

‖‖‖ Weinbau

Franken Weinbaugebiet

• • • Obst- und
Gemüseanbau

Dungau Anbaugebiet

große
Siedlungsflächen

0 100 k

Die Landwirtschaft in Deutschland ist sehr vielseitig. Die verschiedenen Betriebe, die wir kennengelernt haben, sind Beispiele für die unterschiedliche landwirtschaftliche Bodennutzung.

2

In **Ackerbaugebieten** werden vorwiegend Getreide, Hackfrüchte und Futterpflanzen angebaut. Dabei muß man die Ackerbaugebiete vor allem nach ihrer Bodengüte unterscheiden:
– Gute Böden sind nährstoffreich. In den Börden und in den Gäulandschaften Süddeutschlands ist der fruchtbar Lößboden die Grundlage für den Weizen- und Zuckerrübenanbau.
– Weniger fruchtbar sind dagegen die sandigen Böden der Geestgebiete Norddeutschlands. Hier werden vorwiegend Mais und Kartoffeln angebaut.
Aus den Erzeugnissen der Ackerbaugebiete werden Nahrungsmittel gewonnen. Brotgetreide (Weizen und Roggen) und Zuckerrüben werden von der Lebensmittelindustrie zu den Nahrungsmitteln Brot und Zucker weiterverarbeitet. Futtergetreide (Futtergerste) und andere Futterpflanzen wandern in die Viehställe. Dort werden sie zu Milch, Fleisch und Eiern „veredelt".

3

In **Grünlandgebieten** wird der Boden als Weide oder Wiese genutzt. Typisch ist die Rindviehhaltung. Man hält entweder Kühe zur Milchgewinnung oder mästet Bullen zur Fleischgewinnung.
– Grünlandgebiete sind oft von Natur aus nicht für den Ackerbau geeignet. Entweder sind die Böden zu feucht und

zu schwer, wie in den Marsch- und Moorgebieten, oder das Gelände ist zu bergig, wie in den meisten Mittelgebirgen. Dort spricht auch das eher kühle und feuchte Klima gegen eine ackerbauliche Nutzung.
– Grünlandgebiete gibt es auch dort, wo Ackerbau zwar möglich wäre, sich die Bauern aber auf Veredelungsprodukte aus der Viehwirtschaft spezialisiert haben, weil sie damit höhere Gewinne erzielen. Ein Beispiel ist das Allgäu.

4

Bei **Sonderkulturen** ist zunächst eine Voraussetzung wichtig: Weinreben, Obst und die meisten Gemüsesorten brauchen viel Licht und Wärme. Besonders die Rebe verlangt ein möglichst mildes Klima. Bei Obst und Gemüse kommt eine wichtige zweite Bedingung hinzu: Die Anbaugebiete müssen möglichst nahe bei den Verbrauchergebieten liegen, denn Obst und Gemüse werden am liebsten frisch gekauft.
– Wein wird vor allem in den Flußtälern von Rhein, Mosel, Main und Nekkar angebaut.
– Spezielle Gemüseanbaugebiete sind das Niederrheingebiet, die Insel Reichenau im Bodensee und Teile des Dungaus.
– Hopfen wird vor allem in der Hallertau und im Bodenseegebiet bei Tettnang angebaut.
Sonderkulturen verlangen umfangreiche Handarbeiten bei der Pflege und Ernte. Deshalb nennt man sie auch Intensivkulturen. Der Verkauf der Erzeugnisse wird meist über eine Genossenschaft betrieben.

Aufgabe
Arbeite mit der Karte (1) und erstelle eine Liste der Weinbaugebiete, der Grünlandgebiete, der Gebiete mit großen Waldflächen.

Waldgebiete
Ungefähr ein Drittel der Fläche Deutschlands ist mit Wald bedeckt. Ein großer Teil davon gehört dem Staat und den Gemeinden. Aber auch viele Bauern besitzen Wald. Der Wald ist für uns alle wichtig: Er liefert Holz, bietet Tieren Schutz und Lebensraum, speichert Wasser und filtert die Luft. Waldgebiete sind auch wichtige Erholungsräume.

UNSERE STÄD UND

Eine kleine, überschaubare Stadt. Was gibt es nicht alles zu entdecken: die Altstadt, die alten Fabriken am Fluß und an der Eisenbahn, die neue Umgehungsstraße, die … Doch halt, gehe ruhig selbst auf Entdeckung.

Manches wird dir von deinem Schulort oder deiner Nachbarstadt her vertraut sein. Vieles wird dir neu sein, denn nirgendwo ist unsere Welt auf kleinem Raum so vielgestaltig wie in den Städten. Da lohnt es sich schon, genauer hinzusehen. Immerhin leben heute die meisten Menschen der Bundesrepublik Deutschland in Städten.

Wasserspeicher

Umgehungsstraße

Altstadt

Sportplätze

Alte Stadtmauer

Alte Brücke

Kraftwerk

Neustadt

TE
IHR UMLAND

Steinbruch

odernes Stadtviertel

Schule

ischäftszentrum

Neue Fabriken

Bahnhof

Gaswerk

Alte Fabriken

Kläranlage

1

2

Wohnviertel

?

Altstadt

Grünzone

STADTVIERTEL IN AUGSBURG

Heute ist es soweit! Bei prächtigem Wetter besteigt die Klasse 5c mit ihrem Lehrer, Herrn Wagner, das Wahrzeichen der Stadt Augsburg, den 70 Meter hohen Perlachturm. Er liegt mitten in der **Altstadt.** Kaum oben angelangt, beginnen die Schüler, bekannte Bauwerke der 2000 Jahre alten Stadt zu suchen. Das ist gar nicht so einfach, denn von hier oben sieht alles ganz anders aus!

Bald erkennen sie aber die breite Prachtstraße von Augsburg, die Maximilianstraße. Sie ist die „Schlagader" der Altstadt. Jetzt entdecken die ersten tatsächlich die bekanntesten Bauwerke der Augsburger Altstadt: das Rathaus, den Dom und die St.-Ulrich-Kirche. Sogar Teile der mittelalterlichen Stadtmauer sind noch zu sehen! Wo sie fehlen, säumen heute breite Ringstraßen den Rand der Altstadt. In den Straßen der **City** geht es hektisch zu. Menschen betreten und verlassen die vielen Läden, Banken und Kaufhäuser oder stehen neugierig vor den langen, durchgehenden Schaufensterreihen der Geschäftsstraßen. Für den Einkauf hat die City das interessanteste Angebot und die größte Auswahl. Von hier oben sind die bunten Sonnenschirme der Cafés und Restaurants lustig anzusehen.

Herr Wagner erklärt: „In der City wohnen kaum mehr Menschen. Dort wird heute hauptsächlich verkauft und gekauft. Viele Ämter, Banken, Versicherungen, Ärzte, Friseure und Rechtsanwälte bieten hier ihre Dienstleistungen an. Die früheren Bewohner dieses Viertels sind in andere Wohngebiete oder an den Stadtrand gezogen."

Jeder Schüler soll nun sein **Wohnviertel** suchen. Gut, daß vorher im Erdkundeunterricht darüber gesprochen wurde, woran man diese Viertel erkennt. Einige Schüler zeigen auch schon auf große, alte Wohnhäuser am Rand der Altstadt. Dort ist das Straßennetz regelmäßiger. Andere deuten auf ein Neubaugebiet mit modernen Wohnblocks und Supermärkten, das außerhalb der ehemaligen Stadtmauer liegt. Eine weitere Gruppe zeigt auf Gebiete am Stadtrand. Dort sieht man Einfamilien- und Reihenhäuser mit Gärten.

Im Norden, etwa dort, wo Lech und Wertach zusammenfließen, sind langgestreckte Fabrikhallen zu sehen. Sogleich melden sich einige Schüler, deren Eltern in den Betrieben dieses **Industrieviertels** arbeiten. „Dieses Viertel", so Herr Wagner, „entstand bereits im 19. Jahrhundert. Heute produzieren viele Industriebetriebe aber am Stadtrand, weil sie dort mehr Platz und einen guten Verkehrsanschluß an die Ausfallstraßen haben."

Schon etwas müde verlassen die Schüler den Perlachturm. Herr Wagner schlägt vor, eine Pause im Wittelsbacher Park zu machen. Das ist ein **Erholungsgebiet** innerhalb der Stadt.

3

Luftbild der Stadt Augsburg

1 St.-Ulrich-Kirche

2 Maximilianstraße
3 Perlachturm und Rathaus

4 Dom
5 Wertach
6 Lech

Stadtplanausschnitt Seite 84–85

4

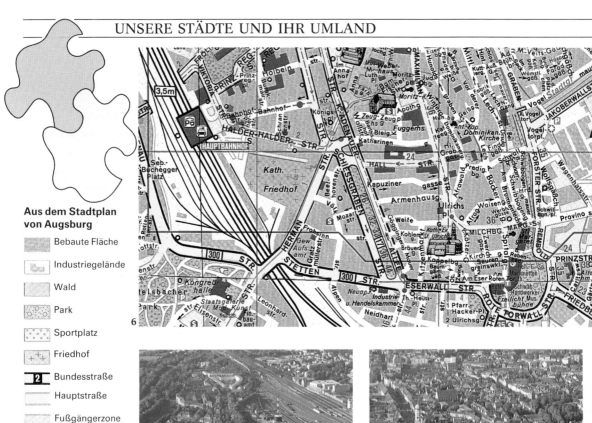

Aus dem Stadtplan von Augsburg

▨ Bebaute Fläche

▨ Industriegelände

▨ Wald

▨ Park

▨ Sportplatz

▨ Friedhof

▨ Bundesstraße

▨ Hauptstraße

▨ Fußgängerzone

▬ Bundesbahn

④ Straßenbahn

36 Bus

▨ Öffentliches Gebäude

0 ⸻ 400 m

7 Wittelsbacher Park und Kongreßhalle

8 Altstadt mit Sankt-Ulrich-Kirche

Entwicklung der Einwohnerzahl Augsburgs

1830	29 133 Einw.
1900	89 170 Einw.
1925	165 522 Einw.
1950	185 183 Einw.
1972	257 029 Einw.
1980	248 631 Einw.
1991	257 743 Einw.

5

Eine Stadt ist ein Lebensraum mit vielfältigen Möglichkeiten. Du kannst dort wohnen und zur Schule gehen. Deine Eltern können in der Stadt arbeiten. Ihr könnt euch mit Waren und Dienstleistungen versorgen oder euch sogar in der Stadt erholen. So wie ein Puzzle aus einzelnen Teilen zusammengesetzt ist, besteht die Stadt aus verschiedenartigen **Stadtvierteln.** Häufig übernehmen solche Viertel ganz bestimmte Aufgaben; sie haben dann in der Stadt jeweils besondere Funktionen und sind zum Beispiel ein Wohn-, Industrie- oder Geschäftsviertel. So hat jedes Stadtviertel dann sein eigenes Aussehen. Dabei

spielt aber auch das Alter der einzelnen Stadtteile eine Rolle.

In vielen deutschen Städten ist die Bevölkerung besonders in den letzten 150 Jahren stark angestiegen. In den Altstädten aber waren nur begrenzte Flächen vorhanden. Immer mehr Menschen benötigen jedoch Wohnraum, Arbeitsstätten und Versorgungseinrichtungen. Deshalb wuchsen viele Städte immer weiter nach außen. Neue Wohnsiedlungen entstanden außerhalb der Altstädte. Industriebetriebe, die in der Innenstadt eingeengt waren, verlagerten ihre Produktionsstätten an den Stadtrand.

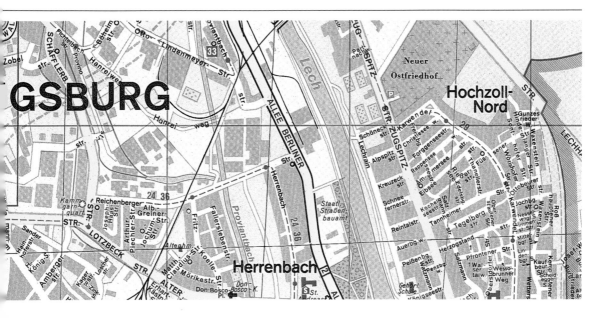

GSBURG

Herrenbach

Hochzoll-Nord

Neuer Ostfriedhof

9
Industriegebiet südlich der Jakoberwallstraße

Stadtwachstum von Augsburg

Römerstadt (um Chr. Geburt)

Augsburg im 14. Jh.

Mittelalterliche Stadtmauer

Neue Gebiete bis 1870
(kleine Gebiete unberücksichtigt)

Bebaute Fläche 1992

 — Heutige Stadtgrenze

10
Wohnviertel Hochzoll

Aufgaben

1 Im Luftbild von Augsburg (4) sind in einzelne Stadtviertel Buchstaben eingedruckt. Ordne die im Text (Seite 82) genannten Viertel richtig zu.

2 Die Fotos (1–3) stammen aus verschiedenen Stadtvierteln in Augsburg. Um welche Art von Viertel handelt es sich jeweils? Begründe deine Entscheidung.

3 Woran kannst du die Altstadt und andere Stadtviertel im Stadtplan (6) erkennen? Nenne einzelne Merkmale.

4 Beschreibe mit Hilfe der Karte (11), wie die Stadt Augsburg räumlich gewachsen ist.

11

Stadtansicht Bambergs aus der Schedelschen Weltchronik, 1493
(Sie entstand zu der Zeit, als Kolumbus Amerika entdeckte!)

1

ALTE STÄDTE – ALTSTÄDTE

Der Dom ist das Zentrum der geistlichen Stadt.

Das Rathaus auf einer Insel im Fluß verbindet die Teile der Bürgerstadt.

Häuserreihen zeigen den Verlauf wichtiger Verkehrswege an.

Wenn du durch eine fremde Stadt gehst, merkst du oft ziemlich genau, wann du in der Altstadt bist. Schmale Straßen und enge Gassen gibt es hier und dicht aneinandergebaute Häuser. Am Baustil der Fassaden läßt sich ablesen, wann die einzelnen Häuser entstanden sind.

Als vor Jahrhunderten Städte gebaut wurden, gingen die Menschen meist zu Fuß. Auf den Straßen verkehrten nur Pferdefuhrwerke und Handkarren; schwere Lasten wurden auch auf den Flüssen transportiert. Wasser holte man von öffentlichen Brunnen, und das Abwasser floß entlang der Straßen in die Bäche und Flüsse. In den Städten wurde regelmäßig Markt gehalten. Die Bürger schützten sich durch eine Stadtmauer. Weil der Platz innerhalb der Stadtmauer knapp war, baute man die Häuser eng, schmal und hoch. In Städten wie Rothenburg o.T. oder Nördlingen hat sich das alte Stadtbild bis heute besonders gut erhalten; sie sind deshalb Anziehungspunkte für Touristen geworden.

Die meisten alten Städte sind – besonders in unserem Jahrhundert – über ihre Mauern hinausgewachsen. Auf diese Weise ist die alte Stadt zu einem Stadtteil geworden, zur Altstadt. Moderne Lebensverhältnisse sind hier aber nur schwer zu schaffen. Der Verkehr quält sich durch die engen Straßen, die Ausstattung der Häuser entspricht nicht den

heutigen Ansprüchen. Daher stehen viele Städte vor dem Problem, wie man die Altstadt erhalten, gleichzeitig aber modernisieren kann.

Ein Beispiel: die Altstadt von Bamberg
Auf dem Stadtplan kannst du gut erkennen, daß die Altstadt von Bamberg aus drei „Städten" zusammengewachsen ist, nämlich aus
– der geistlichen Stadt: Sie umschließt den Dom, der auf einem Hügel über der Stadt thront;
– der Bürgerstadt: Sie ist kreisförmig von einem Wassergraben umgeben. Mehrere Brücken verbinden den älteren Teil unterhalb des Dombergs mit dem später erbauten Teil zwischen den beiden Armen des Flusses Regnitz;
– der östlichen Vorstadt: Sie entstand auf dem rechten Flußufer entlang einer alten Fernstraße. Händler und Gärtner hatten dort viel Platz für ihre Geschäfte.

Bamberg

Geistliche Stadt
Bürgerstadt
Östliche Vorstadt
Stadtmauern um 1450

0 100 200 300 400 500 m

2

Altstadtsanierung

Sanieren bedeutet „gesund machen". Eine Altstadt sanieren heißt dann, in diesem Stadtteil wieder Lebensverhältnisse herstellen, die den heutigen Ansprüchen der Menschen gerecht werden. Das gilt insbesondere für das Wohnen, aber auch für die Verkehrsverhältnisse oder für die Versorgung.

Sanieren kann auf verschiedene Weise geschehen:

1. Man reißt alte Gebäude ab und ersetzt sie durch Neubauten.
2. Von den alten Gebäuden bleiben nur die Fassaden stehen und werden gründlich ausgebessert, also renoviert. Innen aber werden die Häuser modern ausgebaut.
3. Man bessert nur die baufälligen Teile der alten Gebäude aus.

Heute will man in vielen Fällen aber nicht nur sanieren, sondern gleichzeitig auch die wichtigen noch vorhandenen historischen Gebäude erhalten. Sie machen nämlich einen Straßenzug oder einen Stadtteil unverwechselbar und geben ihm seinen eigenen Reiz. Bedeutende historische Gebäude stellt man deshalb unter Denkmalschutz, das heißt, sie dürfen nicht verändert oder abgerissen werden. Auf diese Weise haben viele Städte in Bayern und ganz Deutschland ihren historischen Stadtkern retten können.

In der Bamberger Altstadt stehen über 1000 Gebäude unter Denkmalschutz. Weil ihre Erhaltung oder Erneuerung viel Geld kostet, helfen der Staat und die Stadt den Eigentümern mit Zuschüssen. An dem fast 500 Jahre alten Haus „Obere Brücke Nr. 10" siehst du, daß es sich lohnt, alte Häuser zu sanieren.

Aufgaben

1 Die Altstadt ist heute oft ein Stadtteil mit Problemen:
a) Um welche Probleme handelt es sich? Erläutere.
b) Was soll durch eine Sanierung erreicht werden?

2· Sanierung durch Abriß und Neubauten? Sprecht über die Vorteile und Nachteile der im Text „Altstadtsanierung" genannten Möglichkeiten.

3 Welche Beispiele für Sanierung kennst du aus deinem Wohnort/Schulort?

4 Suche zum Beispiel in Heimatbüchern nach alten Ansichten deines Wohnorts/Schulorts. Welche der Türme, Kirchen, Mauern oder auffallenden Gebäude stehen heute noch?

Bamberg: Haus „Obere Brücke Nr. 10"
300 bis 500 Jahre alt.

Vor der Sanierung: Unbewohnbar, abbruchreif, drohte bald einzustürzen. Die Fassade hing 70 cm über. Die Decken hingen 50 cm durch. Kellerwände und Gewölbe waren zerrissen. Die Holzbalken waren morsch und verwittert.

Nach der Rettung gilt das Haus als Muster der Bamberger Denkmalpflege.

Wie viele der Einwohner leben in der Altstadt?

Bamberg	21 500
(von insges.	70 000)
Regensburg	15 000
(von insges.	130 000)
Lübeck	13 800
(von insges.	210 000)

5

Wann ist ein Gebäude sanierungsbedürftig?
– kein WC und Bad in der Wohnung
– keine Zentralheizung
– zu kleine und zu niedrige Räume
– feuchte Wände
– schadhafte Wasser- und Abwasserleitungen
– morsche Dachbalken
– schlechter Zustand der Mauern

Bamberg: Haus „Obere Brücke Nr. 10" vor …

und nach der Sanierung

Viele historische Altstädte sind heute nicht mehr erhalten, weil sie im Zweiten Weltkrieg durch Bombenangriffe weitgehend zerstört wurden.

87

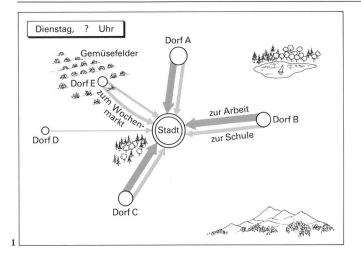

1

STADT UND UMLAND

2

Um 8 Uhr sitzt Amtsrat Johannes Zeller an seinem Schreibtisch im Notariat. Er berichtet: „Ich wohne in Obersinn, einem Ort 23 Kilometer nördlich von Gemünden. Schon über 40 Jahre fahre ich täglich nach Gemünden zur Arbeit, da es in Obersinn kein Notariat gibt. Mein Zug fährt um 7.15 Uhr ab und braucht etwa 20 Minuten. Die Verbindungen sind werktags sehr gut. Ich fahre lieber mit der Bahn, weil ich dann ausgeruht am Arbeitsplatz ankomme. Mit dem Auto gerät man oft in einen Stau. Um 17 Uhr habe ich Feierabend, und gegen 17.30 Uhr bin ich wieder zu Hause." Wie Herr Zeller fahren jeden Tag über 1400 Menschen aus der Umgebung mit Bahn, Bus oder Auto nach Gemünden, um dort zu arbeiten.

Personen wie Alexandra und Herrn Zeller, die in eine andere Gemeinde zur Schule oder zur Arbeit fahren, nennt man **Pendler**. Man unterscheidet Berufspendler und Bildungspendler.

Gemünden: Einpendler und Auspendler

	Berufs-pendler	Bildungs-pendler	ins-gesamt
Einpendler	1442	678	2120
davon aus			
Würzburg	22	–	22
Karlstadt	146	14	160
Lohr a. Main	177	33	210
Obersinn	39	34	73
Rieneck	160	56	216
Auspendler	2065	167	2232
davon nach			
Würzburg	563	92	655
Karlstadt	257	8	265
Lohr	687	13	700

3

Dienstag morgen, 7.45 Uhr, Gemünden am Main, Landkreis Main-Spessart. Alexandra ist auf dem Weg zur Schule. An der Bushaltestelle trifft sie ihre Freundin, die jeden Morgen aus einem Nachbarort nach Gemünden fährt. „Ich bin froh, daß ich nicht so früh aufstehen muß, um zur Schule zu fahren, wie einige meiner Freundinnen," sagt sie. „Zum Glück wohne ich in einer Stadt, die auch weiterführende Schulen hat. Ein Teil meiner Mitschüler kommt aus der Umgebung und hat einen langen Schulweg."

Nach Gemünden fahren nicht nur die Pendler, nach Gemünden fährt man auch zum Einkaufen. Wenn Alexandras Mutter ihre Einkäufe beim Bäcker, Metzger und Gemüsehändler erledigt, begegnen ihr in der Fußgängerzone Menschen, die nicht alle in Gemünden wohnen. Sie kommen auch aus dem Umland. Sie sind auf dem Weg zum Arzt, zu Ämtern oder Behörden, oder sie machen Besorgungen. Umfragen belegen, daß etwa 10000 Haushalte des umliegenden Landkreises Main-Spessart auch in Gemünden einkaufen.

Nach Lohr oder nach Würzburg fahren? Diese Frage stellen sich Alexandra und ihre Eltern öfter. Zum Beispiel, wenn größere Einkäufe anstehen, wenn ein Facharzt aufgesucht werden muß oder man ins Theater oder ins Kino gehen will. Manche Besorgungen können schon im nahegelegenen Lohr mit seinen Spezialgeschäften erledigt werden. Alexandra berichtet: „Nach Würzburg fahre ich vor allem deshalb gern, weil die Geschäfte eine große Auswahl modischer Kleidung haben. Manchmal gibt es sogar tolle Sonderangebote." Alexandras Mutter fügt hinzu: „Mir fällt immer wieder auf, daß in Würzburg viele Geschäfte hochwertige Waren führen. Manche sind selbst auf sehr spezielle Angebote eingerichtet. Zwar stört uns manchmal der viele Verkehr, der Lärm und diese Großstadthektik, aber trotzdem ist das Bummeln und Einkaufen für uns sehr angenehm. Probleme haben wir öfter, einen Parkplatz zu finden. Viele Menschen fahren eben mit dem Auto aus der Umgebung nach Würzburg."

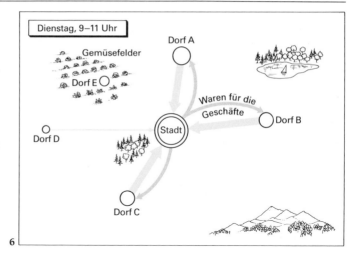

6

Wo kaufen die Gemündener ein?

Für den täglichen Bedarf

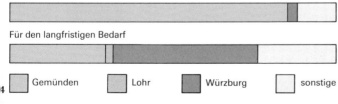

Für den langfristigen Bedarf

| | Gemünden | | Lohr | | Würzburg | | sonstige |

4

5

Aufgaben

1 Stelle fest, wer in deiner Klasse Pendler ist. Fertige eine einfache Kartenskizze von der Umgebung deines Schulortes an, und trage darin die Herkunftsorte der Pendler ein.

2 Die Abbildungen (1 und 6) zeigen den Verkehr zwischen einer Stadt und den Dörfern im Umland zu verschiedenen Tageszeiten.
a) Um welche Tageszeit handelt es sich in Abbildung 1?
b) Welche Personengruppen sind jeweils unterwegs? Beschreibe: rot = …
c) Erstelle eine ähnliche Zeichnung für
– die Zeit von 16–18 Uhr an einem Werktag,
– einen Sonntagvormittag.

3 Vergleiche die Zahl der Einpendler und Auspendler in Gemünden (Tabelle 3). Versuche zu erklären.

4 Welche Orte werden von deiner Familie aufgesucht, um Lebensmittel, Kleidung oder andere Waren einzukaufen?

Würzburg
130 000 Einwohner
 92 000 Beschäftigte
 60 000 Einpendler

Würzburg ist Sitz
– der Bezirksregierung von Unterfranken
– vieler Behörden
– eines katholischen Bischofs

Würzburg ist Standort
– kleiner und mittlerer Industriebetriebe
– größerer Verlage
– von Groß- und Einzelhandelsbetrieben
– von Universität und Fachhochschule
– von Museen, Theatern

Würzburg hat berühmte Bauten wie Residenz, Festung Marienberg, Alte Mainbrücke

Zentrale Orte

Städte, die ihr Umland mit Waren und Dienstleistungen versorgen, nennt man zentrale Orte. Sie haben unterschiedlich große Einzugsbereiche. Das hängt von ihrer Ausstattung mit Geschäften, Behörden und anderem ab. Danach unterscheidet man:

Oberzentrum

- höhere Verwaltungsbehörden
- Hoch- und Fachschulen
- Spezialkliniken
- große Kaufhäuser, exklusive Spezialgeschäfte
- Großbanken, Versicherungen
- Verwaltungen von Firmen
- Museen, Theater

Mittelzentrum

- Landratsamt, Gericht
- Gymnasium, Berufsschulen
- Hallenbad, Mehrzwecksporthalle
- Krankenhaus mit Fachabteilungen, Fachärzte
- Spezialgeschäfte, Kaufhäuser
- Banken
- Dienstleistungen freier Berufe
- größere Park- und Grünanlagen

Unterzentrum

- Rathaus, Bücherei
- Realschule und/oder Gymnasium
- Freibad, Sportplatz, Festhalle
- Allgemeinärzte, Apotheken
- Handwerksbetriebe
- Fachgeschäfte
- Bankfilialen

Einzugsbereiche der zentralen Orte Würzburg, Lohr und Gemünden

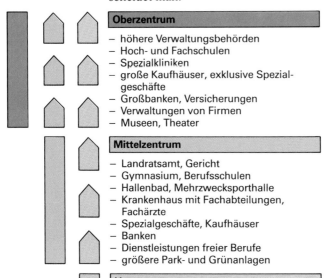

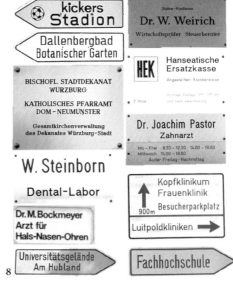

8

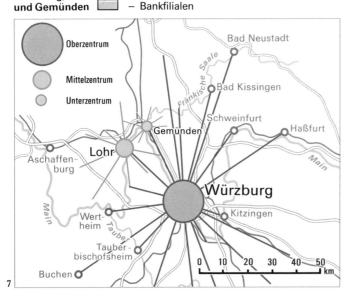

7

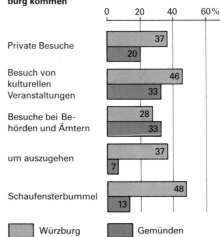

Weshalb Umlandbewohner (ohne Pendler) außer zum Einkaufen nach Gemünden und nach Würzburg kommen

	0	20	40	60%
Private Besuche	Würzburg 37 / Gemünden 20			
Besuch von kulturellen Veranstaltungen	Würzburg 46 / Gemünden 33			
Besuche bei Behörden und Ämtern	Würzburg 28 / Gemünden 33			
um auszugehen	Würzburg 37 / Gemünden 7			
Schaufensterbummel	Würzburg 48 / Gemünden 13			

☐ Würzburg   ☐ Gemünden

Die Angabe in Prozent (%) sagt dir, wie viele Personen von jeweils 100 Befragten diese Gründe nannten.

9

Aufgaben

5 a) Vergleiche die Größe der Einzugsbereiche von Würzburg, Lohr und Gemünden (Karte 7).

b) Begründe, warum Würzburg die größte „Reichweite" ins Umland hat.

6 Würzburg und Gemünden haben als zentrale Orte eine unterschiedliche Bedeutung. Wird dies auch so durch die Befragung der Umlandbewohner (9) bestätigt?

10

Am Marktplatz in Gemünden

11

W	W	?
W	W	?
Wohnen	W	?
Uhren-, Schmuck- geschäft	Optiker	Metzgerei Schnellimbiß
8	6	4

Erkunden einer Geschäftsstraße

Was kannst du **beobachten**?
– Länge der Geschäftsstraße
– Häuser mit/ohne Schaufenster
– Zahl der Geschäfte in den Gebäuden
– Nutzung der Geschosse als Geschäft, Büro oder Wohnung
– Art der Geschäfte (Kaufhaus, Einzelhandelsgeschäft)
– Warenangebot zum Beispiel für den täglichen Bedarf (Lebensmittel), langfristigen Bedarf (Möbel, Kleidung)
– Zahl der Passanten zu verschiedenen Tageszeiten

Was erfährst du durch **kartieren**?
– Wie die Gebäude genutzt werden
– Welche Nutzungen in der Straße überwiegen

Was erfährst du durch **befragen**?
– Herkunft der Kunden
– Gründe für den Einkauf gerade in dieser Straße/diesen Geschäften

Ergebnisse mußt du **auswerten:**
a) Vergleiche die Geschäftsstraßen auf den Fotos:
– Beschreibe sie hinsichtlich Ausstattung und Zahl der Passanten.
– Begründe: Welche Straße hat den größeren Einzugsbereich?
b) Vergleiche die Kartierung am Marktplatz von Gemünden mit der in der Kaiserstraße in Würzburg. Beschreibe die Unterschiede.

beobachten   **kartieren**

In der Kaiserstraße in Würzburg

12

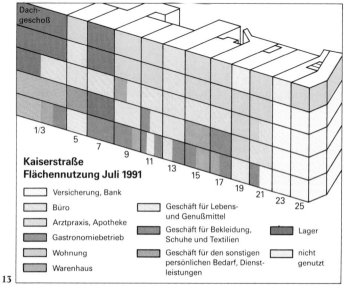

Dach-
geschoß

1/3
5
7
9
11
13
15
17
19
21
23
25

Kaiserstraße
Flächennutzung Juli 1991

Versicherung, Bank
Büro
Arztpraxis, Apotheke
Gastronomiebetrieb
Wohnung
Warenhaus

Geschäft für Lebens- und Genußmittel
Geschäft für Bekleidung, Schuhe und Textilien
Geschäft für den sonstigen persönlichen Bedarf, Dienstleistungen

Lager
nicht genutzt

13

91

VERDICHTUNGS-RAUM NÜRNBERG–FÜRTH–ERLANGEN

Viele Menschen sind seit 1950 aus den ländlichen Gebieten in die Großstädte und ihr Umland gezogen. Sie erhofften sich bessere Berufs- und Ausbildungs-möglichkeiten sowie ein abwechslungs-reicheres Leben. Am Rande der Städte entstanden Wohnsiedlungen und Indu-striegebiete. Bald wurden auch die stadtnahen Gemeinden in dieses Wachstum einbezogen, hier waren die Bau- und Bodenpreise noch niedriger. Die früheren Dörfer wandelten sich zu städtischen Gemeinden. Die großen Städte sind zusammen mit den Gemein-den ihres Umlandes Gebiete mit hoher Bevölkerungsdichte. Zwischen Städten und Umlandgemeinden bestehen viel-fältige Beziehungen. Solche Räume nennt man **Verdichtungsräume.**

Der Raum Nürnberg–Fürth–Erlangen ist ein bedeutender Verdichtungsraum in Deutschland. Er umfaßt neben den drei „Kernstädten" Nürnberg (471000 Einwohner), Fürth (97000 Einwohner) und Erlangen (100000 Einwohner) die Stadt Schwabach und die Landkreise Nürnberger Land, Roth, Fürth und Er-langen-Höchstadt. Sogar Teile der Landkreise Forchheim und Neumarkt sind auf die Kernstädte hin orientiert. Auf einer Fläche von fast 2000 Quadrat-kilometern leben 1155000 Bürger.

Ob es sich um den Weg zur Arbeit oder in die Schule handelt, ob man einkaufen oder in seiner Freizeit etwas unterneh-men möchte: Für viele Menschen im Verdichtungsraum bedeutet das einen Ortswechsel und damit Teilnahme am Verkehr. So gab es 1987 im Raum Nürn-berg–Fürth–Erlangen täglich allein 280000 Pendler zwischen den großen Städten und vom Umland in die Städte. Trotz täglicher Staus benutzen über die Hälfte der Pendler das Auto. „Damit ist es bequemer, schneller, billiger", ist häu-fig ihr Argument.

Nürnberg
Stadt an der Pegnitz, überragt von der ehemals kaiserlichen Burg. Die Altstadt mit gotischen Kirchen (St. Sebaldus, St. Lorenz, Frauen-kirche), Rathaus, Dürer-haus u. a. wurde im Zwei-ten Weltkrieg stark zer-stört.
Universität, Hochschu-len, Fachschulen.
Fahrzeugbau, Spiel-warenindustrie und andere Industrien (z. B. Lebkuchen). Hafen am Rhein-Main-Donau-Großschiffahrtsweg, Haupthandelsplatz für Hopfen.
Zur Geschichte: Nürn-berg war eine der bedeu-tendsten Reichsstädte; Blütezeit im 15./16. Jahr-hundert (Dürer, Veit Stoß, Peter Vischer, Hans Sachs); 1806 bayerisch; 1835 erste deutsche Eisenbahn zwischen Nürnberg und Fürth. Heute reiche Kunst-sammlung zur deutschen Geschichte (Germani-sches Nationalmuseum u. a.)

Fürth
Kreisfreie Stadt, mit Nürnberg zusammen-gewachsen. Brauereien, elektrotechnische Indu-strie (Rundfunkgeräte u. a.)

Erlangen
Kreisfreie Stadt an der Regnitz. Universität (seit 1743), Fachschulen. Elektrotechnische Indu-strie, Maschinenbauindu-strie, Textilindustrie u. a. Starkstromtechnisches Forschungszentrum

Nahverkehr im VGN

Was für den einzelnen als Vorteil er-scheint, ist für die Lebensbedingungen im Verdichtungsraum aber ein Problem. Deshalb ist der Verkehrsverbund Groß-raum Nürnberg (VGN) geschaffen wor-den. Drei städtische Verkehrsbetriebe, die Bundesbahn und 16 private Omni-busbetriebe haben sich geeinigt und Fahrpläne und Fahrpreise aufeinander abgestimmt. Spezielle Parkplätze (P + R = park and ride) sind für Umsteiger vom Auto gebaut worden.

Bei schlechtem Wetter, einem längeren Fußweg zur Haltestelle oder mit schwe-rem Gepäck ist die Benutzung öffent-licher Verkehrsmittel zwar manchmal nicht so bequem, doch kann man auf diese Weise Lärm und Luftverschmut-zung vermeiden helfen. In der Universi-tätsstadt Erlangen wird in besonderer Weise das Verkehrsmittel Fahrrad geför-dert. Das Radwegenetz umfaßt dort 160 Kilometer. Jeder vierte Verkehrsteilneh-mer benutzt in Erlangen bereits das Rad.

Luftbild von Nürnberg (mit Altstadt und Haupt-bahnhof)

1

DIE VOR-ZÜG-LICHE

P+R

STADT-VERBINDUNG

Aufgaben

1 Suche im Atlas den Verdichtungsraum Nürnberg–Fürth–Erlangen. Beschreibe die Lage der großen Städte zueinander.

2 Was ist mit der Aussage gemeint, daß zwischen den einzelnen Gemeinden in einem Verdichtungsraum „vielfältige Beziehungen" bestehen?

3 Tobias aus Forchheim will zum Bundesligaspiel ins Nürnberger Stadion am Dutzendteich fahren. Er benutzt öffentliche Verkehrsmittel. Verfolge seine Fahrtstrecke auf dem Plan (2).

4 Das Fahrrad kann Verkehrsprobleme lösen helfen. Sprecht über Vor- und Nachteile des Fahrradfahrens in der Stadt.

LANDESHAUPT-STADT MÜNCHEN

Der Abgeordnete Hermann R. aus Ingolstadt ist einer der 204 Landtagsabgeordneten, die regelmäßig aus ihrem Wahlkreis in die Landeshauptstadt München reisen müssen. Hier tagt der bayerische Landtag, und hier hat die Staatsregierung mit dem Ministerpräsidenten ihren Sitz. Ebenso befinden sich hier alle Ministerien, die für die Verwaltung des Landes zuständig sind. Allein 175000 Beschäftigte arbeiten in diesen Landesbehörden. Darüber hinaus ist München auch die Bezirkshauptstadt des Regierungsbezirkes Oberbayern.

Münchens Rolle als Hauptstadt hat eine lange Tradition. Schon 1255 machten es die Wittelsbacher Fürsten zur Residenzstadt. Die blieb es in den folgenden Jahrhunderten, und 1805 wurde München zur Hauptstadt des Königreichs Bayern. Die jeweiligen Herrscher ließen Schlösser, Kirchen und Paläste bauen, sie legten große Gärten an und gründeten Theater und Museen. Um 1800 verlegten sie die bayerische Landesuniversität nach München und begründeten damit seine Rolle als Hochschul- und Forschungszentrum.

Vor allem im 19. Jahrhundert entfalteten die bayerischen Könige eine rege Bautätigkeit. Rund um die Münchner Altstadt mit der Residenz entstanden Vorstädte mit prunkvollen Straßenzügen und Prachtbauten.

Wie für den Abgeordneten R. ist München das Ziel auch für viele andere Menschen. Allein 290000 Einpendler fahren täglich aus dem Umland hierher zur Arbeit oder zur Schule. Armin S. zum Beispiel ist einer der über 105000 Studenten, die an Münchens Hochschulen studieren. So viele Studenten hat keine andere Stadt in Deutschland.

Tashita O. ist mit einer Reisegruppe aus Japan hier, denn München gilt als typischer Ort, um Deutschland und die „bayerische Gemütlichkeit" kennenzulernen.

Josef L. ist Geschäftsmann. Er führt Besprechungen bei Firmen, die hier in München ihren Sitz haben; München ist nämlich eine der bedeutendsten Industrie- und Handelsstädte Deutschlands mit vielen Verbindungen zum Ausland.

Und das Ehepaar K. aus Augsburg freut sich immer wieder auf den Opernbesuch; die beiden haben ein Theaterabonnement und gehören zu denen, die München auch als Theaterstadt schätzen.

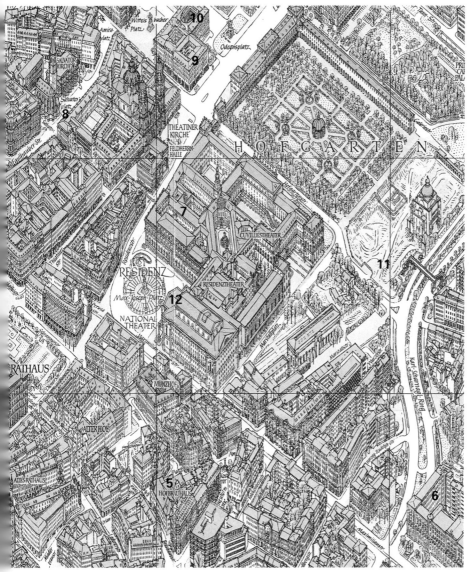

Bildplan der Innenstadt von München

1 Frauenkirche „Dom" (1488), Wahrzeichen Münchens, Bischofs- und Fürstengruft
2 Neues Rathaus (1909), Glockenspiel täglich 11 Uhr
3 Marienplatz
4 Viktualienmarkt
5 Hofbräuhaus
6 Regierung von Oberbayern
7 Residenz (früher Schloß der bayerischen Fürsten) mit Nationaltheater, Cuvilliéstheater, Herkulessaal und Residenzmuseum
8 Kultusministerium
9 Innenministerium
10 Finanzministerium
11 Neue Staatskanzlei, Sitz des Ministerpräsidenten und des Ministerrats (im Plan noch nicht gezeichnet)
12 Nationaltheater

Aufgaben

1 Arbeite mit dem Bildplan (1):
a) Suche die Gebäude, die wahrscheinlich der Abgeordnete, der Tourist oder die Theaterbesucher aufsuchen werden.
b) In einem Gebiet häufen sich die Gebäude, die mit München als Hauptstadt zu tun haben. Suche es im Bildplan.
c) Schlage selbst einen Rundgang in der Innenstadt vor. Beschreibe den Verlauf.
2 Zwei Gebäude sind als „Wahrzeichen Münchens" über Deutschland hinaus bekannt. Welche sind es?

Bayerische Staatsregierung

o MinisterPräs u. Staatskanzlei 21 65-0
  Staatsminister f. Bundesangelegenheiten 22 Prinzregenten-7
  LandesZentr. f. politische 2 37 03-1
  Bildungsarbeit 2 Brienner-41
  Staatsministerium f. Arbeit u. 12 53-1
  Allg. Verw. u. Recht 40 Winzerer-9
  Staatsministerium f. Ernährung, 21 82-0
  Landwirtschaft u. Forsten 22 Ludwig-2
  Staatsministerium d. Finanzen 23 06-1
  22 Odeonspl. 4
  Staatsministerium d. Innern 21 92-1
  22 Odeonspl. 3

Staatsministerium d. Justiz 55 97-1
  35 Prielmayer-7
Staatsministerium f. ☎ 92 14-1
  Landesentwicklung u. Umweltfragen 81 Rosenkavalierpl. 2
  mit Bayer. Landesamt f. Umweltschutz
Staatsministerium f. Unterricht, 21 86-1
  Kultus, Wissenschaft u. Kunst
  2 Salvator-2
Staatsministerium f. Wirtschaft 21 62-01
  u. Verkehr 22 Prinzregenten-28

2

Aus dem Telefonbuch von München

95

3

Innenstadt von München
1 Frauenkirche
2 Theatinerkirche
3 Neues Rathaus
4 Peterskirche

München gilt als die beliebteste Groß-stadt Deutschlands. Viele denken dabei gleich an seine Lage in der Nähe der Al-pen und an die Ausflugsziele im Süden der Stadt. München ist auch eine bedeu-tende Einkaufsstadt mit Geschäften für jeden Anspruch. Vor allem in der Innen-stadt findet man teure Spezialgeschäfte für Mode, Schmuck oder Luxusgüter.

Von erheblicher Bedeutung ist auch das interessante Angebot an Arbeitsplätzen, besonders in den großen Industriekon-zernen oder den Banken und Versiche-rungen. Auch für Film- und Fernsehpro-duktionen und für die Presse ist Mün-chen ein wichtiger Standort.

Bis heute ziehen deshalb Menschen aus allen Teilen Deutschlands und auch aus dem Ausland nach München. In den 70er Jahren war München die Großstadt mit dem größten Bevölkerungswachs-tum.

Aus Essen im Ruhrgebiet zum Beispiel kam Robert K.. 1965 wurde er als junger Bergwerksingenieur arbeitslos. Auf eine Zeitungsanzeige hin packte er seine Koffer, fuhr nach München und fand zwei Tage später bei einem führenden Luftfahrtunternehmen einen gut bezahl-ten Arbeitsplatz.

Manfred S. stammt aus Bamberg und studierte Anfang der 60er Jahre an der Technischen Universität Elektrotech-nik. Nach Abschluß des Studiums bot ihm ein großer Elektrokonzern einen interessanten Arbeitsplatz mit guten Aufstiegsmöglichkeiten. Jetzt arbeitet er in leitender Stellung in der Computer-technik.

Manfred S. und Robert K. leben heute mit ihren Familien in Eigenheimen am Stadtrand. Sie sind zwei von Hundert-tausenden, die nach München gezogen sind.

Aus dem Veranstaltungs-kalender

Febr. Caravan-Boot-Reisen
März Internationale Handwerksmesse
April Autoausstellung
Juni Filmfest München
Juli Münchener Opern-festspiele
Sept. Beginn des Oktoberfests
Dez. Grand-Slam-Cup Tennis

4

5

96

Wachstum schafft Probleme

Die vielen Menschen, die nach München ziehen, brauchen Wohnungen und Versorgungseinrichtungen. In der Stadt selbst wurde der Wohnraum immer knapper und teurer, besonders in der Innenstadt. Hier haben sich vor allem Handelsunternehmen, Banken, Versicherungen, Verwaltungen und Behörden niedergelassen und den Wohnraum verdrängt; 850 000 Beschäftigte arbeiten im Stadtzentrum. Neue große Wohnviertel entstanden am Stadtrand, so zum Beispiel die Stadtteile Hasenbergl oder Neuperlach. In ihnen benötigte man Schulen, Kindergärten, Sportstätten, Versorgungseinrichtungen und eine gute Verkehrsanbindung.

Seit den 70er Jahren „wächst München im Umland". Viele Dörfer und Kleinstädte sind zu Wohn- und Auspendlergemeinden geworden und auch zu Standorten für Betriebe, die aus München wegzogen. München und sein Umland zusammen sind heute der größte Verdichtungsraum in Bayern. Hier leben 2,3 Millionen Menschen.

Das Wachstum der Stadt und der Bevölkerung führte zu einer starken Zunahme des Verkehrs, vor allem durch die Pendler und die Transporte aus den Umlandgemeinden. Für den Verkehr wurden mehrspurige Straßen um und durch die Stadt gebaut. Das Netz des Öffentlichen Personennahverkehrs mußte immer mehr erweitert werden. Heute enden die Linien der S-Bahn zum Teil in Nachbarstädten Münchens, wie zum Beispiel in Freising, Erding oder in Starnberg.

Aufgaben

3 Es gibt verschiedene Gründe für die Anziehungskraft Münchens. Nenne einige.

4 Erläutere die Probleme, die der starke Bevölkerungszuzug ausgelöst hat.

5 Arbeite mit der Tabelle (7):
a) Berechne die Zunahme oder Abnahme der Bevölkerung in Stadt und Umland für die einzelnen Zeitabschnitte.
b) Vergleiche die Entwicklung in der Stadt mit der im Umland.

3-Zi.-AB-Whg, Haidhausen, 96 m², ren., Mt. 2150,– + Hz/Kt.

Kreuzhofstr. 6 (Mü. 70)- Erstbez.
Besichtigung: Sa. + So. 13–16 Uhr.
1½-Zi.-Whg., ca. 40 m², gr. Loggia 950,–
2-Zi.-Whg., ca. 50 m², gr. Loggia 1 200,–
jeweils zzgl. NK + Kt., Schwimmb./Sauna

Schwabing 4-Zi.-Whg., 143 m², 2 Bäder, kpl. Kü., renov. 3 700,– + NK/KT, ab sof.

Unterschleißheim
Wunderschöne, familienfreundliche 3-Zi.-Garten-Whg. mit Hobbyraum, Terrasse, 103 m², Bj. 88, gehob. Ausstattung, Bezug 15. 9.
incl. TG DM 2110,– + NK + Kt.

---

schöne 2-Zi.-Whg., 84 m², m. Galerie, DT, interess. Velours, Fußbodenhzg., TG, DM 2308,80 + NK.

Bestes Schwabing
100 m z. Engl. Gart., traumh. Raumh., Bad m. Fenst., sep. WC, grauer
Die Wohnung wird höchsten Ansprüchen gerecht.

Möblierte, moderne 3-Zi.-Whg., U-Bahn-Nähe, für 2 Jahre, mtl. DM 2500,–

6

München: Bevölkerungsentwicklung von Stadt und Umland

	1950	1961	1970	1990
Stadt München	830 800	1 085 100	1 293 600	1 277 600
Umland	573 200	629 300	780 700	1 037 500
Region insgesamt	1 404 000	1 714 400	2 074 300	2 315 000

7

6 Vergleicht die Mietpreise in den Anzeigen (6) mit denen in eurem Heimatort (fragt nach). Sprecht über die Folgen solcher Mietpreise für die Stadt München und für die betroffene Bevölkerung.

München-Milbertshofen

8

Mauer und
Brandenburger Tor am
9. November 1989

BERLIN

Daten zur Geschichte Berlins

1237 erste Erwähnung der Stadt

1470 Hauptstadt der brandenburgischen Kurfürsten

1709 Hauptstadt des Königreichs Preußen

1871 Hauptstadt Deutschlands

1945 Besetzung durch sowjetische Truppen, Ende des Zweiten Weltkrieges, Teilung der Stadt unter den Siegermächten in vier Sektoren

1949 Teilung Deutschlands, Entstehung zweier deutscher Staaten, Berlin ebenfalls zweigeteilt

1953 Volksaufstand am 17. Juni im Ostteil

1961 Mauerbau am 13. August

1989 Überwindung der Teilung durch Öffnung der Grenzübergänge am 9. November

1990 Vereinigung Deutschlands und Berlins am 3. Oktober

1991 Berlin wird Hauptstadt der Bundesrepublik Deutschland

„Vor 2000 Jahren war der stolzeste Satz, den ein Mensch sagen konnte: ‚Ich bin ein Bürger Roms!' Heute ist der stolzeste Satz, den jemand in der freien Welt sagen kann: ‚Ich bin ein Berliner!'" Dieses Wort sprach J. F. Kennedy, der ehemalige Präsident der USA, 1963 bei seinem Besuch im Westteil von Berlin. Er wollte den Menschen dort Mut machen. Warum?

Nach dem Zweiten Weltkrieg war Berlin, die alte Hauptstadt Deutschlands, unter die Verwaltung der vier Siegermächte gestellt worden. Die Sowjetunion faßte ihren Sektor im Osten der Stadt mit ihrer Besatzungszone zusammen und gründete 1949 die DDR. Das bedeutete die Teilung Berlins und Deutschlands. Mitten durch die Stadt verlief von nun an die Grenze zwischen den zwei Machtblöcken des Westens und des Ostens. Der Bau einer Mauer 1961 vertiefte die Spaltung. Berlin (West) und Berlin (Ost) nahmen eine getrennte Entwicklung.

In Berlin (West) war ein Leben in Freiheit möglich. Es lag jedoch wie eine Insel in der DDR und war deshalb gefährdet. Die alten Versorgungsbeziehungen zum Umland waren abgeschnitten. Mauer und Stacheldraht sollten verhindern daß Menschen aus dem Machtbereich der DDR in den Westen fliehen konnten. Nur drei Korridore für den Luft-, Straßen- und Eisenbahnverkehr dienten als Brücken und verbanden Berlin (West) mit der Bundesrepublik Deutschland.

Berlin (West) wurde in dieser schwierigen Situation von außen unterstützt: Die Bundesrepublik Deutschland förderte die Entwicklung der Wirtschaft ebenso wie die Ansiedlung von Behörden und den Ausbau wissenschaftlicher und kultureller Einrichtungen. Große Anstrengungen wurden gemacht, um junge Menschen zum Zuzug zu bewegen. Nicht zuletzt wegen seiner besonderen Situation kamen Touristen aus aller Welt, um Berlin (West) zu erleben.

Berlin (Ost) nahm eine andere Entwicklung. Es wurde zur Hauptstadt der DDR ausgebaut. Auch hier wurden Wirtschaft und Verwaltung, Wissenschaft und Kultur verstärkt gefördert. Aus dem Umland und der ganzen DDR zogen deshalb viele Menschen zu.

In Berlin (West) und Berlin (Ost) leben (1988) 2,1 Mio. bzw. 1,3 Mio. Menschen. Sie brauchen Arbeitsplätze und Möglichkeiten zum Einkauf, zur Versorgung mit Strom und Wasser, zur Ausbildung und Erholung. Bis 1945 war das für ganz Berlin gleich: Es gab eine Stadtverwaltung, eine City, ein Nahverkehrsnetz … Mit der Teilung verdoppelten sich viele Einrichtungen – zwei getrennte Städte entstanden.

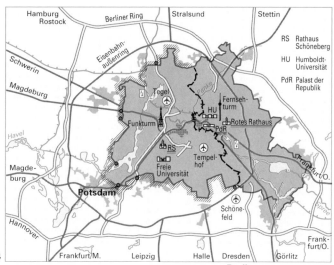

4

Berlin

— Grenze des Bundeslandes Berlin seit 1990

///// ehemalige Grenze zwischen Berlin (West) und der DDR mit Grenzübergängen

—•—•— ehemalige Mauer mit Übergängen

City

Regierungs-/Verwaltungseinrichtungen

⊛ Flughafen

⚡ Elektrizitätswerk

Autobahn

Eisenbahn

0   10   20 km

RS Rathaus Schöneberg
HU Humboldt-Universität
PdR Palast der Republik

3

Aufgaben

1 40 Jahre Trennung haben dazu geführt, daß in Berlin viele Einrichtungen doppelt entstanden sind. Einige davon findest du in der Karte (4).

2 Ordne die Fotos einer Karte von Berlin zu (Atlasarbeit).

3 Suche im Atlas eine Karte über die Stadtentwicklung Berlins.

a) Wo lag der Ursprung der Stadt?

b) Wie ist die Stadt gewachsen?

4 Beschreibe die Lage Berlins in Deutschland und Europa (Atlasarbeit).

Seit dem 9. November 1989 sind Mauer und Stacheldraht gefallen. Seit dem 3. Oktober 1990 ist Berlin wieder eine einzige Stadt, die nicht mehr von ihrem Umland getrennt ist. Nun müssen die Folgen der über 40jährigen Teilung überwunden werden. Vor allem müssen die Lebensverhältnisse im Ostteil der Stadt an die im Westteil angepaßt und die getrennten Einrichtungen aufeinander abgestimmt werden. Das erfordert große Anstrengungen.

Berlin ist auch wieder die Hauptstadt Deutschlands. Es löst Bonn zugleich als Regierungssitz ab: Regierung, Ministerien und Bundestag ziehen hierher.

2 Kurfürstendamm mit Kaiser-Wilhelm-Gedächtniskirche

3 Gebäude des Staatsrates der ehemaligen DDR

5 Fernsehturm und Rotes Rathaus

5

99

6

Märkisches Viertel im
Bezirk Reinickendorf

Berlin war lange Residenzstadt, ehe es vor rund 100 Jahren zur größten Industriestadt Deutschlands aufstieg. Hunderttausende strömten – vor allem aus dem Osten – auf der Suche nach Arbeit in die Hauptstadt. Um ihnen Wohnung zu geben, wurden in kurzer Zeit ganze Stadtviertel mit Mietskasernen bebaut. Das sind mehrstöckige Mietshäuser, die so eng stehen, daß Spielplätze fehlen und die Sonne nicht in alle Wohnungen scheinen kann.

Damals bildeten sich große Unterschiede in den Wohnverhältnissen heraus. Für Unternehmer, Beamte und Angestellte entstanden aufgelockerte Villenviertel am Rand der großen Waldgebiete wie dem Grunewald. Die Mietskasernenviertel dagegen konzentrieren sich am Rand der Innenstadt – in Wedding, Kreuzberg, Neukölln, Friedrichshain oder Prenzlauer Berg.

Die **Mietskasernenviertel** wurden im Zweiten Weltkrieg schwer zerstört, aber nach dem Krieg als erstes wiederaufgebaut. Heute sind die Wohnbedingungen hier sehr schlecht, weil die Wohnungen klein, die sanitären Anlagen veraltet und die Gebäude wenig gepflegt sind. Dafür sind die Mieten verhältnismäßig niedrig. Hier leben jetzt viele Ausländer. Zum Beispiel sind in Kreuzberg und Wedding mehr als die Hälfte aller Grundschüler Ausländerkinder.

Um die Nachfrage nach Wohnraum zu

befriedigen, entstanden in den 60er und 70er Jahren im Westen am Stadtrand **Großwohnsiedlungen,** in den 80er Jahren auch im Osten. Bekannte Beispiele dafür sind die Gropiusstadt, das Märkische Viertel, das Falkenhagener Feld, Marzahn und Hohenschönhausen.

In den Großwohnsiedlungen im ehemaligen Berlin (Ost) leben über 600 000 Menschen, in Marzahn allein 180 000. Probleme entstehen vor allem aus der Fertigbauweise mit Betonplatten und aus der schlechten Versorgung mit Dienstleistungen.

Renovierte Miets-
häuser am Landwehr-
kanal in Kreuzberg
7

Gegenwärtig versucht man, die Mietskasernen den modernen Wohnansprüchen anzupassen. Das ist Aufgabe der **Sanierung.** Besonders groß ist der Sanierungsbedarf im Osten der Stadt. Dort wurde für den Ausbau zur Hauptstadt und für den Neubau von Wohnungen mehr getan als für die alten Wohnviertel.

Die Großwohnsied-
lung Marzahn entsteht
neben dem unter
Denkmalschutz
stehenden alten Dorf.

8

Viele Berliner finden Arbeit in den Fabriken, die mit der Industrialisierung entstanden waren.

Die größten Fabriken haben ihre Standorte an den Wasserwegen, die Berlin durchziehen. Sie sind von weltberühmten Unternehmen wie Borsig, Siemens, AEG oder Schering gegründet worden. Am Rand der Innenstadt gibt es darüber hinaus zwischen den Mietskasernen viele kleine Fabriken.

Berlin hat gegenwärtig über 500000 Industriebeschäftigte. Nach der Vereinigung kommt es jedoch zu Veränderungen. Die staatlichen Betriebe im Ostteil der Stadt werden wieder privaten Unternehmen übertragen. Sie müssen nun ebenso wie die Betriebe im Westteil ohne besondere staatliche Unterstützung auskommen. Doch durch die günstige Lage Berlins zu Osteuropa, durch seine Bedeutung als Messe- und Handelszentrum und durch die Forschungseinrichtungen werden neue Fabriken angezogen.

Dabei wird es immer schwieriger, Platz für sie zu finden. Die letzten freien Flächen werden dringend für die Erholung und für eine gesunde Umwelt benötigt. Ein Ausweg ist, aufgegebene Industrieflächen wieder zu nutzen. Darüber hinaus werden sich zunehmend Unternehmen jenseits der Landesgrenzen in Brandenburg ansiedeln.

Noch spielt die Industrie in Berlin eine große Rolle – im Ostteil der Stadt sogar mehr als im Westteil. Neue Arbeitsplätze erhofft man sich aber auch durch den Aufschwung von Handel, Verkehr, Dienstleistungen und Verwaltung.

9 Werkshalle einer Fabrik für Klimatechnik

Von 100 Beschäftigten waren 1989 in Berlin tätig:

in der Industrie
Berlin (West): 30
Berlin (Ost): 35
in Handel, Verkehr, Verwaltung und Dienstleistungen
Berlin (West): 70
Berlin (Ost): 64

10

Aufgaben

5 Seit dem Zweiten Weltkrieg lassen sich im Wohnungsbau von Berlin drei Abschnitte unterscheiden. Erläutere sie.

6 Lege über die Berlinkarte im Atlas Transparentpapier und zeichne die großen Wald- und Wasserflächen ein. Was stellst du fest?

7 Die Tabelle (10) und das Diagramm (11) zeigen, in welchen Bereichen der Wirtschaft die Berliner beschäftigt sind. Wo liegen die Schwerpunkte?

8 Wie stellt der Zeitungstext (12) die wirtschaftliche Zukunft Berlins dar?

Inzwischen gehen die Denkspiele in den Konzernzentralen schon in weit größere Dimensionen. Hertie überlegt, den Firmensitz nach Berlin zu verlegen. Ein World-Trade-Center ist beschlossene Sache, der japanische Hi-Fi-Hersteller JVC verlegte seine Europa-Zentrale von Rotterdam an die Spree, Sony erwägt Berlin als Standort der neuen Halbleiterfabrik, Lufthansa und Interflug planen einen dritten Großflughafen, Bertelsmann, American Airlines und fast alle Einzelhandelsketten suchen Büro- und Gewerbeflächen ... Der Regierende Bürgermeister sieht sich an der Spitze einer Weltstadt und Wirtschaftsmetropole mit einem Einzugsbereich von 5 Mio. Einwohnern, der „größten Region zwischen dem Ruhrgebiet und Moskau".
manager-magazin 1990, H. 3

12

Anteil der Industriezweige an der Industrie Berlins 1989
(nach Beschäftigten)

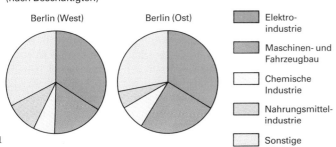

Berlin (West)   Berlin (Ost)

Elektroindustrie

Maschinen- und Fahrzeugbau

Chemische Industrie

Nahrungsmittelindustrie

Sonstige

11

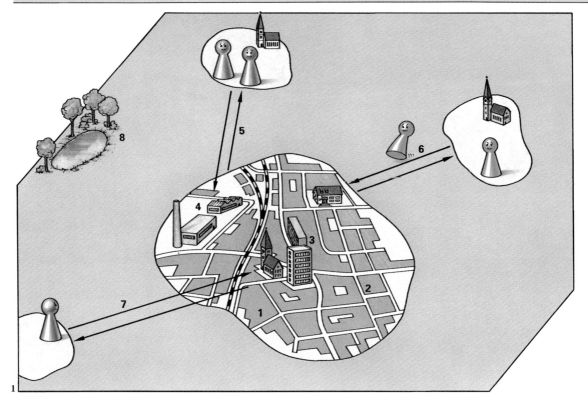

1

Aufgaben

1 Jede Zahl in der Grafik (1) gehört zu einem der folgenden Begriffe. Ordne zu und erläutere: Ausbildungspendler, Industrieviertel, City, Berufspendler, Wohnviertel, Einkaufsfahrt, Naherholungsgebiet.

2 Nicht alle alten Städte sind heute nur ein Stadtteil. Was zeigt das Beispiel von Nördlingen (Foto 2)?

3 Städte sind zentrale Orte:
a) Zentrale Orte kann man auch „Versorgungsorte" nennen. Erkläre.
b) Die Einzugsbereiche der zentralen Orte sind unterschiedlich groß. Wovon hängt das ab?

4 In Bayern leben in
Kleinstädten
(5000–20000 Einw.):   3,72 Mio. Einw.
Mittelstädten
(20000–100000 Einw.): 1,69 Mio. Einw.
Großstädten
(über 100000 Einw.):   2,54 Mio. Einw.
Zeichne ein Säulendiagramm mit drei Säulen.
(1 cm entspricht 500000 Einwohnern)

5 Viele Städte müssen in einzelnen Stadtvierteln Sanierungsmaßnahmen durchführen. Welcher Stadtteil ist davon besonders betroffen? Erläutere.

6 Beschreibe die Lage der Landeshauptstadt München in Bayern, besonders die Lage im Verkehrsnetz.

Nördlingen

2

7 Das Foto (4) zeigt ein Wohnviertel.

a) Wo in einer Stadt könnte man auf ein solches Wohnviertel treffen?

b) Wohnviertel dieser Art gibt es in vielen Großstädten. Warum hat man sie so gebaut? Überlege.

c) In diesen Wohnvierteln leben meist mehrere tausend Menschen, in München-Neuperlach sogar über 60000. Wird man hier nur Wohnungen gebaut haben? Überlege.

Nürnberg-Langwasser

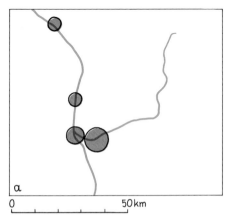

a

0 ⊢——⊢——⊢ 50 km

10 Arbeite mit dem Atlas:

Was haben folgende Städte gemeinsam?

a) Neu-Ulm, Ingolstadt, Regensburg, Passau

b) Würzburg, Schweinfurt, Lichtenfels

c) Landshut, Augsburg, Regensburg, Bayreuth

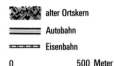

alter Ortskern

Autobahn

Eisenbahn

0   500 Meter

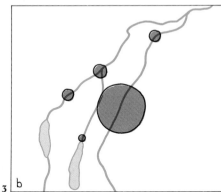

b

3

8 Die Skizzen (3 a, b) bilden vereinfacht zwei Verdichtungsräume in Bayern ab. Nimm den Atlas zur Hilfe:

a) Welche Verdichtungsräume sind es?

b) Wodurch unterscheiden sie sich?

9 Die Karte (5) zeigt die Gemeinde Unterschleißheim im Umland von München. Der alte Ortskern ist rot eingezeichnet.

a) Was kannst du über die Entwicklung des Ortes sagen?

b) Welche Gründe werden dafür eine Rolle gespielt haben?

5

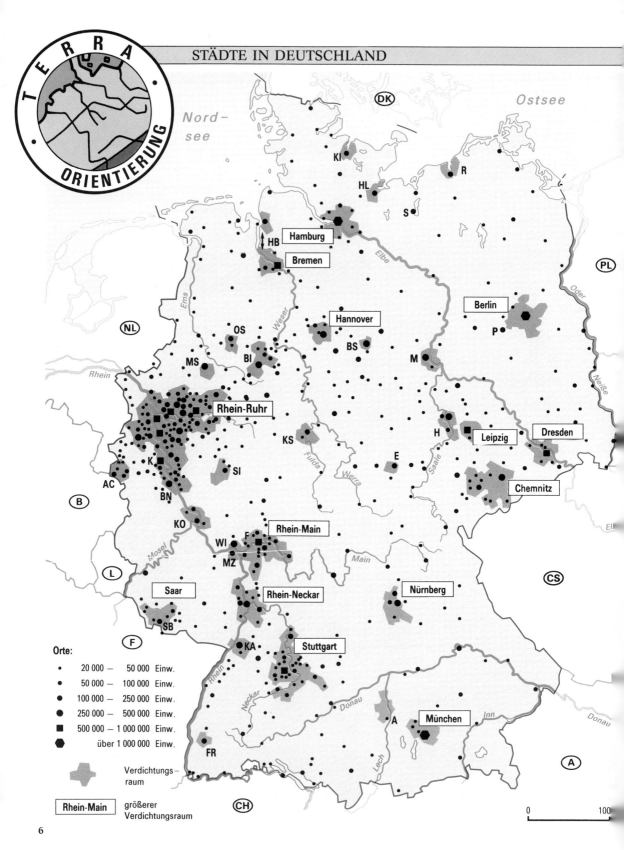

Orientierung

Nord-
see

Ostsee

DK

PL

NL

B

L

F

CH

A

CS

Hamburg
Bremen
HB
KI
HL
S
R

Berlin
P

Hannover
OS
BI
MS
BS
M

Rhein-Ruhr
KS
SI
K
AC
BN
E
H
Leipzig
Dresden
Chemnitz

KO
WI
F
MZ
Rhein-Main
Main

Saar
Rhein-Neckar
Nürnberg

SB
KA
Stuttgart

FR
A
München

Rhein
Ems
Weser
Elbe
Oder
Neiße
Fulda
Werra
Saale
Mosel
Neckar
Donau
Lech
Inn
Donau

Orte:

- 20 000 — 50 000 Einw.
- 50 000 — 100 000 Einw.
- 100 000 — 250 000 Einw.
- 250 000 — 500 000 Einw.
- 500 000 — 1 000 000 Einw.
- über 1 000 000 Einw.

Verdichtungs-
raum

Rhein-Main   größerer
Verdichtungsraum

0   100

6

Die Bundesrepublik Deutschland hat heute rund 79 Millionen Einwohner. Vier Fünftel von ihnen wohnen in Städten.

Die Bevölkerung ist also recht ungleich verteilt. Die meisten Menschen leben in großen Städten oder deren unmittelbarem Umland. Oft liegen Städte zudem noch nahe beieinander. In solchen **Verdichtungsräumen** lebt rund die Hälfte aller Einwohner der Bundesrepublik Deutschland.

Weite, dünn besiedelte Gebiete liegen im norddeutschen Tiefland, in den Mittelgebirgen und im Alpenvorland. Die meisten Verdichtungsgebiete dagegen konzentrieren sich auf zwei schmale Bänder. Eines davon zieht sich am Nordrand der Mittelgebirge entlang und folgt ungefähr den Lößbörden. Es erstreckt sich von Braunschweig im Osten über Hannover, Bielefeld und das Rhein-Ruhr-Gebiet bis nach Aachen im Westen. Das andere Band liegt am Rhein und am Neckar. Es reicht vom Rhein-Ruhr-Gebiet im Norden über Koblenz, das Rhein-Main-Gebiet, das Rhein-Neckar-Gebiet und Karlsruhe bis nach Stuttgart im Süden.

Das Rhein-Ruhr-Gebiet ist der größte Verdichtungsraum. Mit rund 10 Millionen Einwohnern leben hier so viele Menschen wie in den vier Verdichtungsräumen Rhein-Main, Hamburg, Stuttgart und München zusammen. Er liegt genau im Schnittpunkt der beiden Bänder. Das eine Band setzt sich im Westen bis nach Belgien und Frankreich fort, das andere Band im Norden bis in die Niederlande. So ist das Rhein-Ruhr-Gebiet zugleich ein Teil der großen Bevölkerungsballung im Nordwesten Mitteleuropas.

Außerhalb der beiden Bänder liegen einzelne Verdichtungsräume. Bedeutend sind vor allem Hamburg und Bremen als große deutsche Hafenstädte, Berlin als deutsche Hauptstadt, Leipzig, Dresden und das Gebiet um Chemnitz als bedeutende Wirtschaftszentren, Saarbrücken im Bergbaugebiet des Saarlandes, Nürnberg als alte Industrie- und Handelsstadt und München als bayerische Landeshauptstadt.

Wo wohnt die Bevölkerung der Bundesrepublik Deutschland (1988)?

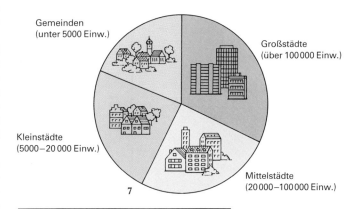

Gemeinden (unter 5000 Einw.)

Großstädte (über 100 000 Einw.)

Kleinstädte (5000–20 000 Einw.)

Mittelstädte (20 000–100 000 Einw.)

7

Gemeinden mit über 500 000 Einwohnern 1990

Berlin	3 355 000 Einwohner
Hamburg	1 600 000 Einwohner
München	1 220 000 Einwohner
Köln	940 000 Einwohner
Frankfurt a. M.	628 000 Einwohner
Essen	620 000 Einwohner
Dortmund	590 000 Einwohner
Düsseldorf	570 000 Einwohner
Stuttgart	565 000 Einwohner
Leipzig	545 000 Einwohner
Bremen	537 000 Einwohner
Duisburg	530 000 Einwohner
Dresden	518 000 Einwohner
Hannover	502 000 Einwohner

8

Aufgaben

11 Die Städte in Deutschland sind ungleich verteilt (Karte 6). Beschreibe die Situation
a) entlang des Rheins,
b) südlich der Donau,
c) nördlich und südlich von Berlin,
d) entlang der Küste.

12 Was fällt dir an der Lage der Städte mit mehr als 500 000 Einwohnern auf?

13 Suche im Atlas die Städte, die nahe an der Grenze zu unseren Nachbarstaaten liegen.

14 An der Grenze Bayerns zur ČSFR finden wir keine größeren Städte. Woran kann das liegen?

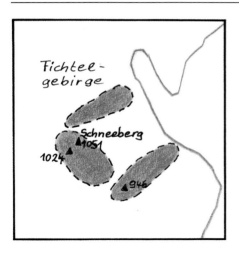

GEWUSST WO

… das ist oft die Frage!

Was tun, wenn du zum Beispiel beschreiben sollst, wo genau das Fichtelgebirge liegt?

Dazu orientierst du dich auf einer Karte im Atlas.

Aber hier findest du eine Fülle verschiedener Angaben und Kartenzeichen: Flüsse und Seen, Gebirge und höchste Berge, Städte und Landschaftsnamen …

Genau genommen ist eine solch komplizierte Karte aus vielen einfachen Karten zusammengesetzt. Aus einer mit den Gebirgszügen, einer, die das Gewässernetz zeigt, einer mit den Städten und anderen Siedlungen …

Das Prinzip, wie Karten aufgebaut sind, kann dir eine nützliche Hilfe sein: Du zerlegst die Karte wieder in „einfache" Karten. Auf diese Weise kannst du dir die Lage – zum Beispiel des Fichtelgebirges – besser merken.

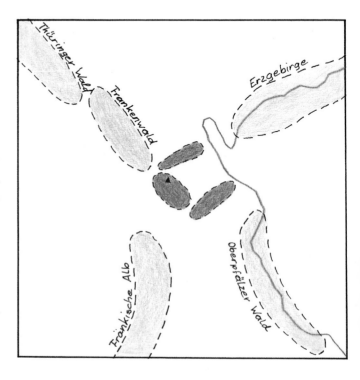

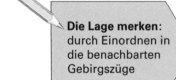

Die Lage merken:
durch Einordnen in
die benachbarten
Gebirgszüge

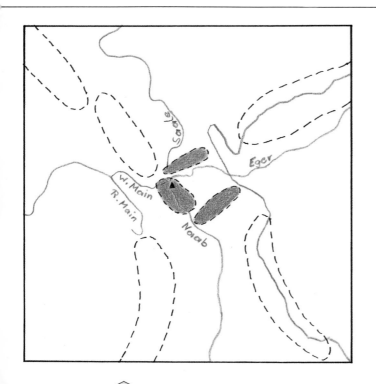

Die Lage merken:
durch Zuordnen der
benachbarten Städte

Die Lage merken:
durch Einordnen in
das Gewässernetz

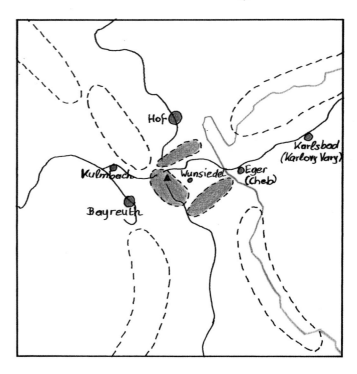

WER WEISS ES?

1 Was ist ihnen gemeinsam?
– Frankenhöhe
– Frankenwald
– Fränkische Alb

2 Etwas paßt nicht:
– Bamberg
– Bayreuth
– Kulmbach
– Rhön

3 Bilde eine „Städtekette" mit Städtenamen aus Bayern. Der Endbuchstabe des vorhergehenden Namens ist zugleich der Anfang eines neuen Stadtnamens.
Ein Beispiel: Kempten – Neu-Ulm – Memmingen – …

4 Gesucht wird
a) ein **See**.
– Er hat an einer Seite eine Staumauer.
– Er liegt im Nordosten von Garmisch-Partenkirchen.
– Nördlich von ihm liegt ein zweiter See.
b) eine **Stadt**.
– Ihre Altstadt liegt auf einer Insel in einem großen See.
– Sie liegt im Westen des Allgäus.
– Am südlichen Ortsausgang geht es nach Österreich.

5 Wer weiß, was das ist?
a) Donaumoos
– eine Heilpflanze
– eine Landschaft bei Ingolstadt
– ein Buchtitel
b) Zwiesel
– ein Spielzeug
– ein Tier
– eine Stadt im Bayerischen Wald
c) Nebelhorn
– eine Schiffssirene
– ein Alpengipfel bei Oberstdorf
– eine Stadt am Bodensee

6 Die Zeichnung zeigt einen Fluß in Bayern. Du kannst ihn an seiner Gestalt erkennen. Wie heißt er?

7 In Bayern gibt es im Südwesten ein „nasses" Dreiländereck, im Südosten ein „trockenes" Dreiländereck.
a) Welche Länder grenzen im „nassen" Dreiländereck aneinander?
b) Welche Länder grenzen im „trockenen" Dreiländereck aneinander?

8 Welche Städte liegen auf einer Linie
a) von Rosenheim nach Nordwesten,
b) von Regensburg nach Norden,
c) von Passau nach Nordwesten?

9 Ein Nebenfluß der Naab heißt genauso wie ein Nebenfluß der Donau. Wie lautet der Name?

10 Der Main-Donau-Kanal (Foto 1):
a) Wo zweigt er vom Main ab?
b) An welcher Großstadt führt er vorbei?
c) Wo mündet er in die Donau?
d) Durch welche Flußtäler wurde er geführt?

11 Ein großer Fluß fließt am Rande eines Gebirges und einer fruchtbaren Ackerbaulandschaft in Bayern (Foto 3).
Wie heißen
a) der Fluß,
b) das Gebirge,
c) die Ackerbaulandschaft?

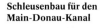

Schleusenbau für den Main-Donau-Kanal

1

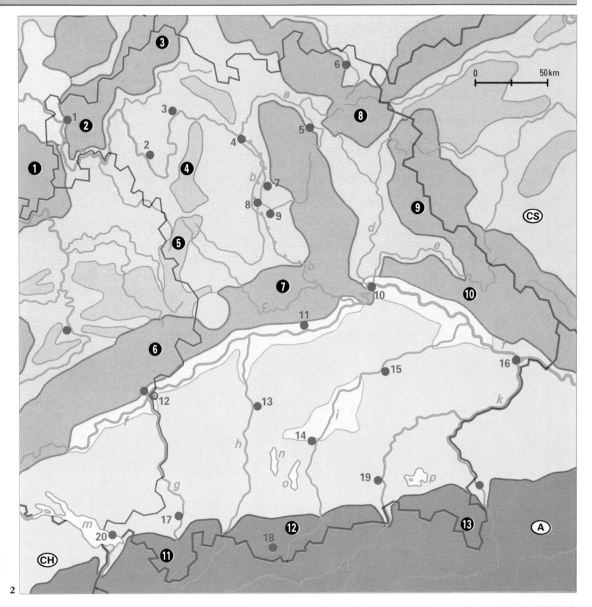

2

3

12 Zur Übung an der Stummen Karte:
a) Arbeite mit dem Atlas, und ordne den roten Zahlen die richtigen Städtenamen zu: 1 = …
b) Flüsse und Seen tragen kleine blaue Buchstaben. Schreibe auf: a = …
c) Für Gebirge und Bergländer stehen die Zahlen im schwarzen Kreis. Wie heißen sie?
d) Das Wasser welcher bayerischen Flüsse fließt – ins Schwarze Meer,
– in die Nordsee?

Passau **liegt an** der Donau, an der Einmündung des Inn.

Freyung **liegt im** Bayerischen Wald.

Landshut **liegt nordöstlich von** München.

Pfronten **liegt an** der Grenze zu Österreich.

Also:

Alle Orte auf der Erde haben eine **Lage.**

KARTEN
IM KOPF

Stelle dir vor, du willst mit dem Fahrrad zum Sportplatz fahren oder eine Besorgung machen. Wie findest du dorthin? Sicherlich nimmst du nicht immer gleich eine Karte zu Hilfe.
Vielmehr erinnerst du dich unterwegs an bestimmte Gebäude, an eine Kreuzung oder ein Schaufenster. So findest du den Weg: Du hast eine Karte im Kopf!
Karten im Kopf sind praktisch. Sie helfen dir, dich in deiner Umgebung zurechtzufinden, dich zu **orientieren.**
Auch von Deutschland kannst du eine Karte im Kopf haben. Du weißt dann z.B. wo Duisburg liegt, welcher Fluß durch Bremen fließt oder wo der höchste Berg Deutschlands liegt.
Ein paar Tips helfen dir beim Lernen.

Kartenskizzen zeichnen

Einfache Kartenskizzen machst du dir selbst! Dazu brauchst du
– eine Atlaskarte,
– ein Blatt Transparentpapier,
– Büroklammern,
– Farbstifte.
Beim „Herauszeichnen" aus der Karte kannst du mutig sein: Flüsse werden zu einfachen blauen Linien „begradigt", Gebirge werden als dicke braune Striche, Städte als rote Punkte gezeichnet.
Auf deiner Kartenskizze ist dann weniger zu sehen als auf der Atlaskarte: Das ist gut so!
Jetzt kannst du dir die Topographie besser einprägen.

Aufgabe
1 Kartenskizzen kann man zu jedem Thema anfertigen. Übe außerdem an einer Deutschlandkarte:
a) Zeichne die großen Flüsse und die Küstenlinien auf Transparentpapier. Schreibe die Namen dazu.
b) Ergänze deine Karte um die großen Städte, vor allem die Hauptstädte der Bundesländer.
c) Ergänze deine Karte um wichtige Gebirgszüge.

Das brauchst du für die Kartenskizze:	So sieht es aus, wenn du alles genau durchpaust…	und so, wenn du eine einfache Kartenskizze machst:

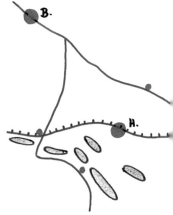

Stumme Karten beschriften

Oft hat dein Lehrer eine Kartenskizze ohne Namen für dich bereit: eine Stumme Karte. „Stumm" deshalb, weil Flüsse, Städte oder Gebirge ohne Namen eingezeichnet sind.

Mit Hilfe des Atlas kannst du die Stumme Karte „zum Sprechen" bringen: Du legst die Atlaskarte daneben, suchst die entsprechenden Namen und schreibst sie neben die Flüsse, Städte oder Inseln.

Das ist richtig spannend. Du mußt nämlich beim Hin- und Herschauen üben, Einzelheiten wiederzuerkennen; zum Beispiel, welche Form eine Küste hat, oder welche Richtungen und Windungen die Flüsse nehmen. Welche Städte liegen dicht nebeneinander? Welche Gebirge begleiten welchen Fluß?

Bald funktioniert das Wiedererkennen auch ohne Atlas, nämlich aus dem Gedächtnis.

Namen lernen und behalten

An den Beispielen im Buch hast du viel über die Topographie Deutschlands erfahren. Das kannst du an der Stummen Karte auf Seite 113 üben, wiederholen und ergänzen.

Eines solltest du dir dabei vornehmen: Am Ende der Klasse 5 weiß ich alle Namen – aus dem Kopf!

Wenn da nicht ein Problem wäre.

Nämlich: Wie merke ich mir das alles? Was mache ich, damit ich die einzelnen Namen nicht so schnell wieder vergesse?

Im Alltag hast du dir für solche Fälle längst Merk-Tricks ausgedacht. So vergißt du z. B. immer wieder das Geburtstagsdatum eines Freundes. Aber: Du hast dir gemerkt, daß er drei Wochen nach dir Geburtstag hat, und damit hast du dir geholfen.

Der Trick dabei ist, daß du dir etwas zusätzlich gemerkt hast; etwas, das mit der eigentlichen Sache, die du dir merken willst, eng zusammenhängt.

Beim Topographie-Lernen ist das genauso: Du merkst dir die Namen in einem Zusammenhang.

Was du mitlernen sollst, sagt dir schon der Merksatz:

Topographie: WAS liegt WO und heißt WIE?

Beispiel: Versuche nicht einfach, dir das einzelne Wort „Zugspitze" zu merken, sondern:

WAS	liegt WO	heißt WIE
höchster Berg	in den deutschen Alpen	Zugspitze

Lerne also nicht nur „Hamburg", sondern „Hamburg ist eine Hafenstadt an der Elbmündung";

nicht nur „Harz", sondern „der Harz ist ein Mittelgebirge in Norddeutschland".

Wenn du dann an der Stummen Karte arbeitest, fällt dir vielleicht nicht gleich der Name für Nummer 37 ein, dafür aber „Isar" und „Hauptstadt" und „Bayern", und schon ist es klar: Nummer 37 ist München.

Karten im Kopf: Das sind deine Kenntnisse von der **Topographie.**

111

Wiedererkennen ...   und Üben

Aufgaben

2 Im Suchbild ist ein großer Fluß mit seinen Nebenflüssen versteckt. Finde ihn und nenne die Namen der Nebenflüsse. Welche Linien sind keine Nebenflüsse?

4 Schreibe die Tabelle in dein Heft und ergänze die fehlenden Angaben.

WAS	liegt WO	heißt WIE
Hafen-stadt	an der Elb-mündung	Hamburg
höchster Gipfel	im Harz	
		Bodensee
Haupt-stadt von Baden-Württem-berg		
Mittel-gebirge	nördlich der Mosel	
größte deutsche Nordsee-insel		
		Garmisch-Partenkir-chen
größter Binnen-hafen	am Rhein	

A	B
C	D
E	F

3 Bei der folgenden Deutschlandkarte sind verschiedene Teile durcheinander-geraten. Ordne die sechs Teile in der richtigen Reihenfolge:
A = ...

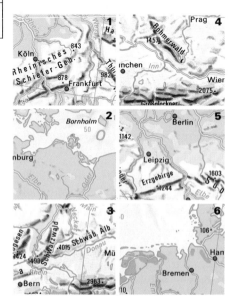

5 Zur Übung an der Stummen Karte:
a) Wie heißen die Städte am Rhein? Schreibe die Nummern von Nord nach Süd auf und ergänze die Namen.
b) Welche Hauptstädte der Bundeslän-der liegen an einem großen Fluß?
c) Welche Flüsse werden durch den Mittellandkanal verbunden?
d) Die Mosel trennt zwei Mittelgebirgs-züge. Welche sind es?
e) Die Grenze zur Tschechischen Repu-blik verläuft durch drei Gebirgszüge. Nenne sie.
f) Beschreibe den Verlauf des Nord-Ostsee-Kanals. Nenne die Endpunkte.

6 Die Stumme Karte kannst du auf Transparentpapier durchpausen. Deine Zeichnung klebst du auf dünne Pappe. Anschließend zerschneidest du sie in große Stücke. Fertig ist das Puzzle! Spiele es mit deinem Nachbarn.

Vater: „Wie war es heute in der Schule?"
Sohn: „Nicht besonders. In Geographie ist es mir schlecht gegangen."
Vater: „Warum?"
Sohn: „Ich habe die Donau nicht gefunden."
Vater: „Da haben wir's! Weil du immer so eine Unordnung in deiner Schultasche hast!"

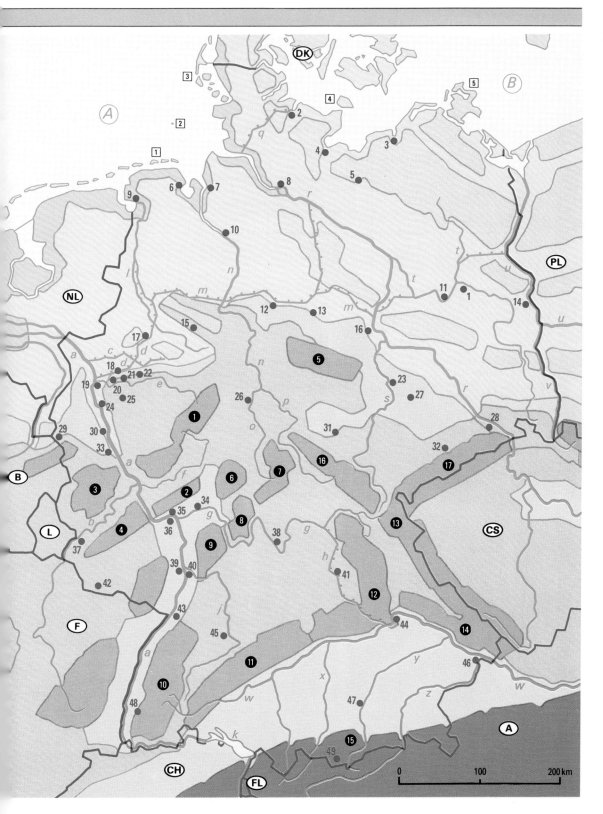

4 600 000 000 Jahre Erdgeschichte in Mitteleuropa

Erdzeitalter	Jahre vor heute	Wichtige Ereignisse

Auf diesem Lineal entspricht 1 mm 25 Millionen Jahren Erdgeschichte!

heute

Erdneuzeit

Quartär
Nacheiszeit — 10 000
Eiszeitalter
— 2 000 000 —

Eiszeiten: Ein großer Teil Norddeutschlands, das Alpengebiet und das Alpenvorland wurden mehrmals von Eis bedeckt.

Mammut

Tertiär

Braunkohle entsteht in Mitteleuropa.
Vulkane in Deutschland.
Der Oberrheingraben entsteht.
Die Alpen heben sich heraus.

erstes Auftreten des Menschen

Säugetiere beherrschen die Erde

— 70 000 000 —

Erdmittelalter

Kreide

Aussterben der Dinosaurier

— 135 000 000 —

Jura

Fast ganz Bayern wird vom Jurameer überflutet. Die Gesteine der Alb entstehen.

erste Säugetiere
Urvogel

— 180 000 000 —

Trias
Keuper
Muschelkalk
Buntsandstein

Die Schichten des süddeutschen Stufenlandes werden abgelagert. Das Gebiet der heutigen Alpen ist ein riesiger mit Meerwasser gefüllter Trog. Salzlager entstehen in Südwestdeutschland u. in den Bayerischen Alpen.

— 220 000 000 —

Erdaltertum

Perm

Salzlager in Nordwestdeutschland entstehen.

Starke vulkanische Tätigkeit setzt ein.

— 270 000 000 —

Karbon

Steinkohle des Ruhrgebiets entsteht.
Ein großes Faltengebirge entsteht in Europa: Harz, Schwarzwald, Rheinisches Schiefergebirge und Bayerischer Wald sind Überreste davon.

erste Saurier

— 350 000 000 —

Devon

erste Amphibien

— 400 000 000 —

Silur

erste Landpflanzen
erste Landtiere

— 430 000 000 —

Ordovicium

erste Wirbeltiere

— 490 000 000 —

Kambrium

viele Arten von wirbellosen Tieren

— 600 000 000 —

Die glutflüssige Erde kühlt im Verlauf mehrerer hundert Millionen Jahre ab. Es bildet sich eine feste Erdkruste.

erste Spuren des Lebens

Erdurzeit

— 4 600 000 000 — Geburtsstunde der Erde —

WICHTIGE GRUNDBEGRIFFE

Ablagerung. Das nach der Abtragung fortbewegte und dabei meist zerkleinerte Material wird dort abgelagert, wo die Transportkraft des Wassers, des Eises oder des Windes nachgelassen hat bzw. die eigene Rollbewegung aufhört. Es bilden sich dann z. B. Geröllhalden, Dünen → *Moränen* und in Flüssen Kies- und Schotterbänke. Wo Flüsse in Seen oder Meere münden, können Deltas entstehen. Ablagerungen bezeichnet man auch als Sedimente.

Abtragung. Wasser, starke Temperaturschwankungen, Frost, Wind und chemische Einflüsse haben zur Folge, daß Böden oder Teile von Felsen von ihrem ursprünglichen Platz wegbewegt werden. Sie werden verfrachtet oder fallen durch ihr eigenes Gewicht in die Tiefe. Während eines Transports im Wasser bzw. im Eis werden große Felsstücke zerkleinert. Die Abtragung macht Felsen, Berge und Gebirge niedriger und zerstört sie nach langer Zeit schließlich ganz.

Äquator. Der größte Breitenkreis (0° = 0 Grad) teilt die Erde in zwei gleich große Halbkugeln, die nördliche und die südliche. Sein Umfang beträgt etwa 40 000 km.

Altstadt. Kern einer Stadt, in dem historische Bauten erhalten blieben oder rekonstruiert wurden. Kennzeichen von Altstädten sind enge Bebauung und schmale Straßen; häufig müssen alte Gebäude bei einer Altstadtsanierung repariert oder erneuert werden. In der Altstadt von großen Städten liegt heute oft ein modernes Geschäftsviertel, die → *City*.

Boden. An der Erdoberfläche entstandene lockere Erdschicht, die mit Luft, Wasser und Lebewesen vermischt ist. Boden entsteht durch → *Verwitterung*; die Bodenart wird bestimmt durch den Gesteinsuntergrund, das Klima, die Vegetation und Umwelteinflüsse. Die Bodengüte ergibt sich aus der Zusammensetzung des Bodens und seinem Humusgehalt. Man unterscheidet z. B. zwischen Ton-, Lehm-, Sand-, Löß- und Moorböden.

Bodenschatz. Bodenschätze sind eine natürliche Anreicherung von nutzbaren Rohstoffen. Zu ihnen rechnet man Steine und Erden (z. B. Lehm, Sand), Erze (z. B. Eisenerz), Salze, Braun- und Steinkohle sowie Erdgas und Erdöl.

Bundesland. Mehrere Gliedstaaten, die Bundesländer, schließen sich auf Dauer zu einem Gesamtstaat (Föderation) zusammen, wobei diese Einzelstaaten einen Teil ihrer Rechte an den Bundesstaat (z. B. die Bundesrepublik Deutschland) abgeben.

City. (englisch = Stadt) Kern einer großen Stadt mit Geschäfts-, Büro-, Bank- und Verwaltungsgebäuden. Wegen der hohen Mieten wohnen hier nur wenige Menschen. Hier sind die Arbeitsplätze konzentriert. Weitere Merkmale von Cities: Hochhäuser, dichter Verkehr, wenig Parkplätze, Fußgängerzonen.

Dauergrünland. Ständig als Wiese (zur Frischfutter- und Heugewinnung) oder als Weide dienendes Grünland.

Denkmalschutz. Erhaltung oder Wiederinstandsetzung von geschichtlich oder künstlerisch bedeutenden Kunstwerken oder Gebäuden.

Dienstleistungen. Bereich der Wirtschaft, in dem keine Güter erzeugt, sondern bestimmte Leistungen erbracht werden (Berufe: z. B. Kfz-Mechaniker, Arzt, Lehrer).

Einzugsbereich. (Reichweite) Begrenztes Gebiet, dessen Bewohner die Einrichtungen eines → *zentralen Ortes* bevorzugt nutzen. Auch einzelne dieser Einrichtungen (z. B. Schule, Amt) haben einen bestimmten Einzugsbereich.

Eiszeiten. Abschnitte in der Erdgeschichte, in denen weltweit niedrigere Temperaturen herrschten als heute. In den Eiszeiten dehnten sich die Gletscher stark aus. Als Eiszeitalter bezeichnet man eine Epoche der Erdneuzeit, in der mehrere Eiszeiten aufeinander folgten (s. S. 114).

Erdbeben. Erschütterungen der Erdoberfläche, die verheerende Zerstörungen bewirken können. Ein Erdbeben geht von einem in der Erdkruste gelegenen Zentrum aus. Die Stärke von Erdbeben mißt man mit Seismographen und bestimmt sie mit der Richterskala: 7,7 bis 8,6 sind die Werte der stärksten bisher gemessenen Beben.

Erdteil. Große zusammenhängende Festlandmasse der Erde samt zugehörigen Flachmeerbereichen und Inseln. Es gibt folgende Erdteile (= Kontinente): Europa, Asien (zusammen auch Eurasien genannt), Afrika, Nord- und Südamerika (amerikanischer Doppelkontinent), Australien und Antarktis.

Erdzeitalter. Die Erdgeschichte wird in verschiedene Abschnitte (= Erdzeitalter) unterteilt. Eine grobe Einteilung unterscheidet Erdaltertum, Erdmittelalter und Erdneuzeit (s. S. 114).

Flurbereinigung. Zusammenlegung kleinerer Flurstücke zu größeren Flächen (Blockflur) sowie Tausch oder Neuverteilung von Feldern und Wiesen, Anlage eines sinnvollen Wegenetzes, Ausweisung von Bauland.
Solche Maßnahmen werden durchgeführt, damit die Landwirte rationeller wirtschaften können und die Lebensverhältnisse auf dem Land sich verbessern.

Fossil. Überrest von Pflanzen oder Tieren aus früheren erdgeschichtlichen Zeitaltern. Oft findet man nur noch Abdrücke, die heute als Versteinerungen eine Vorstellung davon geben, wie z. B. Ammoniten aussahen. (Ammoniten sind inzwischen ausgestorbene Kopffüßer mit einer meist spiralförmigen Kalkschale, die im Meer schwammen.)

Gemeinde. Die Gemeinde (auch Kommune) ist die kleinste sich selbst verwaltende politische Einheit in einem Staat. Den Gemeinden wurden vom Staat bestimmte Aufgaben übertragen, die sie in Eigenverantwortung erledigen. Je nach Größe unterscheidet man bei den selbständigen Gemeinden zwischen Dörfern, Märkten und Städten. Wichtige Entscheidungen trifft in jeder Gemeinde die Volksvertretung (Gemeinderat, Marktrat, Stadtrat).

Geographische Breite und Länge.
(→ *Gradnetz*)
Die **geographische Breite** gibt an, wie groß der Abstand eines Punktes A vom Äquator ist. Sie wird in Winkelgraden gemessen. Alle auf dem Äquator liegenden Punkte haben die geographische Breite 0° (0 Grad). Der Nordpol hat 90° (90 Grad) nördlicher Breite, der Südpol 90° südlicher Breite.
Es gibt also 90 Breitenkreise nördlicher Breite und 90 Breitenkreise südlicher Breite. Regensburg liegt auf dem 49. Grad nördlicher Breite, also 49° n. B.
Unter **geographischer Länge** versteht man den Abstand eines Punktes vom Nullmeridian, einem Halbkreis (= Meridian), der Nord- und Südpol verbindet und durch den Ort Greenwich bei London verläuft. Auch die geographische Länge mißt man in Winkelgraden.
Es gibt 180 Meridiane westlicher Länge (= westl. v. Gr. oder w. L.) und 180 Meridiane östlicher Länge (östl. v. Gr. oder ö. L.). 180° ö. L. und 180° w. L. bezeichnet denselben Meridian.
Hamburg liegt auf dem 10. Grad östlich von Greenwich, also 10° ö. L.

Gestein. In der Natur vorkommende mehr oder weniger harte Masse verfestigter Stoffe. Gesteine bestehen aus einem oder mehreren Mineralien. Es gibt magmatische Gesteine (aus glutflüssiger Gesteinsschmelze entstanden), Sedimentgesteine (aus Ablagerungen gebildet) und Umwandlungsgesteine (metamorphe Gesteine), die z. B. durch Druck aus Sedimentgesteinen entstanden sind (z. B. Marmor aus Kalk). Granit ist ein magmatisches Gestein, Gneis rechnet man zu den metamorphen Gesteinen.

Gletscher. Große Eismassen, die oberhalb der Schneegrenze entstanden sind (Nährgebiet) und unter dem Druck des eigenen Gewichts langsam wegfließen. Im wärmeren Zehrgebiet schmilzt die Gletscherzunge ab. Die oft kilometerdicken Gletschermassen „hobeln" das unter ihnen liegende Gebiet ab und können große Schuttmassen mit sich führen (→ *Moränen*).

Globus. Maßstabsgerecht verkleinertes Modell der Erdkugel. Physische Globen zeigen das Relief, politische Globen die Staaten der Erde.

Die Erdachse steht zu der Ebene, die von der Umlaufbahn der Erde um die Sonne gebildet wird, nicht senkrecht, sondern in einem bestimmten Winkel (66½ Grad). Deshalb ist auch beim Globus die Erdachse schräggestellt.

Graben. Durch Bewegungen in der Erdkruste entstandene talförmige Einsenkung der Erdoberfläche. Die Grabenränder sind stehengebliebene, oft aufgewölbte Schollenteile der Erdkruste.

Gradnetz. (→ *geographische Breite und Länge*) Um die Lage eines Punktes auf der Erdkugel genau bestimmen zu können, hat man den → *Globus* mit einem Netz von Kreisen überzogen, wobei die 180 Längenkreise alle durch die beiden Pole und die 180 Breitenkreise parallel zum → *Äquator* laufen.

Grünland. → *Dauergrünland*

Grundwasser. Unterirdische Wasseransammlung, die durch das Versickern von Niederschlägen oder von Wasser aus Seen und Flüssen entstanden ist.

Hochgebirge. Zu ihnen rechnet man „junge" Gebirge mit großen Höhenunterschieden sowie spitzen Gipfeln und scharfen Graten. Von Hochgebirgen spricht man in Europa bei Gebirgen mit mehr als 2000 m Höhe.

Höhe, absolut und relativ.
Die **absolute Höhe** gibt an, wie hoch ein Punkt der Erdoberfläche über bzw. unter dem mittleren Wasserstand des Meeres (Normalnull = NN) liegt.
Die **relative Höhe** gibt an, wieviel höher ein Punkt im Vergleich (in Relation) zu einem anderen Punkt auf der Erdoberfläche liegt. Steht z. B. eine 720 m ü. NN hoch gelegene Burg auf einem Felsen 80 m über einem See, so ist ihre relative Höhe zum See 80 m, die absolute Höhe des Sees beträgt hingegen 640 m ü. NN.

Höhenlinie. Linie auf Landkarten (besonders auf Wanderkarten), die Punkte gleicher Höhenlage miteinander verbindet. Liegen die Höhenlinien dicht bei-

einander, so ist das → *Relief* steil. Mit Hilfe von Höhenlinien kann man die Geländeformen genau wiedergeben.

Intensivierung. (in der Landwirtschaft) Maßnahmen, die zu einer verbesserten Bodennutzung und damit zu einer Ertragssteigerung führen (z. B. Verwendung von leistungsfähigerem Saatgut, erhöhter Dünger- und Spritzmitteleinsatz, Mechanisierung).

Karte. Nach einem bestimmten Maßstab verkleinerte und vereinfachte (generalisierte) Wiedergabe der Erdoberfläche oder eines Teils davon (bzw. anderer Himmelskörper). Da die Erde Kugelgestalt hat, kommt es bei einer Wiedergabe größerer Teile der Erdkugel in der ebenen Karte zu Verzerrungen.
Mit Hilfe von bestimmten Zeichen (→ *Signaturen*) vermittelt man auf Karten ein möglichst genaues Bild der Wirklichkeit. Die Bedeutung dieser Zeichen erläutert die Zeichenerklärung (→ *Legende*). Eine Sammlung von Karten nennt man Atlas.
Physische (= physikalische) Karten geben das Erscheinungsbild der Erde möglichst anschaulich wieder. Zu ihnen gehören auch die topographischen Karten, die Geländeformen (→ *Relief*), Gewässernetz, Vegetation und Bodennutzung, Verkehrswege sowie Siedlungen genau darzustellen versuchen.
Thematische Karten zeigen bestimmte Sachverhalte besonders deutlich (z. B. Art und Bedeutung der → *Bodenschätze* eines Gebietes).
Karten sind meist so gestaltet, daß der obere Kartenrand nach Norden weist.

Kompaß. Gerät, mit dem man die Himmelsrichtungen bestimmen kann. Die magnetische Kompaßnadel richtet sich im Erdmagnetfeld so aus, daß sie in Nord-Süd-Richtung zeigt. Mit Hilfe des Kompasses kann man Karten „einnorden" (→ *Karte*).

Kulturlandschaft. Vom Menschen umgestaltete Naturlandschaft (z. B. durch Rodung der Wälder und Schaffung von Ackerland).

Land. Im allgemeinen versteht man darunter ein Gebiet, das eine größere Ver-

waltungseinheit darstellt, also z. B. einen Staat oder ein ihm angehörendes → *Bundesland.*
Mit Land meint man auch den ländlichen Raum im Gegensatz zur Stadt.

Landkreis. Verwaltungsgebiet, für das eine Landkreisverwaltung zuständig ist, an deren Spitze der Landrat steht. Politische Entscheidungen trifft der Kreisrat, der von den Bewohnern des Landkreises gewählt wird.

Lava. Geschmolzenes, glutflüssiges Gestein, das bei Vulkanausbrüchen an die Erdoberfläche gelangt und dort nach dem Abkühlen erstarrt (z. B. entsteht so Basalt).

Legende. Erläuterung der in einer → *Karte* verwendeten Zeichen und Farben (im Gegensatz zur Heiligenerzählung und frommen Sage).

Löß. Abgelagerter Gesteinsstaub, der vom Wind aus den eiszeitlichen Schotterfeldern und Moränengebieten ausgeweht wurde. Löß ist sehr fruchtbar.

Magma. Glutflüssige Gesteinsschmelze in der Tiefe der Erde. Wenn es erstarrt, bilden sich Erstarrungsgesteine (magmatische Gesteine) wie z. B. Granit. Tritt Magma an die Erdoberfläche, bezeichnet man es als → *Lava.*

Massentierhaltung. Stark technisierte Haltung großer Tierbestände in hochautomatisierten Stallungen (z. B. Legebatterien für Hühner), wobei den Tieren meist keine artgerechte Lebensweise ermöglicht wird.

Maßstab. Er gibt das Verhältnis an, in dem auf einer → *Karte* die Wirklichkeit verkleinert wurde. Maßstab 1:100 000 bedeutet, daß alle Entfernungen auf der Karte hunderttausendmal kleiner sind als in der Wirklichkeit. Einem Zentimeter auf der Karte entspricht dann eine Entfernung von 100 000 cm (= 1000 m = 1 km) in der Natur.

Mechanisierung. Ersetzen der Arbeitskraft von Menschen oder Tieren durch Maschinen. Der die Maschine bedienende Mensch kann damit in gleicher Zeit viel mehr Arbeit leisten als früher.

Mittelgebirge. Alte Gebirge mit überwiegend abgerundeten und sanften Gipfeln und Hängen. Sie sind bis in die Höhen bewaldet und können in unseren Breiten auch noch auf den Hochflächen besiedelt sein. Die deutschen Mittelgebirge erreichen eine Höhe von etwa 1500 m ü. NN.

Moräne. Von den → *Gletschern* mitgeführtes und abgelagertes, meist kantiges Gesteinsmaterial. Es bleibt unsortiert und ungeschichtet auf dem Grund, an den Seiten oder am Ende einer Gletscherzunge liegen. Dementsprechend unterscheidet man zwischen Grund-, Seiten- und Endmoränen.

Nebenerwerbsbetrieb. Landwirtschaftlicher Betrieb, der nebenberuflich bewirtschaftet wird. Der überwiegende Teil des Einkommens der Familie stammt aus einem nichtlandwirtschaftlichen Hauptberuf. Nebenerwerbsbetriebe sind meist sehr klein.

Pendler. Personen, die ihren Wohnort regelmäßig verlassen müssen, um zu ihrem Ausbildungs- oder Arbeitsplatz zu kommen. Man unterscheidet zwischen Tages- und Wochenpendlern.

Planet. Großer Himmelskörper (Wandelstern), der nicht von sich aus leuchtet, sondern von dem Gestirn (Sonne) angestrahlt wird, das er umkreist. Um unsere Sonne kreisen (von innen nach außen) die Planeten Merkur, Venus, Erde, Mars, Jupiter, Saturn, Uranus, Neptun und Pluto.

Pol. Die Erdpole sind die Punkte, an denen die gedachte Erdachse die Erdoberfläche durchstoßen würde (→ *Globus*).

Regierungsbezirk. Verwaltungsgebiet in einem → *Bundesland*, für das eine Bezirksregierung mit einem Regierungspräsidenten zuständig ist. Die Bürger eines Regierungsbezirks wählen als Volksvertretung einen Bezirkstag. Der Freistaat Bayern ist in sieben Regierungsbezirke unterteilt.

Relief. Bezeichnung für die Oberflächengestalt eines Gebietes. Bei Tiefländern spricht man von einem sanften oder flachen Relief, bei → *Hochgebirgen* von einem starken oder kräftigen Relief.

Signatur. (= Zeichen) Kartensignaturen stehen für bestimmte Erscheinungen in der Wirklichkeit (z. B. Nadelwald, Bergwerk, Burg). In der Kartenlegende wird die Bedeutung einer Signatur erklärt.

Sonderkultur. Besondere Form der landwirtschaftlichen Bodennutzung, die spezielle Kenntnisse und einen erhöhten Arbeitsaufwand erfordert. Zu den Sonderkulturen rechnet man etwa den Anbau von Wein, Hopfen, Obst, Spargel und Tabak.

Spezialisierung. Beschränkung auf ein einziges oder nur wenige Produkte. In der Landwirtschaft benötigt man, um konkurrenzfähig zu bleiben, besondere (meist teuere) Maschinen und geeignete Gebäude. Dies erfordert häufig eine Spezialisierung auf wenige Erzeugnisse.

Stadtsanierung. → *Altstadt*

Stadtumland. Gebiet im Umkreis einer Stadt. Es erfüllt verschiedenste Aufgaben für die Stadt. Seine Bewohner sind andererseits aber auch auf die Einrichtungen in der Stadt angewiesen.

Stadtviertel. Stadtteil, der vorrangig eine bestimmte Nutzung aufweist. So unterscheidet man etwa zwischen Geschäfts-, Wohn- und Industrieviertel.

Stufenland. „Treppenartig“ gegliederte Fläche, bei der die einzelnen Stufen meist gering geneigt und durch → *Verwitterung* stark überformt sind. Schichtstufenländer entstanden, wenn verschieden widerstandsfähige Schichten schräg gestellt und unterschiedlich abgetragen wurden.

Verdichtungsraum. Gebiet mit hoher Bevölkerungsdichte. Solche Ballungsgebiete entwickeln sich um große Städte oder Industriezentren. Das vielfältige Arbeitsplatzangebot, die günstigen Verkehrsverbindungen und die gute Versorgung mit → *Dienstleistungen* fördern den Zuzug von Menschen und führen zur Ansiedlung weiterer Betriebe. Die umliegenden bäuerlichen Gemeinden werden zu Pendlerwohnorten.

In der Bundesrepublik Deutschland gelten als Verdichtungsräume zusammenhängende Gebiete um eine Kernstadt mit mindestens 100 000 Einwohnern und einer Einwohnerdichte von mindestens 1250 Einw./km².

Verwitterung. Zerkleinerung oder Veränderung des Ausgangsgesteins durch physikalische (z. B. Frost) oder chemische (z. B. Säuren) Einflüsse.

Vollerwerbsbetrieb. Landwirtschaftlicher Betrieb, bei dem das gesamte Einkommen der Familie aus der Landwirtschaft stammt.

Vulkan. Schild- oder kegelförmiger Berg, der durch das Austreten von Asche und glutflüssigem → *Magma* entstanden ist. Bei erloschenen Vulkanen kann der Vulkankrater mit Wasser gefüllt sein.

Vulkanismus. Alle Vorgänge, die mit dem Austritt von → *Magma* oder Gasen aus dem Erdinneren verbunden sind. Wichtigste Erscheinungen des Vulkanismus sind die → *Vulkane*.

Zentraler Ort. Stadt (oder größerer Ort), in der die Erzeugung von Gütern und das Angebot von → *Dienstleistungen* (z. B. Behörden, Schulen, ärztliche Versorgung) über den Eigenbedarf der Bewohner hinausgehen. Je nach Reichweite in das Umland hinein unterscheidet man drei Arten von zentralen Orten: Zentrale Orte unterer Stufe (Unterzentren), die den täglichen Bedarf der Bewohner des Ortes und des nahen Umlandes decken (Lebensmittelgeschäft, Apotheke, praktischer Arzt, Bank). Zentrale Orte mittlerer Stufe (Mittelzentren), die schon Einrichtungen aufweisen, die auch von der Bevölkerung des weiteren Umlandes gelegentlich in Anspruch genommen werden (Schuh-, Textil- und Möbelgeschäfte, Fachärzte, Krankenhaus, weiterführende Schulen u. ä.). Zentrale Orte höherer Stufe (Oberzentren), die ein reichhaltiges Angebot an Spezialgeschäften, mehrere Krankenhäuser, Hochschulen und bedeutende kulturelle Einrichtungen (Theater, Museen) sowie ein großes Angebot an Arbeitsplätzen (auch für → *Pendler*) für ein weites Umland aufweisen.

SACHVERZEICHNIS

BILD- UND QUELLENNACHWEIS

Titelseite:
Auscape International, Strawberry Hills, Australien
Bossemeyer, Bilderberg, Hamburg
Kunitsch, Münster
Lazi, Stuttgart
Mangold, Ottobrunn
Müller-Moewes, Königswinter
Superbild, Munchen

Amberger, Gemünden am Main: 88

Bartsch, Paderborn: 48.2
Bauer, Bamberg: 87
Bavaria, Gauting: 33.6 (Ball), 64.1 (Schmied)
Beckel, Bad Ischl: 39.4
Bertram-Luftbild, München-Riem: 43, 46.3, 72, 97, 109
Big Dutchman, Vechta: 52 re u, 68.2
Bischof und Broel, Nürnberg: 92.1, 103

CDZ, Stuttgart: 22
CMA, Bonn: 61

Deuringer, Neusäß: 66, 67, 70
Deutsche Forschungsanstalt für Luft- und Raumfahrt, Oberpfaffenhofen: 26/27
Deutsche Luftbild, Hamburg: 35.11, 51.2
Dia-Verlag Fiedler, München: 12.4
Diez/Weigelt: Böden unter landwirt-schaftlicher Nutzung. München: BLV Verlagsges. 1987, S. 25: 60.2 + 76.2a
Doll, Albstadt: 32.1
Dorp, Stuttgart: 58
dpa, Frankfurt: 32.2 (United Press), 98.1

Eckert, Deggendorf: 7, 31
Eckhardt/Fremdenverkehrsamt, München: 96.5
Eicke-Verlag, Barkelsby: 17.1
Engel-Luftbild, Coburg: 46.2
Enkelmann, Filderstadt: 17.2, 38.2
Explorer, Paris: 34.9 (Krafft)

Fendt, Marktoberdorf: 53
Fremdenverkehrsamt Würzburg: 12.3

Geiger, Sonthofen: 90, 91
Geodia, Göttingen: 69
Geologisches Landesamt Nordrhein-Westfalen, Krefeld (Nur wer den Boden kennt, kann ihn schützen, 1989, S. 11): 76.2b

Hackenberg, Drensteinsfurt: 79.3
Hoffmann, Winnenden: 52 o li
Horlacher, Stuttgart: 64.2
Huber, Garmisch-Partenkirchen: 17.4, 96.3

IMA, Hannover: 52 re m, 54 (Schiffer), 73

Jennerich, Köln: 38.1
Jürgens, Köln: 100.8

Kettmann, Bamberg: 86 li
Klett-Archiv: 5, 23
Krauter, Esslingen: 49.4, 79.2
Kroß, Bochum: 74

Landesbildstelle Württemberg, Stuttgart: 62
Lehnartz, Berlin: 99.5, 100.6
Loibl, Oberappersdorf: 55.4 + 5, 56, 57
Luftbild Brugger, Stuttgart: 17.3, 39.3, 89
Luftbild Edwin Eberhardinger, Augsburg: 83.4
Luftbild Elsäßer, Stuttgart: 36.1, 102

Mauritius, Mittenwald: 34.10 (Sdp), 40 (Mallaun) 41 (Reichart), 51.3 (Thonig)
Mayer, Essen: 108
Moosauer, Osterhofen-Altenmarkt: 9, 73

Olbert, Baltmannsweiler: 35.13
Otto, Oberhausen: 47.4

Pandis GmbH, München/Sygma, Paris (Giansanti): 33.5
Petersohn, Stuttgart: 80/81 (bearbeitet nach Usborne Publishing Limited, London, UK, mit freundlicher Geneh-migung des Verlages)
Petersohn-Brunnert, Münster: 108 o

Raczkowsky, Augsburg: 11, 28, 29, 30, 82.1 + 2, 83.3, 84, 85

Schedelsche Weltchronik: 86.1
Schiffer, Bergisch Gladbach: 71.3

Scholz, H. und U.: Das Werden der Allgäuer Landschaft, Kempten 1981, S. 134: 42
Schröder, Clenze: 48.1
Superbild, Grünwald: 12.1 (Schmidbauer), 44
Stadt Schweinfurt/Luftbild Elsäßer: 12.2

Thiele, Warburg: 65.4

Ullstein Bilderdienst, Berlin: 98.2 (Lehnartz), 99.3 (Messerschmidt), 100.7 (Klöckner), 101.9 (Gläser)

Verkehrsverbund Großraum Nürnberg: 93 re
Vonderstraß, Stuttgart: 36 li m, 52 o re, 65.3, 77, 110, 111

Werbegemeinschaft der Württ. Weingärtnergenossenschaft, Stuttgart: 79.4
Westfälische Zentralgenossenschaft, Münster: 68.1

Kartengrundlagen

Ausschnitt aus dem Stadtplan Landshut (© Städte-Verlag E. v. Wagner & J. Mitterhuber, Fellbach): 4
Ausschnitt aus der Topographischen Übersichtskarte 1:200000, Blatt CC 7934 München (Wiedergabe mit Genehmigung des Bayerischen Landesvermessungsamts München, Nr. 5027/91): 4

Alexander Weltatlas: 4/5, 5, 112
Ausschnitt aus dem Stadtplan Bayreuth (© Städte-Verlag E. v. Wagner & J. Mitterhuber, Fellbach): 6
Ausschnitt aus der Flurkarte 1:5000 Vermessungsamt Deggendorf: 8
Ausschnitt aus der Topographischen Karte 1:25000 Pottenstein, Blatt Nr. 6234 (Wiedergabe mit Genehmigung des Bayerischen Landesvermessungsamts München, Nr. 1887/92: 10/11
Grundlage: Atlas der Deutschen Agrarlandschaft, Teil I, Blatt 8; Steiner, Wiesbaden: 59
Ausschnitt aus dem Stadtplan Augsburg (Falk-Verlag, Hamburg): 84/85
Ausschnitt aus dem Bildstadtplan Nr. 229 München (Bollmann-Bildkarten-Verlag GmbH & Co. KG, Braunschweig): 94/95
Ausschnitt aus der Topographischen Karte 1:25000, Blatt 7735 Oberschleißheim (Wiedergabe mit Genehmigung des Bayerischen Landesvermessungsamts München, Nr. 1887/92): 103

Textquellen

S. 70: Agrarbericht 1991 der Bundesregierung, S. 38
S. 101: Auferstehung – In Berlin, noch vor kurzem sterbende Stadt, pulsiert wieder das Leben. In: manager-magazin 1990, H. 3, S. 226